KB111371

신비한
심장의 역사

신비한
심장의 역사

빈센트 M. 피게레도 지음 | 최경은 옮김

목차

서문   11

제1부   고대의 심장

제1장   심장은 곧 생명이다   22
제2장   심장과 영혼   39
제3장   심장과 신   47
제4장   심장과 감정   57
제5장   신체 기관으로서의 심장에 대한 고대의 이해   64
제6장   고대의 심장질환   78

제2부   심장, 암흑기를 거쳐 빛을 만나다

제7장   중세 암흑시대   84
제8장   이슬람 황금시대   95
제9장   바이킹의 차가운 심장   103

제10장 아메리카 대륙의 심장 공양 108

제11장 심장의 르네상스 116

제12장 이쪽으로, 저쪽으로 128

제3부 하-아트 he-ART

제13장 예술과 심장 140

제14장 문학과 심장 162

제15장 음악과 심장 168

제16장 심장과 관련된 의식 173

제4부 심장에 관한 기본적인 지식

제17장 펌프 184

제18장 심장의 해부학 189

제19장 심음(心音) 196

제20장 혈액의 색깔 200

제21장 심장의 전도 체계 204

제22장 심전도란? 207

제23장 혈압이란?   214

제24장 심부전이란?   219

제25장 '관상동맥혈전'이란?   223

제26장 성별, 인종, 민족과 심장질환   228

제27장 운동선수의 돌연사   236

제28장 심장이라는 단어   239

제5부 현대의 심장

제29장 계몽과 혁명의 시대   248

제30장 20세기의 심장질환   262

제31장 아스피린   271

제32장 20세기의 심장 수술   273

제33장 현대의 심장   285

제34장 상심 증후군   292

제35장 심장-뇌 연결   298

제36장 미래의 심장   306

집필 후기   315

기원전 20000년

동굴 벽화 속의 매머드에는 심장이 있는 자리에 붉은 형상이 그려져 있었다.

기원전 2600년

메소포타미아의 『길가메시 서사시』에는 심장박동의 부재가 죽음을 뜻한다고 적혀 있으며 심장 공양의 중요성이 담겨 있다.

기원전 2500년

이집트에서는 미라를 만들기 위해 사신을 방부 처리할 때 양심을 의미하는 심장을 제외한 모든 기관을 제거했다.

기원전 400년대

히포크라테스가 질병은 신이 내린 벌이 아니며 영혼은 심장이 아니라 뇌에 존재한다고 기록했다.

기원전 100년대

영혼이 심장에 깃들어 있다는 갈레노스와 아리스토텔레스의 믿음은 가톨릭교회의 공인을 받았고, 그 후로 1500년간 교리로 인정되었다.

900~1200년

이슬람 의사들은 유럽의 가톨릭교회가 폐기한 고대 그리스와 로마의 문헌을 기록된 심장 이론을 보존했고 이를 바탕으로 이론을 확장해나갔다.

기원전 3300년

티롤 지방 아이스맨의 DNA는 죽상경화성 심장질환의 발병 위험이 높아진 상태였다.

기원전 2600년

중국의 『황제내경』에는 심장이 다른 모든 기관과 인체를 다스리는 지배자라고 기록되어 있다.

기원전 1500년

인도의 베다는 심장을 영혼과 자아로 설명했다.

기원전 300년대

아리스토텔레스는 심장이 핵심적인 기관이며 영혼이 필연적으로 깃들어 있는 장소라고 믿었다.

400~1400년

중세 유럽의 암흑시대에는 심장의 의미나 목적에 대한 진전이 없었다.

그림 0.1-0.3 인류의 역사와 심장 연대표

출처: 저자 작성

1100년대
왕족은 자기 몸의 영혼, 윤리적 중심인 심장을 사신라는 별도로 자기가 가장 좋아하는 예배당에 매장하도록 했다.

1200년대
바이킹은 심장이 작고 차가운 전사가 더 용맹하다고 믿었다.

1400년대
다빈치가 해부학적으로 정확한 심장 그림을 최초로 그렸고 심장에 관한 새로운 사실들을 알아냈지만, 이는 안타깝게도 150년이 지난 후에야 재발견되었다.

1200년대
심장의 벽에 신과 예수에 대한 사랑을 나타내는 형상이 세겨져 있었다는 성인들의 이야기가 전해진다.

1300~1500년대
아즈텍인들은 암흑과 생상의 종말에 맞서 싸우는 우이칠로포치틀리 Huitzilopochtli 신을 돕기 위해 수천 건의 심장 공양을 했다.

1500년대
베살리우스가 시신을 도굴한 뒤 관찰하여 해부학적으로 정확한 심장 그림이 수록된 책을 최초로 출판했다.

1600년대
하비가 펌프로서의 심장과 혈액 순환에 대해 최초로 기술했다.

1700년대
해버든이 운동 이후에 발생하는 가슴을 짓이기는 통증을 '협심증'이라고 불렀다.

1800년대
라에네크가 청진기를 발명했다.

1896년
레인이 심장을 칼에 찔린 22세 환자에게 최초의 심장 수술을 시행, 캣거트 봉합사로 상처를 꿰맸다.

1929년
포르스만이 최초의 인간 심장 카테터를 자신에게 실시했다.

그림 0.1-0.3 (계속)

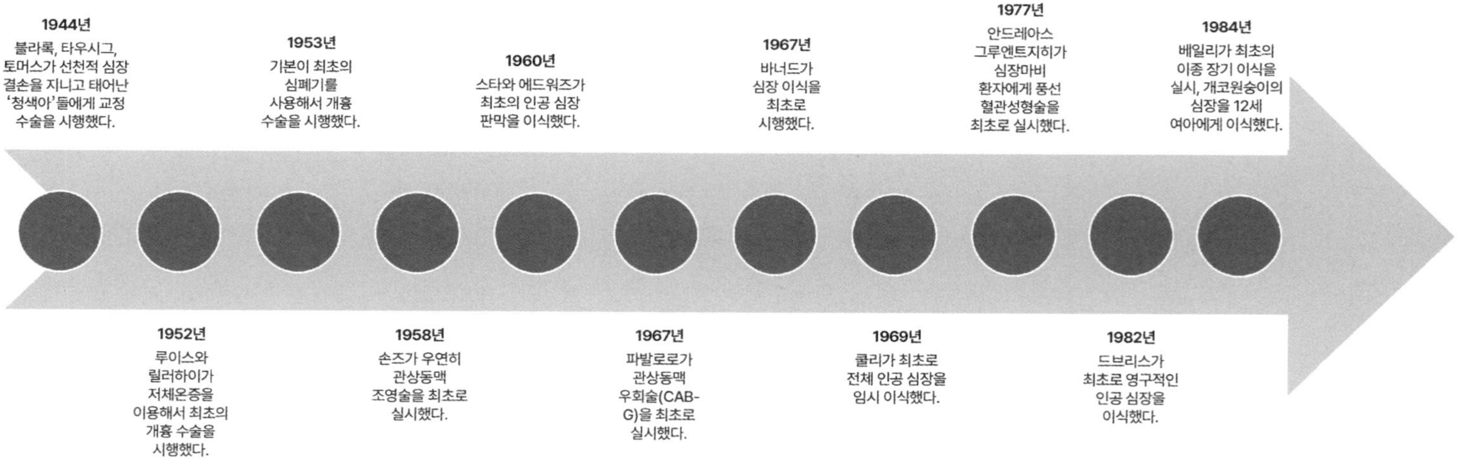

1944년
블라록, 타우시그,
토머스가 선천적 심장
결손을 지니고 태어난
'청색아' 들에게 교정
수술을 시행했다.

1952년
루이스와
릴러하이가
저체온증을
이용해서 최초의
개흉 수술을
시행했다.

1953년
기븐이 최초의
심폐기를
사용해서 개흉
수술을 시행했다.

1958년
손즈가 우연히
관상동맥
조영술을 최초로
실시했다.

1960년
스타와 에드워즈가
최초의 인공 심장
판막을 이식했다.

1967년
파벨로르가
관상동맥
우회술(CAB-
G)을 최초로
실시했다.

1967년
바너드가
심장 이식을
최초로
시행했다.

1969년
쿨리가 최초로
전체 인공 심장을
임시 이식했다.

1977년
안드레아스
그룬트지히가
심장마비
환자에게 풍선
혈관성형술을
최초로 실시했다.

1982년
드브리스가
최초로 영구적인
인공 심장을
이식했다.

1984년
베일리가 최초의
이종 장기 이식을
실시, 개코원숭이의
심장을 12세
여아에게 이식했다.

그림 0.1-0.3 (계속)

서문

영국 왕 찰스 1세는 팔을 뻗더니 귀족 청년의 왼쪽 가슴에 난 커다란 구멍에 엄지와 세 손가락을 넣어보았다. 그는 뛰고 있는 심장을 살며시 만져보았다.

"아픈가?" 왕이 물었다.

"전혀 아프지 않습니다." 청년이 답했다.

1641년의 일이었다. 찰스 1세는 자신의 시의侍醫 윌리엄 하비한테서 기적과도 같은 놀라운 이야기를 들었다. 윌리엄 하비는 체내 혈액 순환에서 심장이 담당하는 역할을 최초로 과학적으로 증명한 사람이다. 상당한 흥미를 느낀 왕은 아일랜드 몽고메리 자작의 열아홉 살 난 아들을 직접 만나보고 싶다고 말했다.

이 청년은 열 살 때 말을 타다가 떨어져서 툭 튀어나온 바위에 부딪히는 바람에 왼쪽 갈비뼈 여러 개에 골절상을 입었다. 상처 부위에 농양이 생겼다가 아물었는데 왼쪽 가슴에는 구멍이 남아 있었다. 9년 후, 여전히 건강하게 살아 있고 이제는 유명인사가 된 귀족 청년은 유럽대륙 전역을 돌아다니면서 살아 있는 사람의 뛰고 있는 심장을 보고 싶어 하는 수많은 이들을 만난 후에 이제 막 런던으로 돌아왔다. 하비는 왕이 있는 자리에서 이 청년을 진찰한 후에 다음과 같은 글을 남겼다. '나는 기운찬 귀족 청년의 심장과 심실을 만져보았고 각각의 맥동脈動을 관찰했는데 그는 진찰 과

정에서 불편함을 느끼지 않았다. 그러므로 나는 심장이 감각을 느끼지 않는다는 결론을 내렸다.[1]

역사를 통틀어 인간의 감정에서 핵심적인 위치를 차지해 온 심장이 실제로는 신체적 접촉을 느끼지 못한다는 사실은 상당한 아이러니라 할 수 있다. 인류가 최초로 생각을 기록한 시기 이래로 대다수의 문명권에서는 뇌가 아니라 심장이 우리 몸에서 가장 중요한 기관이라고 생각해왔다. 고대인들도 가슴의 박동이 생명을 의미한다는 사실을 분명히 알고 있었다. 두려움이나 욕망을 느끼면 심장은 더욱 강하고 빠르게 뛰고, 죽음에 다다르면 더 이상 뛰지 않는다. 수천 년에 걸쳐서 이집트, 그리스, 중국, 메소아메리카의 테오티우아칸 사람들은 오늘날 뇌가 차지하는 위치까지 심장을 격상했다. 즉 영혼, 감정, 생각과 지성을 관장하는 곳으로 끌어올렸다. 인간은 심장을 통해서 신과 연결되어 있다는 것이 역사상 수많은 사회의 통념이었다. 또한 한 사람이 일생 동안 쌓은 덕과 지은 죄가 심장의 벽에 기록되어 있고, 신은 이를 바탕으로 천상의 영원한 행복을 누릴 가능성을 판단한다고 생각했다.

그런데 1641년에 하비가 심장이 순환 펌프 역할을 한다는 사실을 밝혀내자 그 후로 수 세기 동안 상당한 여파가 발생했다. 과학자들과 의사들이 심장에 대한 견해를 수정했고, 뇌가 감정과 의식을 관장하고 이를 저장하는 유일한 기관으로서의 지위를 서서히 넘겨받게 되었다. 오늘날 대다수 사람들은 뇌가 인체를 지배하며 여기에는 심장의 기능이 포함된다고 생각한다. 심장은 단지 순환계를 통해서 몸 전체에 혈액을 전달하는 펌프에 불과하다는 것이다. 이처럼 심장이 그저 펌프에 불과하다고 여기게 되었기 때문에 우리는 한 사람의 심장을 다른 사람에게 이식하는 것이 윤리적으로 타당하다는 결정을 내리게 되었다. 그러나 때로는 클레어 실비아와 같은 사례가 발생하기도 한다. 전직 무용수였던 그녀는 심장 및 폐 이식 수술을 받았는데 오토바이 사고로 숨진 팀 라미란드(18세)의 심장을 이식받게 되었다. 친구들의 말에 따르면 클레어는 심장 이식 수술을 받은 후부터 걸음걸이가 남자처럼 바뀌었다고 한다. 예전에는 무척 싫어했던 맥주와 치킨너깃을 갑자기 찾기 시작했다. 팀의 가족은 생전에 팀이 그런 행동을 했다고 말했다. 이제 클레어의 몸 안에 팀의 심장이 있으니 그들은 클레어가 그런 행동을 하더라도 놀라지 않았다. 이 이야기를 바탕으로 제인 시모어가 출연한 2013년 영화 〈타인의 심장 Heart of a Stranger〉이 제작되었다. 이 밖에도 심장 이식 이후에 기증자의 성격 특성을 물려받게 되었다는 수많은 사례가 기록되어 있다. 이런 사례들을 살펴보면 심장이 단지 기계적으로 작동하는 펌프인지, 아니면 우리가 느끼는 감정의 일부가 그 안에 담겨 있어서 심장이 다른 곳으로 이동하면 함께 따라가는 것인지 궁금해진다.

심장 전문의로 일하면서 나는 마음의 감정과 심장의 생리학적 측면이 오묘하게 연결되어 있는 사례를 자주 경험한다. 원래는 심장질환이 없었는데 사랑하는 사람이 갑작스럽게 세상을 떠난 후에 심장마비를 겪는 환자들을 종종 보았다. 또한 슈퍼볼(미국 미식축구 결승전—옮긴이)이나 월드컵 경기 승부차기에서 자신이 응원하는 팀이 패한 후에 심장마비를 경험하거나 돌연사가 발생한 경우도 있었다. 평생을 함께한 부부가 불과 수개월 안에 둘 다 세상을 떠나는 사례도 많았다. 이처럼 수많은 사례가 존재하고 지난 수천 년 동안 심장과 감정의 연관 관계가 이어졌는데도 현대 의학은 이렇게 긴밀한 연결성을 그동안 묵살해 온 것처럼 보인다. 이 책에서 나는 어떻게 이런 상황이 벌어지게 되었는지를 역사에 비추어 살펴보고, 현대 의학에서 그동안 우리가 놓치고 있었던 점을 다시 살펴볼 필요성이 제기되고 있는 부분에 대해서 알아보고자 한다. 최근 의학 연구를 통해서 심장이 감정을 수용할 수 있고 실제로 '심장-뇌 연결heart-brain connection'이 양방향으로 작동한다는 사실이 밝혀졌다. 이러한 연구 결과는 뇌가 심장에 명령을 내리는 것만큼이나 심장도 뇌에 지시한다는 시사점을 제공한다.[2]

이 분야의 새로운 연구는 심장에 대한 역사적 관점과 현대의 문화적 관점을 연결하는 과학적 전환의 출발점이 될 것이다. 이제 심장은 단지 펌프로만 여겨지는 것이 아니라 우리의 정신적, 영적, 신체적 건강을 보장하는 감정 활력emotional vitality의 일부로 다시 인정받게 될 것이다.

심장은 뇌가 보내는 신호에 가장 먼저 반응하는 기관이다. 투쟁-

도피fight or flight 반응을 떠올려보라. 숲속 산책길에 퓨마가 나타나면 뇌는 교감신경계를 활성화하며, 맞서 싸우거나 도망칠 수 있도록 몸 상태를 준비하는 급성 반응을 촉발한다. 심장이 곧바로 빨리, 세차게 뛰도록 지시해서 산소가 풍부한 혈액을 체내의 근육에 보내고 근육이 움직일 준비를 할 수 있게 한다. 또한 뇌는 심장이 보내는 신호를 가장 먼저 수신한다. 그렇지 않다면 재빨리 일어날 때 기절할 수도 있다. 심장과 대혈관大血管, great vessels은 혈액량과 혈압이 떨어지고 있다는 경보를 뇌에 전달하며, 뇌는 이에 반응하여 혈관 수축을 활성화해서 혈액이 다리에 몰리는 것을 방지한다.

우리가 뇌에서 인식하는 감정의 반향은 심장에까지 전달된다. 좋아하는 사람을 만나면 얼굴이 빨개지고 몸이 더워지고 맥박이 고동치는 등 신체적 감각이 발생하는데 모두 심장의 반응이 표현되는 것이다. 이렇게 상호의존적인 심장-뇌 연결은 우리의 건강에 핵심적인 영향을 미친다. 이 때문에 인류는 지난 수천 년간 생명을 뜻하는 이 뜨거운 펌프에 해당하는 기관에 감정과 이성, 그리고 영혼을 부여해 왔던 것이다. 고대 중국인들과 인도인들은 행복한 심장이 행복한 몸과 건강하게 장수하는 삶을 뜻한다고 강조했다. 반면에 뇌는 차갑고 부드러운 회색 물질이자 단지 점액phlegm을 만들어내는 기관으로만 여겨졌다. 고대 이집트인들은 시신을 방부 처리할 때 코를 통해서 갈고리를 집어넣어 뇌를 제거하기도 했다.

오늘날에는 뇌가 의식의 근원으로 자리매김했지만 심장은 우리의 문화적 도상학圖像學, iconography에서 여전히 중심적인 역할을 담당한다. 사랑하는 사람이 보낸 휴대폰 문자 속 이모티콘이나 자동차 범퍼 스티커에 그려진 하트 모양을 떠올려보라. 이것만 보아도 심장이 우리의 삶에서 (적어도 상징적으로는) 중요한 역할을 담당하고 있다는 사실을 알 수 있다. 심장은 여전히 로맨스와 사랑의 상징이며, 최근에는 건강과 생명을 뜻하는 기호로 하트 모양이 널리 쓰이고 있다.

감정 면에서도 우리는 여전히 "온 마음을 다해서 사랑해 I love you with all my heart", "너는 내 마음을 감동시켰어 You have touched my heart", "그녀 때문에 내 심장이 부서졌어 She broke my heart"라는 표현을 사용한다. "그 사람은 무정해 He's heartless"라고 단언하며 "부디 인정을 보여주세요 Please have a heart"라고 타인을 설득한다. "그녀는 진심을 담아서 말한다 She speaks from the heart"는 표현은 진실함과 솔직함을 내포하고 "심경의 변화 change of heart"는 화해 또는 참회를 시사한다. 지적 능력을 가리킬 때 "우리는 그걸 외워서 숙지한다 we memorize it by heart"는 표현을 쓴다. 우리가 '나 자신'을 뜻할 때 가리키는 신체 부위 역시 심장이다. 그런데 지금까지 현대 의학은 심장이 우리의 영혼, 지성과 감정이 담겨 있는 저장소라는 점을 인정하지 않고 거부해왔다. 과거에 심장이 차지했던 위상을 역시 거의 잊혔지만 우리가 물려받은 문화적 상징과 시, 예술에서는 여전히 심장이 중요한 역할을 담당하며 광범위한 영향을 미치고 있다.

의학이 발달했어도 전 세계 인구의 1/3은 결국 심장질환으로 사망한다. 모든 암을 다 합친 것보다 심혈관계 질환으로 인한 사망자 수가 더 많다. 심장질환으로 인한 여성 사망자 수는 유방암 여성 사망자 수보다 10배 더 많다. 미국에서는 40초에 한 명씩 심장마비로 인한 사망자가 발생한다. 어째서 현재 우리가 직면해 있는 건강 위기의 세 가지 주요 원인인 심장질환, 우울증, 스트레스의 상호연관성을 더욱 주의 깊게 고려하고 이를 바탕으로 치료가 이루어지지 않는 걸까?

20세기 의학에서 순환기내과cardiology는 다른 어느 분과보다도 혁신의 최전선에 앞장섰고 이런 현상은 21세기에 접어들면서 더욱 현저해졌다. 20세기에는 관상동맥 우회술, 카테터 기반의 관상동맥 풍선 혈관확장술 및 스텐트, 심박조율기, 제세동기, 심장보조장치 및 심장 이식 등이 발달했다. 현재 미국 인구의 절반이 흡연, 고혈압, 콜레스테롤 등 심장 위험 인자를 최소 한 가지 이상 지니고 있는데, 이러한 위험 요인을 겨냥한 예방적 건강 조치는 그동안 심장질환으로 인한 사망자 수를 줄이는 데 기여해왔다. 그 결과 1960년대 이래로 심혈관계 질환의 발생률이 현저하게 감소했다. 그런데도 심혈관계 질환은 여전히 사망원인 1위를 차지하고 있다.[3]

나는 심장의 문화적, 과학적 역사에 대해 더욱 잘 이해하고 어떻게 심장이 뇌에서 분리되어 뇌의 지배를 받게 되었는지를 아는 것이 우리 모두의 심장 건강을 증진하는 데 도움이 될 것이라고 믿는다. 오늘날 심장은 '교체 가능한replaceable' 기관이다. 기증자 심장을 즉시 구할 수 없는 경우에는 심장병 환자가 기다리는 동안 심장 기능을 대신하는 기계식 펌프(인공 심장)를 가슴에 이식할 수 있다. 과학자들은 환자 본인의 세포로 직접 새로운 3D 심장을 만들어서 문제가 있는 심장을 교체하는 방안을 연구하고 있다. 인간 기증자 심장의 부족 문제로 인해서 돼지 등 다른 동물의 심장을 인체에 이식하는 방안에 관해서도 연구가 진행되고 있다.[4]

또한 조만간 유전자 정보를 적용한 개인맞춤의료personalized medicine를 활용하면 우리 모두가 개개인의 특수한 유전적 위험도를 바탕으로 심장질환을 평가하고 치료할 수 있게 될 것이다.[5]

나는 평생 심장에 대해 연구하고 심장을 돌보면서 살아왔다. 그 과정에서 심장이 인류사 전체에서 어떤 의미를 지녀왔는지를 폭넓은 관점에서 파악하게 되었다. 심장과 뇌의 싸움이 오늘날 심장-뇌 연결에 대한 문화적, 과학적 이해로 어떻게 이어지는지에 대해서 알 수 있었다. 이 책에서 나는 2만 년 전 인류 문명의 여명기부터 현대에 이르기까지 심장에 대한 이해가 진화해 온 과정을 살펴보았다. (그림 0.1~0.3을 참고하기 바란다.) 심장의 목적에 대한 우리의 믿음이 어떻게 진화해왔는지, 그리고 이것이 심장에 담긴 생명력에 대한 우리의 이해에 어떤 영향을 미쳤는지 고찰해 보았다. 우리는 항상 심장이 인체의 중심에 있다고 생각해왔다. (사실 인체의 중심은 배꼽 아래의 천골(엉치뼈) 근처이다.) 그렇다면 우리는 심장이 무엇의 중심이라고 믿는 걸까?

나는 시간을 거슬러 올라가 인류의 조상이 이렇게 경이로운 신체 기관에 대해서 어떻게 생각했는지를 살펴보았다. 심장은 여러 시대에 걸쳐서 숭배되었고 대우받았고 오해받았으며 밝혀져 왔다. 역사 전체에 걸쳐서 시인과 철학자, 그리고 의사에게 중요한 역할을 담당해 왔다. 선사시대에서부터 고대 사회, 중세 암흑시대, 르네상스를 거쳐서 현대에 이르기까지 심장은 각기 다른 문화권에서 다양한 의미를 지녀왔다. 나는 신체 기관의 '왕'인 심장이 일상에서는 사랑과 건강의 상징으로 여전히 중심적인 역할을 해왔는데도 어떻게 단지 뇌에 복종하는 기계식 혈액 펌프로 도외시되었는지 그 과정을 연대기 순으로 짚어보았다. 심장이라는 경이로운 기관에 매혹된 의사로서, 이 책에는 심장의 작동 원리와 심장질환에 대한 내용도 함께 수록했다. 또한 현대 심장질환 치료법의 발달 현황과 미래의 전망에 대해서도 소개했다. 지금 밝혀지고 있는 연구 결과들을 살펴보면 심장에 대한 고대 선조들의 생각이 사실상 그리 틀리지 않았다는 사실을 알 수 있다.

나는 이 책에 '마음과 영혼을 전부 쏟아 넣었다poured my heart and soul' 독자 여러분도 내가 그랬듯이 흥미로운 심장의 역사에 푹 빠진다면 더 바랄 게 없겠다.

제1부

고대의 심장

제1장
심장은 곧 생명이다

1908년에 고고학자들이 스페인 아스투리아스 지방의 엘 핀달 동굴에 그려진 매머드 벽화를 발견했다. 매머드의 가슴에는 붉은 심장으로 보이는 형상이 그려져 있었다(그림 1.1 참고). 이 벽화는 후기 구석기 시대 마들렌 기期의 작품으로, 지금으로부터 1만 4000년 전에서 2만 년 전에 그려진 것으로 추정된다. 아마도 먼 옛날에 이 벽화를 그린 사람은 이렇게 쿵쿵 뛰는 붉은 장기를 관통해서 맞추는 것이 짐승의 숨통을 끊는 가장 효과적인 방법이라는 사실을 알고 있었으리라. 이 형상은 겨냥해야 할 표적으로 그려졌을 것이다.

　마을, 소도시 및 도시국가에 서서히 정착하던 만 이천 년 전 무렵에 이미 인류는 심장이 우리 몸에서 가장 중요한 장기이자 생명의 근원이라고 생각했다.

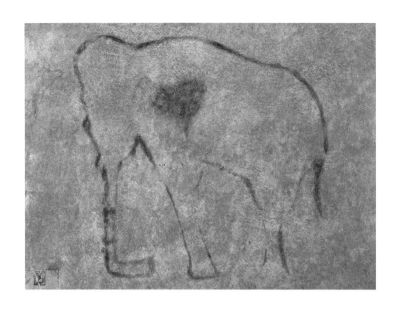

그림 1.1 심장으로 보이는 표적이 그려진 매머드
스페인 아스투리아스 지방의 엘 핀달 동굴
앨범 / 아트 리소스Art Resource, 뉴욕

내가 그의 심장을 만져보아도 전혀 뛰지 않네.

— 『길가메시 서사시』, 태블릿 8, 기원전 2600년

현존하는 가장 오래된 이야기인 『길가메시 서사시Epic of Gilgamesh』
에서 고대 메소포타미아의 영웅왕 길가메시는 친구인 엔키두

Enkidu의 죽음 앞에서 이렇게 탄식했다.[1]

고대 메소포타미아의 도시국가인 우루크의 왕 길가메시와 엔키두는 처음엔 적으로 만났지만 점차 서로를 존경하게 되었고 마침내 절친한 벗이 되었다. 엔키두를 만난 후에 길가메시는 비로소 백성들의 마음을 더욱 깊이 헤아리고 나라를 잘 다스리는 성군이 될 수 있었다. 엔키두는 이슈타르Ishtar 여신이 자신의 음탕한 구애를 거부한 길가메시를 없애기 위해서 내려보낸 천상의 황소를 길가메시가 무찌를 수 있도록 도와주었고 이에 신들은 복수심에 불타서 엔키두를 죽여버렸다.

길가메시는 친구를 살려내려고 애썼지만 이미 멈춰버린 그의 심장은 더 이상 뛰지 않았다. 기원전 약 2600년에 지금의 이라크에 해당하는 지역에서 수메르의 설형문자로 기록된 이 구절은 진맥診脈, pulse-taking이 언급된 최초의 문헌일 것이다.[2]

무려 4600여 년 전에 인류는 우리의 심장이 뛰고 있고 몸 전체에서 심장박동을 느낄 수 있다는 사실을 알고 있었다. 길가메시와 엔키두는 천상의 황소를 죽인 후에 그 심장을 도려내서 태양의 신 샤마시Shamash에게 공물로 바쳤다. 이는 심장을 제물로 바친 최초의 기록에 해당한다. 여러 고대 사회에서와 마찬가지로 수메르 문화에서 심장은 중요한 위치를 차지했다. 인체의 생명을 유지하는 핵심 장기였고 신들을 달래기 위한 최상의 제물이었다.

1849년에는 기원전 2400년까지 거슬러 올라가는 수메르의 의학 관련 태블릿tablet, 점토판이 고대 아시리아의 도시인 아수르와 니느베에서 발견되었다. 대부분의 의학 관련 문서는 아슈르바니팔 왕립 도서관(기원전 600년대)에서 나왔다. 아슈르바니팔Ashurbanipal은 아시리아의 마지막 대왕으로 여겨지며 『길가메시 서사시』도 그의 도서관에서 발굴되었다.

메소포타미아인들은 해부학과 생리학에 대한 지식이 일천했다. 종교적인 이유로 인체 해부를 금기시했기 때문이다. 질병과 죽음에 대한 그들의 접근법은 생리학이나 해부학보다 영적인 측면에 치우쳐 있었다. 메소포타미아인들은 심장이 지성을 관장하는 장소라고 믿었고 간은 감정을, 위는 영리함을, 자궁은 연민을 관장한다고 여겼다. 그 당시의 의학 문헌에는 뇌에 대한 언급이 없었다. 뇌전증, 뇌졸중, 우울 및 불안 등 신경·정신장애는 성난 신들과 악령이 불운한 사람을 공격해서 생기는 것으로 믿었다. 사원의 종교적 치유자들이 이런 질환을 다루었는데 주로 구마驅魔, exorcism 의식을 통해서 환자가 호소하는 증상을 유발하는 악령의 사악한 행동에 대처하는 식이었다. 설형문자로 기록된 문헌에 따르면 치유자들은 임상 증상을 관찰하고 통증 완화를 목적으로 약초로 만든 약을 주었다. 또한 수메르의 치유자들은 진맥을 통해서 환자의 건강 상태를 판단했다. 엔키두는 맥박이 뛰지 않았으므로 생명을 잃은 것이었다.

한편 이즈음 이집트 문명과 중국 문명을 비롯해 다른 지역에서 동시다발적으로 발흥하던 여러 문명권의 사람들도 심장의 목적과 중요성에 관한 나름의 생각을 정립하기 시작했다. 이 모든 고대 문명들은 똑같은 결론을 내렸다. 즉 뛰고 있는 심장은 생명을 뜻한다는 것이다.

> 어머니께서 주신 나의 심장이여! 이승에서 지녔던 나의 심장이여! 만물의 신 앞에서 부디 나에게 불리한 증언을 하지 말아다오. 위대한 신, 서쪽의 신 앞에서 내가 저지른 일에 대해서 적대적인 말을 하지 말고, 나에게 불리한 일은 제발 거론하지 말아다오.[3]

기원전 2500년경의 이집트인들은 사자死者의 신 아누비스Anubis가 지하의 사후세계인 두아트Duat로 죽은 이를 데려간다고 믿었다. (아누비스의 머리는 묘지 부근을 배회하는 동물인 자칼의 형상이다.) 망자는 지하세계와 사후세계의 신인 오시리스Osiris 앞에 불려가 정의의 여신인 마트Maat의 전당에서 43명의 신에게 재판을 받는다. 여기서 정의의 저울에 망자의 심장을 올려놓고 마트의 깃털과 비교해서 무게를 잰다. 진실을 상징하는 타조의 깃털이다(그림 1.2 참고). 만약 망자의 심장이 깃털보다 가볍거나 무게가 같으면 이 사람은 생전에 선한 삶을 살아온 것이며 오시리스가 지

그림 1.2   아니Ani의 사자死者의 서書에서 '심장의 무게 달기Weighing of the Heart' 의
식. 좌측에서 아니와 그의 아내 투투가 신들의 회합 장소로 들어온다.
중앙에서는 아누비스가 아니의 심장을 마트의 깃털과 비교해서 저울질하고 레네누
테트Renenutet 여신과 메시케네트Meshkenet 여신, 샤이Shay와 아니 본인의 영혼ba
이 이 광경을 바라보고 있다. 우측의 괴물 암미트는 아니가 도덕적 기준에 못 미치
면 곧바로 그의 영혼을 먹어 치울 기세로 심판을 기다리며 토트Thoth는
제반 상황을 기록할 준비를 한다. 후Hu와 시아Sia, 하토르Hathor, 호루스Horus,
이시스Isis와 네프티스Nephthys, 누트Nut, 게브Geb, 테프누트Tefnut, 슈Shu,
아툼Atum, 그리고 라-호라크티Ra-Horakhty 등 상단에 위치한 신들은
배심원 역할을 담당한다.
출처: 영국 박물관 / 위키미디어 공용 / 퍼블릭 도메인

복至福의 천국인 갈대 들판으로 그를 인도한다. 반대로 심장이 깃
털보다 더 무거우면 (악어, 사자, 하마를 한데 합친 무시무시한 형
상의) 암미트Ammit 여신이 심장을 먹어 치우고 망자의 영혼은 흔
적도 없이 소멸한다.

  고대 이집트인들은 선행과 악행을 포함해서 사람이 평생 행한

모든 일에 심장이 증인 역할을 한다고 믿었다. 지극히 고결한 삶을 살지 못한 많은 이들은 심장이 자기한테 불리한 증언을 할까 두려워했다. 죄로 인해서 심장이 무거워질 수도 있기 때문이다. 행여나 심장이 불리한 증언을 하는 상황을 미연에 방지하기 위해서 사람이 죽으면 시신을 미라로 만들기 위해 준비할 때 가슴에 심장 스카라브scarab(풍뎅이 형태의 부적이나 장신구—옮긴이)를 올려놓은 뒤에 붕대를 감았다. 이 스카라브에는 사자의 서死者의 書, The Book of the Dead 제30장의 내용이 새겨져 있다. (이번 단락의 서두에 실려 있는 인용문이 이에 해당한다.)

심장은 생명과 존재의 원천이었고 고대 이집트인들은 미라를 만들기 위한 방부 처리 의식을 치를 때 경외하는 마음으로 심장을 다루었다. 망자가 오시리스의 심판을 받기 위해 사후세계로 떠날 때 심장이 몸 안에 남아 있는 것이 중요했다. 심장은 방부 처리 이후에 다시 몸 안에 넣어두는 유일한 기관이었다. 그 밖에 흉부와 복부의 기관들은 단지에 넣어서 미라 곁에 두었다. 그러나 뇌는 코로 점액을 내보내는 것 이외에는 별다른 역할이 없다며 하찮게 여겨졌다. 고대 이집트어로 뇌를 가리키는 단어는 번역하자면 '머리의 내장skull offal'이라는 뜻이다. 따라서 심장은 정성껏 보존 처리를 해서 몸 안에 다시 넣어둔 반면에, 뇌는 코 안으로 쇠갈고리를 넣어서 두개골 밖으로 긁어낸 후에 폐기했다.

의료 행위가 어디서 처음 시작되었는지는 명확하지 않다. 고대 이집트라는 설도 있고 고대 메소포타미아라는 견해도 있다. 기원전 1950년에 기록된 파피루스에 따르면 이집트인들은 무려 사천년 전부터 의료 행위를 실시하고 심장을 연구했다.[4]

심장의 외형적 형상 및 기능에 관한 최초의 기록은 이집트의 3대 의학 파피루스에서 찾아볼 수 있다. 에드윈 스미스 파피루스 Edwin Smith Papyrus(기원전 1500년경/세계 최초의 외과 문헌), 에버스 파피루스Ebers Papyrus(기원전 1550년경), 브루크쉬 파피루스Brugsch Papyrus(기원전 1350년경)다. 이러한 고대 이집트의 의학 문헌은 (기원전 2400년경에 작성된) 메소포타미아의 의학 관련 설형문자 태블릿(점토판)에 비하면 상대적으로 더 늦은 시기에 기록되었다. 그러나 이집트의 이 파피루스는 그보다 훨씬 전인 기원전 2700년에 기록된 문헌, 아마도 이집트 고왕국古王國, Old Kingdom의 고위 사제이자 의사였던 임호텝Imhotep이 남긴 글의 사본으로 추정된다. 조세르Djoser 파라오의 재상이었던 임호텝은 조세르 계단식 피라미드를 설계한 건축가였고 역사상 최초로 돌기둥을 사용해서 건물을 지탱하는 법을 알아낸 사람으로 알려져 있다. 조세르 파라오의 주치의이기도 한 그는 의학과 건축에 관한 방대한 기록을 남겼다. 그 이후에 기록된 의학 파피루스들, 그중에서도 특히 스미스 파피루스의 근간이 된 자료 역시 임호텝이 작성한 것으로 추정된다. 그는 세상을 떠난 지 이천 년 후에 이집트에서 의학과 치유의 신으로 추앙되었다. 이처럼 왕족 이외의 이집트인들 중에서 신적인 존재로 격상된 사례는 드물다.

미라 제작을 위해 시신을 방부 처리했던 이집트인들은 해박한 해부학적 지식을 지니고 있었다. 고대 이집트의 의사들은 심장이 혈관을 일으키며 인체의 말단에서 이를 촉진觸診할 수 있다고 믿었다. 에버스 파피루스에는 '심장은 사지四肢를 통해서 말한다'고 적혀 있다.

> 심장은 전신의 혈관을 일으킨다… 의사가 머리, 뒤통수, 손, 복부, 팔 또는 다리에 손이나 손가락을 올려놓으면 심장을 진찰할 수 있다. 사지 전체에 혈관이 있기 때문이다. 심장은 사지의 혈관을 통해서 말한다… 만약 심장이 떨리고 기력이 쇠하며 가라앉는다면 병세가 심해지는 중이다.

고대 이집트인들에게 심장은 인체의 중심이었고 여기에는 각 부위로 이어지는 혈관이 붙어 있었다. 그들은 사람이 실신하면 맥박이 일시적으로 사라진다는 것을 알게 되었다. 맥박이 약해지고 가슴의 심장 박동이 원래의 위치에서 좌측으로 전위displacement 되는 현상이 기록되어 있는데, 이는 오늘날 심장이 약해지고 비대해지는 울혈성 심부전congestive heart failure 증상과 일치한다. 타액 과다 분비는 '심장의 범람flooding of the heart'이라고 불렀는데, 급성 심부전 환자가 거품 섞인 핑크빛 가래(혈담)를 과다 배출하는 모습을 묘사한 것으로 보인다. 고대 이집트인들이 남긴 에버스 파피루스에는 심장이 있는 쪽의 팔과 가슴에 통증이 느껴지면 죽음에 가까워진다고 기록되어 있다. 이는 심장마비의 전형적인 증상을 묘사한 것이다!

고대 이집트인들은 지성이 심장에서 비롯되며 심장이 다른 모든 기관을 다스린다고 생각했다. 에버스 파피루스에 다음과 같이 적혀 있듯이, 심장은 신체가 계속 작동하고 생명을 유지하는 데 필요했다.

> 심장은 모든 신과 인간, 짐승의 몸에 들어 있고 혀는 그들의 입에 들어 있으며 심장과 혀는 사지를 다스린다. 심장은 무엇이든 자유롭게 생각하며 혀는 그것이 원하는 바를 명령한다. 눈의 시각, 귀의 청각, 코의 호흡은 심장에 소식을 전해준다. 모든 지적인 행동은 심장으로부터 비롯되며 혀는 심장이 생각한 바를 다시 전달한다. 그러므로 그 명령에 따라 모든 작업과 일이 수행되며 손이 일하고 발이 향하고 사지가 움직인다.

고대 이집트인들은 존재의 중심인 심장이 여러 경로 체계를 통해서 혈액뿐만 아니라 공기, 눈물, 타액, 점액, 소변 및 정액을 몸 전체로 전달한다고 생각했다. 심장은 생명을 유지하는 동시에 생명 그 자체를 의미했다.

따라서 고대 메소포타미아인들과 이집트인들은 심장이 인체에서 가장 중요한 기관이라는 결론을 내렸다. 심장 박동은 생명을 의미했고 사후세계로 떠날 때도 심장이 몸 안에 있어야만 했다. 한편 고대 중국인들도 인체에 관해서 연구했는데, 그들은 심장이 우리 몸을 다스리는 왕이라고 생각하게 되었다.

고대 중국인들에게 심장은 모든 기관의 왕이었다.[5]

　다른 모든 기관들은 심장을 위해서 희생했고 심장이 균형을 유지할 수 있도록 원기를 제공했다. 온몸의 내적 평화와 조화를 유지하는 것이 제왕으로서 심장의 역할이었다. 심장은 신체적, 정신적, 정서적, 영적 건강과 행복을 지키는 힘이었다. 기원전 2600년부터 전해 내려오는 고대 의서인『황제내경黃帝內經』을 연구한 관중管仲은 기원전 3세기 이전에 도가 경전인『관자管子』에 다음과 같은 글을 남겼다.

> 심장은 인체의 제왕이며 그 부하들이 구규九竅눈(2), 귀(2), 콧구멍(2), 입(1), 요도(1), 항문(1) 및 이와 관련된 기능을 관장한다. 심장이 올바른 행로를 유지한다면 구규 또한 이를 뒤따라서 적절한 기능을 발휘할 것이다. 그러나 심장의 욕구가 너무 많아지면 눈은 그 색감을 잃을 것이요, 귀는 그 음감을 잃을 것이다.[6]

『황제내경』은 4700년 전에 중국의 천자인 황제黃帝가 저술한 책이다. 이 책에는 황제가 건강, 질병 및 치료의 본질에 대해서 의관과 문답을 나누고 토론한 내용이 담겨 있다. 기원전 2세기에 회남왕淮南王 유안劉安의 조정에서 일하던 학자들은 심장이 오장五臟의 체계를 다스린다는 황제의 생각을 더욱 확장하여 도가 경전 『회남자淮南子』에 다음과 같은 글을 남겼다.

> 심장은 장의 체계를 다스리는 지배자다. 심장은 사지의 움직임을 명령하며 생명의 기운인 기氣와 혈액을 순환케 하고 물질과 비非물질의 영역을 넘나들며 모든 행동의 관문과 맞닿아 있다. 그러므로 심장을 사로잡지 않고서 원기의 흐름을 다스리고자 함은 귀가 없는 채로 징과 북을 조율하려고 하거나 눈이 없는 채로 훌륭한 문학작품을 읽으려고 애쓰는 것과도 같다.[7]

고대 중국 의학에서 가장 중요한 문헌인 『황제내경』은 현대까지도 중국 전통 의학계에서 주요 참고문헌으로 자리매김해왔다. 초기 의학 문헌인 이 책은 수메르의 의학 점토판(기원전 2400년) 및 이집트의 의사인 임호텝(기원전 2700년)의 기록과 같은 시기에 작성되었다. 세 문화권 모두 심장이 우리 몸에서 가장 중요한 기관이며 신체를 다스리고 생명을 결정한다고 여겼다. 중국 명대明代 서기 1570년에 이예형李豫亨은 다음과 같은 글을 남겼다.

(여러 정의가 실려 있는) 고대 문헌『황제내경』에 따르면 심장은 인체를 다스리는 지배자이자 의식과 지성이 존재하는 곳이다. 평상시에 이 핵심적인 기관을 잘 건사한다면 건강하고 안정된 삶을 누리고 장수하게 될 것이다. 그러나 만일 지배자의 시야가 혼란스럽고 불확실해진다면 길에 울혈이 생기고 유형의 신체에 심각한 위해가 발생할 것이다. 혼란스러운 생각과 행동으로 가득 찬 삶을 영위한다면 해로운 결과가 따라올 것이다.[8]

『황제내경』은 생명과 관련된 심장의 중요성에 대한 중국인들의 생각에 지속적인 영향을 미쳤다. 이 사실은 서기 1575년에 이천李梴(『의학입문』을 집필한 중국 명나라의 의사—옮긴이)이 남긴 글을 통해서도 확인할 수 있다.

심장은 신체의 주인이자 내장 체계의 제왕이다. 혈육血肉의 심장은 아직 피지 않은 연꽃의 형상으로, 폐의 아래와 간의 위에 위치한다. 신명神明의 심장은 기혈氣血을 생성하므로 생명의 근원이다.[9]

윌리엄 하비가 순환계를 '발견'하기 사천 년 전에 이미 중국의 의사들은 혈액 순환을 이해했던 것으로 보인다. 『황제내경』에는 '모든 혈액은 심장의 통제하에 있다', '혈류는 원을 이루어 계속 흐르며 결코 멈추지 않는다', '혈액기氣은 강의 흐름이나 궤도를 도는 해와 달처럼 지속적으로 흐른다. 시작도 끝도 없는 원에 비할 수

있다' 등의 문장이 실려 있다.[10]

고대 중국인들은 심장이 신체의 기관들을 다스린다고 생각했다. 심장은 기혈을 만들어내서 온몸에 양분을 제공하는 '생명의 근원'이었다. 행복한 심장은 건강한 삶을 뜻했다. 뇌는 (골수처럼) 단지 영양을 공급하는 물질에 불과했다. 지금 우리가 뇌의 기능으로 받아들이는 것들이 오장五臟에서 비롯된다고 여겼다. 심장, 간, 비장, 폐, 신장에서 행복, 분노, 깊은 생각, 우울, 두려움이 각각 생겨난다는 것이었다.

고대 중국인들과 마찬가지로 고대 인도인들도 심장이 생명과 의식이 존재하는 곳이라고 믿었다. 세계에서 가장 오래된 전인적全人的 치유 체계인 아유르베다 요법에 따르면 심장은 프라나prana, 즉 생명력의 원동력이다.[11] 아유르베다는 몸, 마음, 영혼의 균형이 건강을 좌우한다는 믿음에 기반을 두고 있다. 아유르베다 요법에 관한 고대의 기록은 기원전 1600년경 인도의 초기 베다 시대까지 거슬러 올라간다.

아유르베다의 의학 지식은 가장 오래된 힌두교 경전인 4대 베다의 삼히타Samhita, 모음집에 기록되어 있다. 차카라 삼히타Charaka Samhita(기원전 500년)에는 인체와 섭생(음식), 위생을 다루며 다양한 질병의 증상과 이에 대한 치료법이 실려 있으며, 수슈루타 삼히타Sushruta Samhita(기원전 200년)에는 시신의 해부, 발생학 및 인체 해부학에 관한 내용이 수록되어 있다. 심지어 알코올 중독의 치료에 대한 부분도 있다(역시 술은 기원전 200년에도 골칫거리 였다).

아유르베다 삼히타에 따르면 심장에는 열 개의 주요한 배출구 또는 혈관이 있는데, 이는 고대 중국의 의사들이 언급한 구규九竅 와 유사하다. 심장이 일으킨 혈관은 온몸에 영양분을 전달한다. 심장은 신체의 라사바하 스로타rasa vaha srotas(액체를 전달하는 통로), 즉 '생명의 액체Juice of Life'를 불어넣는다.

마나mana, 즉 마음은 심장에 위치하며 감각 기관과 행동 기관, 그리고 영혼을 조율한다. 차카라 삼히타에 따르면 마음과 생각은 심장에서 비롯된다. 수슈루타 삼히타에는 마음과 지성이 존재하는 곳인 심장이 태아의 기관 중 가장 먼저 형성된다고 언급되어 있다. 이처럼 심장이 영혼과 의식의 원천이라는 초기 아유르베다 의 가르침이 일반적으로 널리 인정받았다. 그런데 일각에서는 이 러한 전통적인 사고방식에 이의를 제기하기도 했다. 벨라 삼히타 Bhela Samhita(기원전 400년경)에는 치타chitta, 즉 생각은 심장에 있지만 마나는 머리에 있다고 적혀 있다. 마음의 운동 기능과 감 각 기능은 뇌가 관장하나 심리적인 기능은 심장이 주관한다는 것 이다. 어쩌면 2천여 년 전에 초기 아유르베다 사상가들이 이미 심장-뇌 연결을 언급했는지도 모르겠다.

기원전 326년에 알렉산더 대왕과 그가 이끄는 군대는 인도 아대륙印度亞大陸과 중앙아시아의 교차점에 위치한 (오늘날 파키스탄에 있는) 탁실라Taxila를 순조롭게 점령했다. 이 군대에는 학자들과 의사들도 포함되어 있었다. 두 문화의 혼합은 고대 인도와 고대 그리스 학자들의 상호 교류를 뜻했다. 실제로 이 두 문화권의 의학 지식체계에서 심장과 관련된 이론을 살펴보면 상당한 유사성을 발견할 수 있다.

초기 그리스인들은 심장이 생명을 결정하며 이는 인간이든 신이든 마찬가지라고 믿었다. 기원전 1500년대 미케네 그리스인들이 숭배했던 디오니소스는 제우스와 페르세포네 사이에서 태어난 포도주와 황홀경의 신이다. 디오니소스가 태어나자 제우스의 아내이자 질투심 많은 헤라는 티탄족에게 이 아이를 죽이라고 지시했고 티탄족은 그를 갈가리 찢어서 먹기 위해 삶았다. 하지만 (제우스의 머리에서 다 자라서 갑옷으로 무장한 채 태어난) 제우스가 가장 아끼는 딸인 아테나가 티탄족이 디오니소스를 전부 먹어치우기 전에 가까스로 디오니소스의 심장을 구해낼 수 있었다. 제우스는 디오니소스의 심장을 갈아서 묘약에 넣었고 아름다운 공주인 세멜레에게 이 약을 마시게 했다. 이후 세멜레는 제우스에게 본래의 모습으로 자기 앞에 나타나 달라고 요청하는 바람에 그의 휘광에 새까맣게 타서 죽고 마는데, 제우스가 세멜레의 자궁에서 자라던 디오니소스를 꺼내 자기 허벅지에 넣고 꿰맸고 태어나기 전까지 몸 안에서 키워냈다고 한다.

아유르베다 요법은 고대 그리스의 심장 이론과 유사하지만 이보다 한 걸음 더 앞서갔다고 할 수 있다. 라사Rasa가 전신의 각 부위로 전달된 후에 다시 심장으로 들어온다고 언급했기 때문이다 (하비가 혈액 순환을 발견하기 2000년 전에 이미 순환 개념을 파악한 셈이다). 벨라 삼히타(약 기원전 400년)에는 이런 구절이 적혀 있다. '우선 심장에서 분출된 혈액(라사)은 온몸의 각 부위로 퍼져나갔다가 심장으로 되돌아온다.'

비록 고대 인도와 그리스 사이에 지식의 교류가 어느 정도 이루어지긴 했지만, 그리스인들 그리고 그 이후의 로마인들은 심장의 작동과 신체에 대한 본인들의 이론을 강경하게 고수했다. 게다가 천 년간 지속된 유럽의 중세 암흑시대에는 과학적 발견이 금지되었다. 이에 훗날 르네상스가 도래하여 레오나르도 다빈치와 윌리엄 하비와 같은 인물들이 나타나기 전까지는 심장에 대한 새로운 지식 탐구가 중단될 수밖에 없었다.

제2장
심장과 영혼

고대 문화가 점차 발달하고 사색할 시간이 늘어나면서 사람들은 자신의 정신적 능력(의식과 이성)이 몸의 어느 부위에서 비롯되는지 궁금해하기 시작했다. 눈에 보이지 않는 생명의 정수인 영혼은 과연 어디에 있을까? 일부 고대인들은 영혼이 심장에 깃들어 있다고 믿었는데 이들이 바로 '심장 중심론자Cardiocentrist'다(심장을 뜻하는 그리스어 카르디아kardia에서 유래했다). 한편 뇌에 영혼이 담겨 있다고 생각한 사람들도 있었는데 이들은 뇌 중심론자cerebrocentrist다(뇌를 뜻하는 라틴어 세레브룸cerebrum에서 유래했다). 고대 수메르인, 이집트인, 중국인, 인도인, (아리스토텔레스 등) 일부 그리스인과 로마인들을 포함해서 대다수의 초기 문화권 사람들은 심장 중심론자였다. 그들은 우리 몸에서 감정과 생각, 지성이 깃들어 있는 장소는 뇌가 아니라 심장이라고 믿었다.

프타Ptah는 고대 이집트의 창조신이었다. 고대 이집트인들은 그가 만물 이전에 존재했고 자신의 심장으로 세상을 창조했다고 믿었다. 누비아 파라오인 샤바카Shabaka에게는 기원전 700년경에 만들어진 석판이 있었는데 그는 이 돌이 그보다 더 오래전인 기원전 2400~3000년경 멤피스의 프타 대신전大神殿에 있었던 신학 관련 파피루스(멤피스 신학Memphite Theology)의 사본이라고 주장했다. 샤바카 석판에는 다음과 같은 선언이 적혀 있다. '프타는 심장의 생각으로 천지를 창조하고 말의 마법을 통해서 생명을 불어넣는다.'

고대 이집트어로 심장을 뜻하는 입ib은 실제 심장, 마음, 지성, 의지, 욕구, 기분, 이해 등 다양한 의미를 지녔다. 고대 이집트인들은 잉태될 때 어머니의 심장에서 나온 피 한 방울로 심장이 만들어지며, 그렇게 만들어진 심장은 육체의 죽음 이후에도 살아남는다고 믿었다. 그러다 사람이 죽음에 이르면 입ib의 무게를 마트의 깃털과 견주어서 망자가 생전에 선하게 살았는지를 시험하고, 그 시험에 통과한 자는 오시리스의 인도하에 갈대 들판으로 보내진다. 반면에 입ib의 무게가 깃털보다 더 무거우면 암미트 여신이 이를 먹어 치우고 영혼은 흔적 없이 소멸된다.

이 입ib이라는 단어는 이집트어의 다양한 표현들 속에서 찾아볼 수 있다. aA-ib(커다란 심장 → 자랑스러운, 거만한), awt-ib(기다란 심장 → 행복), aq-ib(신뢰하는 심장 → 절친한 친구), awntib(탐내는 심장 → 탐욕스러운), bgAs-ib(걱정스러운 마음), arq-HAty-ib(영리한 심장 → 현명한), dSr-ib(심장이 붉어지다 → 격노한), rdi-ib(심장을 주다 → 헌신하다), ibib(심장에서 심장으로, 진실한 → 가장 좋아하는, 사랑하다) 등을 예로 들 수 있다.[1] 이토록 다양하게 표현되는 심장과 달리 고대 이집트의 의학 파피루스에는 뇌에 대한 언급이 별로 없다. 단지 코를 통해서 배출되는 점액을 만들어내는 기관이라는 정도만 설명되어 있을 뿐, 생사를 가르는 문제는 어디까지나 심장이 관장했다.

그런데 심장을 영혼의 지위까지 격상한 이들이 고대 이집트인들만은 아니었다. 역사상 거의 같은 시기의 고대 중국인들도 심장이 신체의 '제왕'이며 심장에 마음이 깃들어 있다고 믿었다.

고대 중국인들은 의식, 지성 및 감정이 심장에 존재한다고 믿었다. 그들의 생각에 따르면 심장에는 인간의 정신精神이 담겨 있었다. 또한 심장은 중국 전통 의학에서도 특별한 중요성을 지녔다. 다른 모든 기관을 다스리는 '지배자'로써, 몸이 건강하고 균형을 이룰 때는 한없이 너그럽고 자애로운 군주처럼 여겨졌다.

중국 철학에서 '심心'은 사람의 기질이나 감정, 자신감, 또는 어떤 사물이나 상대방에 대한 신뢰를 뜻한다. 한자 그대로 실제 심장을 가리키는데, '마음'으로 번역되는 경우도 많다. 고대 중국인들은 심장이 영혼, 생각, 지성 및 감정이 존재하는 곳이라고 여겼다.[2] 이런 연유로 심心은 '심장-마음'으로 번역되기도 한다. 반면에 뇌는 중국 전통 의학이 다루는 기관에 포함되지 않았다. 고대 중국인들에게 있어 오늘날 우리가 뇌의 기능과 질병이라고 인식하는 것들은 어디까지나 오장(심장, 간, 비장, 폐, 신장)의 상호작용 및 균형에서 비롯된 결과였다.

고대 중국의 심心과 마찬가지로, 힌두교의 고대 언어인 산스크리트어로 심장을 뜻하는 단어는 흐리다야Hridaya 또는 흐리다얌Hridayam인데 이는 '의식 또는 영혼이 존재하는 곳'으로 번역할 수 있다.[3] 흐리다얌은 받는다는 뜻의 흐리hri, 준다는 뜻의 다da, 이리저리 움직인다는 뜻의 야ya(yam)로 이루어진 단어라고 한다. 혹시 흐리다얌은 심장의 수축기 및 순환기에 대한 3500년 전의 은유가 아니었을까?

고대 인도에서 수호신, 악의 파괴자이자 우주와 생명의 재생자인 시바Shiva는 흐리다야나스Hridayanath, 즉 '심장의 신'이라고도 불렸다. 그의 아내인 지모신地母神 파르바티Parvati는 흐리다예스와리Hridayeswari, 곧 '심장의 여신'이라고 불렸다.

보편적으로 고대 사회에서는 인간의 의식적 존재(영혼)가 심장에 있다고 가르쳤다. 아마 그리스인들도 이러한 가르침을 어느 정도 알고 있었을 것이다. 그리스에서 서양의 사상이 발달하기 시작하던 무렵에 그리스의 심장 중심론자들과 뇌 중심론자들은 영혼이 어디에 존재하는가에 관해서 갑론을박을 벌였다.[4] 심장 중심론자의 대표 격인 아리스토텔레스는 기원전 330년경에 이렇게 말했다. "심장은 전체 유기체의 완벽한 기관이다. 그러므로 인지력의 원리와 영혼이 스스로 자라는 능력은 틀림없이 심장에 존재한다."

한편 그리스의 초기 사상가 중에는 영혼이 뇌에 존재한다고 판단한 사람들도 있었다. 알크메온Alcmaeon of Croton(기원전 500년경)이 그 시초라 할 수 있는데, 그는 정액 또한 뇌에서 만들어지고 척수를 통해서 이동한다고 믿었다. 그리스의 뇌 중심론자 중에서 가장 널리 알려진 인물은 히포크라테스(기원전 400년경)로, 그는 주로 알크메온의 연구를 바탕으로 자신의 이론을 정립했다.

그러나 스토아학파와 아리스토텔레스, 프락사고라스Praxagoras of Cos는 심장이 우리 몸에서 가장 중요한 기관이라고 생각했다. 아리스토텔레스는 닭 배아의 발생 과정을 관찰하면서 신체 기관 중에서 심장이 가장 먼저 형성되는 모습을 보고 그러한 생각을 확신하게 되었다. 그는 기원전 350년에 자신의 저서 『동물*History of*

Animals』에 이렇게 적었다. "심장은 생명이 최후에 스러지는 곳이다. 일반적으로 마지막에 형성된 것이 가장 먼저 스러지며 처음에 형성된 것이 마지막으로 스러진다."

또한 아리스토텔레스의 『동물 부분론*On the Parts of Animals*』에는 심장이 "핵심적이고 움직이고 뜨거우며 심장과 전신全身을 연결하는 구조들이 잘 갖춰져 있다"라고 적혀 있다. 그에게 심장은 "영혼을 생명의 기관들에 이어주는, 모든 움직임의 원천에 해당하는" 핵심적인 기관이었다. 그래서 아리스토텔레스는 영혼이 심장에 깃들어 있다고 생각하게 되었다. 뇌는 몸의 중심부에서 멀리 떨어져 있고 차가웠던 반면에 심장은 따뜻했고, 그 따뜻함은 생명과 동일시되었다.

또한 아리스토텔레스는 심장이 인간의 의식과 지성의 원천이라고 믿었다. 그는 뇌가 점액으로 혈액과 심장을 진정시키는 냉각 장치 역할을 한다고 생각했다. 이런 생각은 후대까지 전해졌는데, 뇌하수체pituitary gland라는 단어는 라틴어로 '점액'을 가리키는 피튀타pituita에서 유래했다.

사실 아리스토텔레스가 인간의 의식과 영혼이 심장에 존재한다고 생각한 것도 일리가 있다. 실제로 인간은 갑자기 강렬한 감정을 느끼면 맥박 증가와 함께 심장박동이 더욱 거세지고 비정상적인 심장 리듬이 나타나며 그 결과 심장마비와 돌연사가 발생할 수 있다. 오늘날 우리는 이 반응이 심장-뇌 연결의 일부라는 사실을 알고 있지만 아리스토텔레스는 어디까지나 과학자로서 이러한 현상을 관찰한 것이다. 그래서 그는 자연스럽게 심장에 영혼이 깃들어 있다고 생각하게 되었다. 이처럼 아리스토텔레스가 심장을 존재의 중심으로 여기고 뇌보다 격상함에 따라, 심장은 거의 2000년 동안 핵심적인 지위를 유지할 수 있었다.

페르가몬의 클라우디우스 갈레노스Claudius Galenus of Pergamum(서기 129~216년)는 주로 갈레노스 또는 갈렌Galen이라고 불리는 그리스의 의사로, 재물과 명예를 찾아 서기 162년에 로마로 이주했다. 그는 심장이 체온의 원천이며 혈액을 덥혀서 자주색에서 붉은색으로 변하게 한다는 아리스토텔레스의 견해에 동의했다.[5]

갈레노스는 히포크라테스 이후에 가장 중요한 고대 의사로 여겨지는 인물이다. 그는 『신체 각 부위의 유용성*On the Usefulness of the Parts of the Body*』(서기 170년경)에 다음과 같이 적었다. "심장은 말하자면 벽난로의 바닥돌이자 몸의 본질적인 열의 원천이며 영혼과 가장 관련이 깊은 기관이다." 그러나 갈레노스는 뇌가 심장을 식힌다는 아리스토텔레스의 의견에는 동의하지 않았다. 뇌가 냉각 기능을 수행하려면 심장에 더 가까운 곳에 있어야 한다는 것이 그의 주장이었다.

갈레노스는 히포크라테스와 플라톤의 가르침을 공부한 후에 영혼 삼분설을 믿게 되었다. 그는 플라톤의 언어를 사용해서 뇌에는 이성적인 영혼이, 심장에는 정신적인 영혼이, 간에는 욕구의 영혼이 있다고 설명했다. 뇌는 인지를 관장하고 심장은 감정을 주관한다는 것이었다.

　대부분의 초기 문화권은 심장 중심론적이었고 뇌가 아니라 심장에 마음과 영혼이 깃들어 있다고 믿었다. 이러한 믿음은 그 후로 수 세기 동안 중국 전통 의학과 인도 아유르베다 요법에 지대한 영향을 미쳤다. 서양에는 히포크라테스와 플라톤을 비롯한 뇌 중심론자들도 일부 있었지만, 가톨릭교회는 아리스토텔레스와 갈레노스의 가르침을 금과옥조로 여겼다. 이와 같은 생각이 유럽의 중세 암흑시대에 걸쳐서 향후 1500년 동안 지속되었다. 그밖에 다른 견해는 신성모독에 불과했다.

제3장
심장과 신

고대 문명인들은 인간이라는 존재와 천지 만물의 창조를 설명하기 위해서 다양한 또는 단일한 신을 만들어냈다. 대다수의 문화권에서는 신이 우리 각자의 내면, 즉 심장에 존재한다고 믿었다. 따라서 신과 교감하려면 심장을 거쳐야 한다고 생각했다.

고대 인도의 우파니샤드Upanishad는 종교와 철학에 관한 산스크리트어 논문으로, 인도 베다 시대(기원전 1700~400년)에 작성되었고 4대 베다에 수록되어 있다. 우파니샤드는 고대 인도의 영적 사상이 발달하는 데 중요한 역할을 담당했는데, 여기에는 베다 산스크리트어로 우주의 근본원리 또는 신을 뜻하는 브라만Brahman이 있는 곳이 심장이라고 적혀 있다. 찬도그야Chandogya 우파니샤드에는 다음과 같은 대목이 있다. "이는 가장 깊숙한 심장에 들어 있는 내 영혼이며, 땅보다 더 크고 하늘보다 더 크고, 그사이의 영역보다 더 크다. 이 영혼, 나의 자아는 브라만의 것이다."

고대 인도인들은 심장에 영혼이 깃들어 있고 심장이 모든 생각과 감정을 주관한다고 생각했다.[1] 심장은 인간의 자아가 있는 장소이자 하늘과 땅을 이어주고 브라만의 사랑을 경험하는 곳이었다. 그리고 영혼이 안식을 취하는 곳이자 신성한 사랑이 존재하는 곳이었다. 브리하드아란야카Brihadaranyaka 우파니샤드는 이렇게 선언했다. "심장, 오 황제여, 만물의 집이여. 심장, 오 황제여, 만물을 지탱하는 버팀목이여. 심장, 오 황제여, 모든 존재가 여기서 쉬네. 심장, 오 황제여, 진정한 최고의 브라만이여. 그의 심장은 그를 버리지 않으니 그가 이를 알고 심장을 숭배하네."

기원전 5~6세기, 공자는 역사상 가장 영향력 있는 종교철학 중 하나인 유교儒教를 창시했다. 유교의 핵심 목표는 자연과 내면의 조화를 이루는 것이다. 공자는 '어디를 가든지 마음을 다해 가라'고 가르쳤다. 그는 머리의 계획에 방해받지 않을 때 심장이 도덕적으로 우리를 이끌어준다고 생각했다. "마음을 돌이켜볼 때 허물이 없다면 무엇을 근심하고 두려워하겠는가內省不疚, 夫何憂何懼?"

맹자는 기원전 4세기의 중국 사상가로, 유교에서 공자에 버금갈 만큼 중요한 위치를 차지하는 인물이다. 그는 학문의 길이란 "잃어버린 마음을 찾는 것이다學問之道無他, 求其放心而已矣.……이를 구하면 찾을 것이며, 소홀히 하면 잃을 것이다."라고 가르쳤다.

이번에는 동양의 또 다른 윤리 종교인 불교를 살펴보자. 심경心經, Heart Sutra)은 불교에서 가장 많이 암송되고 연구되는 경전으로, 기원전 100년에서 서기 500년 사이에 작성된 것으로 추정되는 반야바라밀다경般若波羅蜜多經, Prajnaparamita Sutras)에 수록된 40개의 경전 중 하나이다. 불교도들은 매일 명상할 때 심경을 암송한다. ('지혜를 완성하는 핵심'을 뜻하는) 반야바라밀다심경般若波羅蜜多心經, Prajnaparamitahrdaya), 즉 반야심경은 불교의 핵심 개념인 '공空, sunyata)'의 본질을 설명한다.

　명나라 말기의 4대 고승高僧 중 하나인 자백진가紫柏眞可, 서기 1543~1603년)는 심경에 대해서 다음과 같은 글을 남겼다. "이 경전은 불교의 삼장三藏, Buddhist Tripitaka) 전체를 관통하는 핵심 원리이다. 사람의 몸에는 여러 기관과 뼈대가 있지만, 그중에서도 심장이 가장 중요하다."

서양의 유일신 아브라함의 종교에서도 심장은 인간이 신과 교감하는 통로였다. 심장을 뜻하는 단어인 lev는 히브리어 성경Hebrew Torah(기원전 700~300년)에 700회 이상 등장한다. 이처럼 히브리인들에게 심장은 개인의 내면에 신이 현존하는 장소이자 영적, 도덕적, 정서적, 지적 행위의 중심이었다.

> 내가 여호와인 줄 아는 마음을 그들에게 주리라. (예레미야 24장 7절)

> 그의 용모와 키를 보지 말라 내가 이미 그를 버렸노라 내가 보는 것은 사람과 같지 아니하니 사람은 외모를 보거니와 나 여호와는 중심심장을 보느니라. (사무엘 상 16장 7절)

> 모든 지킬 만한 것 중에 더욱 네 마음을 지키라 생명의 근원이 이에서 남이니라. (잠언 4장 23절)

그러나 심장은 선의 원천이 될 수도 있고 악의 근원이 될 수도 있었다.

> 그의 마음에는 하나님의 법이 있으니 그의 걸음은 실족함이 없으리로다. (시편 37장 31절)

지혜자의 마음은 오른쪽에 있고 우매자의 마음은 왼쪽에(그른 쪽에) 있느니라. (전도서 10장 2절)

기독교 신약 성서(서기 50~150년)에도 심장은 105회나 등장한다. 신에 대한 앎이 담겨 있는 심장은 더 고차원적인 신의 사랑에 다다르게 해주었다. 초기 기독교인들은 영혼이 존재하는 곳이 심장이라고 믿었다. 심장은 영적 행위뿐 아니라 인간의 삶에서 모든 정신적, 육체적 활동의 중심이었다.

너희는 우리의 편지라 우리 마음에 썼고 뭇사람이 알고 읽는 바라. 너희는 우리로 말미암아 나타난 그리스도의 편지니 이는 먹으로 쓴 것이 아니요 오직 살아 계신 하나님의 영으로 쓴 것이며 또 돌판에 쓴 것이 아니요 오직 육의 마음판에 쓴 것이라. (고린도 후서 3장 2~3절)

이런 이들은 그 양심이 증거가 되어 그 생각들이 서로 혹은 고발하며 혹은 변명하여 그 마음에 새긴 율법의 행위를 나타내느니라. (로마서 2장 15절)

마음이 청결한 자는 복이 있나니 그들이 하나님을 볼 것임이요. (마태복음 5장 8절)

'마음을 다하여 주 너의 하나님을 사랑하라'는 메시지는 신약 성서의 마태복음, 마가복음 및 누가복음에서 반복된다.

성 아우구스티누스St. Augustine of Hippo는 『고백록Confessions』(서기 400년경)에서 cor inquietum, 즉 '쉬지 못하는 마음'은 세속의 사랑과 신의 사랑 사이에서 갈라진 심장이라고 설명했다.[2] 그는 모든 심장에 신성한 불꽃이 있다고 적었다. 불이 붙은 심장은 성스러운 광휘로 타오르고 신과 합일한다. 그 후로 종교 예술에서 불타는 심장은 성 아우구스티누스를 상징하는 표지가 되었다(그림 3.1).

12세기에 프랑스의 수도원장이었고 훗날 성인으로 시성을 받은 베르나르 드 클레르보Bernard de Clairvaux는 '지극히 다정하신 예수의 심장Cor Jesu Dulcissimum'을 위한 여러 기도문을 남겼고, 이는 가톨릭교회에서 가장 널리 알려지고 행해지는 신심信心 중 하나인 '성심에 대한 신심Devotion of the Sacred Heart'을 확립하는 데 기여했다. 이처럼 화살로 상처를 입거나 가시관에 둘러싸여 빛을 발하는 모습의 성심聖心은 예수 그리스도와 인류에 대한 그리스도의 사랑을 나타내는 상징이 되었다. 이러한 심장의 형상은 숭배의 대상이 되었고 중세와 르네상스 예술에서 흔히 찾아볼 수 있는

그림 3.1   지극히 거룩하신 예수 성심을 받은 성 아우구스티누스의 초상화

(필리프 드 샹파뉴Philippe de Champaigne, 17세기)

출처: 로스앤젤레스 카운티 미술관 / 위키미디어 공용 / 퍼블릭 도메인

그림 3.2　오상五傷을 받은 예수의 심장(롱기누스의 창에 찔려 상처를 입은
그리스도의 심장을 표현함), 15세기 자료(Cologne Mn Kn 28-1181 fol. 116)
출처: http://www.ceec.uni-koeln.de / 위키미디어 공용 / 퍼블릭 도메인

주제가 되었다(그림 3.2).

한편 이슬람 경전 쿠란Quran(알라가 무하마드에게 직접 내린 계시/서기 600년대)과 하디스Hadith(무하마드가 설파한 실질적 가르침/서기 700~800년대)에는 심장에 관한 생리학 및 해부학적 지식이 담겨 있는데 심지어 심장질환이 언급된 부분도 있다.
심장은 쿠란에 180회 등장한다. 초기 이슬람의 가르침에서 심장은 감정과 이성적 추론의 중심이었다. 건강한 심장은 경건하고 이성적인 반면, 병든 심장은 비인간적이며 보고 이해하는 능력을 상실했다고 생각했다.

> 따라서 그러하다. 또한 누구든지 알라의 상징을 공경한다면 이는 진실로 심장의 경건함에서 비롯된 것이다. (제22장 하즈(Al-Hajj, 순례) 32절)

> 그들은 그 땅을 지나 둘러보지 않았는가? 이해할 심장과 들을 귀를 지녔는가? 참으로 눈먼 것은 눈이 아니라 가슴에 있는 심장이 눈멀게 되는 것이다. (제22장 하즈 46절)

현대에 들어 의학 지식이 발달함에 따라 이제 심장은 그저 '혈액 펌프'로 묘사되고 있다. 심장을 둘러싸던 신비의 장막이 걷힌 뒤, 심장은 더 이상 영혼이 담겨 있는 저장소나 신과의 교감이 이루어지는 장소가 아니게 되었다. 그러나 비유적인 의미에서 여전히 심장은 헌신적인 사랑의 상징이다. 아직도 많은 이들이 "너의 마음 심장을 신께 바쳐라"라고 말한다. 신실한 사람들에게 신은 머리가 아니라 심장에 임재한다.

제4장
심장과 감정

고대 인도의 산스크리트어 서사시 『라마야나*Ramayana*』(기원전 600년대)에 나오는 라마 이야기(그림 4.1)에서는 심장과 관련된 사랑과 헌신이 나온다.

(머리가 여러 개 달린 마왕인) 사악한 라바나와 그를 추종하는 악귀들을 물리친 라마 왕자는 14년간의 망명 생활 끝에 아요디아로 돌아와 왕위에 올랐다. 그리고 축하하는 뜻에서 모든 이들에게 값진 장신구와 선물을 나누어주었다. 라마를 충실히 섬기는 하누만 장군은 라마의 아내인 시타에게서 아름다운 진주 목걸이를 받게 되었다.

그는 목걸이의 진주알 하나하나를 자세히 들여다보더니 모조리 던져버렸다. 이 광경을 목격한 모든 이들이 깜짝 놀랐다.

어째서 귀중한 진주알을 다 던져버렸냐는 물음에 하누만은 그 안에서 라

그림 4.1 하누만의 심장에 나타난 라마와 시타

출처: 카루나카르 레이커Karunakar Rayker / 위키미디어 공용 / 퍼블릭 도메인

마를 찾고 있었다고 답했다. 라마가 없는 것은 그게 무엇이든 간에 가치가 없으므로 진주도 자기한테는 전혀 가치가 없다는 말이었다.

그러면 하누만 자신에게는 라마 왕자가 있냐는 조롱 섞인 물음에 그는 자기 가슴을 갈라서 심장을 보여주었다. 이제 하누만의 진정한 헌신을 확실히 알게 된 구경꾼들은 그의 심장에 나타난 라마와 시타의 형상을 똑똑히 보았다.

고대 인도의 아유르베다 요법사들은 사실 인간의 심장이 두 개라고 믿었다. 그들은 온몸에 영양분을 전달하는 육체의 심장과 사랑과 욕망, 비애를 느끼는 감정의 심장이 따로 있다고 생각했다.[1] 4대 베다에 수록된 수슈루타 삼히타(기원전 6세기)에는 심장의 감정이나 욕구가 자궁에서부터 시작된다고 적혀 있다.

> 4개월이 되면 여러 기관이 더욱 뚜렷해지는데, 태아의 심장은 이미 형성되어 있으므로 생체기능이 나타나기 시작한다. 심장은 생체기능이 존재하는 곳이므로 임신 4개월 차에 태아는 다양한 감각 대상에 대한 욕구를 드러내기 시작하며, 우리는 '갈망longing' 현상을 확인할 수 있다.
>
> 따라서 임신한 여성은 말하자면 두 개의 심장을 가지고 있을 때 '갈망하는 여성Longing Woman'으로 불릴 수 있고, 또 그녀의 갈망은 충족되어야 한다. 만약 이러한 갈망이 충족되지 않으면 아이는 곱사등이거나 손이 없거나 절름발이거나 우둔하거나 키가 작거나 사팔뜨기이거나 안질眼疾이 있

거나 아예 눈이 멀기 쉽다. 그러므로 임신한 여성이 원하는 바는 무엇이든 제공되어야 한다. 그녀의 갈망이 충족되면 용맹하고 강인하며 장수長壽를 누리는 아들을 낳는다.

나를 임신하셨을 때 어머니가 갈망했던 모든 것들이 충족되었냐고 여쭤보았더니 어머니는 어깨를 으쓱하며 이렇게 말씀하셨다. "아들아, 어쨌든 나는 너를 온 마음으로 사랑한단다."

고대 그리스인들은 여전히 심장에 감정이 깃들어 있다고 생각했고 이는 상당수의 뇌 중심론자들 역시 마찬가지였다.[2] 기원전 700년대에 호메로스는 『일리아드Iliad』에 이렇게 적었다. "심장에 무언가를 숨기고 다른 말을 하는 사람은 하데스의 문만큼이나 혐오스럽다." 또한 기원전 500년대에 헤라클레이토스는 이런 글을 남겼다. "심장의 욕망에 맞서 싸우기란 어렵다. 가지고 싶은 것을 얻기 위해서는 영혼의 대가를 지불해야 하기 때문이다." 심장은 사랑과 용기, 그리고 생명 그 자체에 핵심적인 역할을 담당했고 이는 인간뿐 아니라 신들에게도 마찬가지였다.

사랑의 신 에로스(또는 로마 신화의 큐피드)가 활과 화살을 다루는 모습을 본 아폴론은 그런 무기는 자기처럼 힘센 전쟁의 신들에게 맡기라고 말했다. 그 말을 듣고 격분한 에로스는 파르나소스 산에 올라 화살 두 발을 쏘았다. 날카로운 금 화살촉이 달린 첫 번째 화살은 아폴론의 심장을 관통했고 그는 강의 신 페네오스의 딸이자 아름다운 님프 다프네를 사랑하게 되었다. 그다음 무딘 납 화살촉이 달린 또 다른 화살이 다프네의 심장을 꿰뚫었고 그녀의 마음에는 사랑에 대한 강렬한 반감이 생겼다. 아폴론은 끈질기게 다프네에게 구애했지만, 그저 이 상황에서 벗어나고 싶었던 다프네는 아버지에게 도움을 간청했다. 그러자 페네오스는 아폴론에게 붙잡히지 않도록 그녀를 향기로운 월계수(그리스어로 다프네 Daphne)로 변하게 했다.

호메로스가 살던 시대(기원전 12~8세기)의 그리스인들은 몸 안에 두 개의 영혼이 있다고 가르침으로써 심장과 뇌의 이분론을 해결하고자 했다. 그들은 영원한 생명의 영혼인 프시케Psyche와 감정, 충동 및 욕구를 다스리는 티모스Thymos가 있다고 믿었는데, 호메로스는 프시케가 머리에 있고 티모스는 심장에 있다고 생각했다. 또한 심장은 분노와 욕망뿐 아니라 용기와 용맹함의 원천이기도 했다. 호메로스의 『일리아드』에서 아킬레우스는 아이아스가 자신을 비난하자 이렇게 대답한다. "내 심장에 분노가 치밀어오른다."

초기 그리스인들에게 심장은 사랑과 밀접한 관계가 있었다. 시인 사포Sappho는 기원전 7세기에 레스보스섬에 살았는데, 여성 제자들에 둘러싸여서 지내던 그녀는 다음과 같은 정열적인 시를 남겼다. "사랑은 나의 심장을 뒤흔들었네, 산에서 부는 바람처럼, 바람결에 참나무가 부대끼듯이."

소크라테스의 제자인 플라톤은 과학자라기보다는 철학자에 가까웠다. 그는 자신의 저서인 『국가*Politeia*』(기원전 376년경)에 다음과 같이 적었다. "심장이 현실 그 자체에 확고하게 머무르는 사람은 철학자라고 불릴 자격이 있다." 플라톤은 신성한 창조자가 인간을 만들었으며 각자에게 불멸의 영혼 한 개와 유한한 영혼 두 개를 부여했다고 생각했다. 그는 머리가 몸을 다스린다고 믿었던 뇌 중심론자였다.

플라톤은 『티마이오스*Timaeus*』에서 불멸의 영혼이 우리 몸의 지배자이며 그 하위에 해당하는 유한한 영혼 두 개가 심장과 복부에 들어 있다고 서술했다. 뜨겁게 고동치는 심장은 분노와 자존심, 비애를 다스렸다. 심장이 성적 욕망의 근원이라면 뇌는 진정한 사랑의 원천이었다. 유한한 영혼에서 허기와 생체기능을 관장하는 부분은 복부에 있었다. 기원전 4세기의 고대 그리스인이 묘사한 내용, 즉 뇌는 이성적 추론과 의식을 관장하고 심장은 감정의 저장소라는 것이 오늘날 사실로 인정받는 걸 보면 놀라움을 금치 않을 수 없다. '과학자'였던 플라톤은 심장이 "정맥의 매듭이자 혈액의 원천"이라고 설명했다. 그는 정신이 뜨거운 감정에 휩쓸리기보다는 이성을 따를 수 있도록 폐가 심장을 식혀준다고 적었다.

고대 로마인들은 주로 갈레노스의 가르침에 바탕을 둔 플라톤의 영혼 삼분설을 채택했다.[3] 이러한 가르침은 수 세기에 걸쳐서 다른 사회로 퍼져나갔고 심장은 여전히 감정의 근거지로 여겨졌다. 비록 불멸의 영혼이 머무는 집으로 간주되지는 않았지만, 심장은 여전히 사랑과 욕망, 분노와 비애가 몸 안에 머무는 장소로 여겨졌다. 동서양을 막론하고 이러한 믿음은 그 후로 1,500년간 변화 없이 이어졌다.

로마의 군 지휘관이자 최초의 백과사전인 『박물지*Naturalis Historia*』를 집필한 대大 플리니우스Pliny the Elder는 서기 79년에 사망했다. '마음이 머무는 곳이 곧 집이다'라는 유명한 말을 남긴 그는 베수비오 화산 분출 당시에 배편으로 가족과 친구들을 구하려다 목숨을 잃었다. 동시대를 살았던 다른 이들처럼 대 플리니우스도 집과 가족에 대한 사랑이 심장에 깃들어 있고 사람들은 몸 안의 심장에 항상 집을 품고 다닌다고 생각했다.

제5장
신체 기관으로서의 심장에 대한 고대의 이해

심장은 대단히 튼튼한 근육이다.

— 히포크라테스, 기원전 400년대

고대 그리스의 의학은 기원전 700년경에 시작되었다.[1] 고대 이집트의 영향으로 인해서 이 시기 이전의 사람들은 질병이 신이 내린 벌이라고 생각했다. 피타고라스의 제자인 알크메온(기원전 600년)은 가장 일찍 의학에 관한 글을 남긴 그리스인 중 하나였다. 아마도 그는 죽은 자 및 산 자를 포함해서 인체에 관한 해부학적인 연구를 최초로 수행한 그리스인일 것이다. 실험을 통한 관찰을 바탕으로 알크메온은 우리 몸에서 마음과 생각이 머물고 감각이 존재하는 곳이 뇌라고 생각했다.

알크메온을 비롯한 고대 그리스인들은 대개 뇌 중심론자였다

(그중 아리스토텔레스는 대표적인 예외에 해당한다). 예를 들어 어떤 사람이 의식을 잃고 쓰러져도 (머리에 있는 프시케가 영향을 받겠지만) 몸은 여전히 살아 있었다(심장에 있는 티모스가 신체 기능을 유지했다). 이에 의학 관련 글을 남긴 고대 그리스인 중 상당수는 심장이 아니라 머리가 혈관의 출발점이라는 잘못된 믿음을 갖게 되었다. 혈관은 심장을 포함해서 전신의 다른 부위에 프네우마Pneuma(생명력)를 전달한다고 여겼다.

고대 그리스의 의사들은 심장이 난로라고 생각했다. 심장박동이 멎으면 몸이 차가워지지 않던가? 프네우마와 뇌에서 온 혈액으로 연료를 얻고 호흡으로 부채질 된 심장이 체열을 생산해낸다는 것이었다.

히포크라테스는 의학의 아버지로 널리 알려져 있다. 오늘날에도 의대를 졸업할 때 의사들은 '환자에게 해를 끼치지 않겠다'는 다짐의 의미로 히포크라테스 선서를 한다. 의학교를 설립하기도 한 그는 신이 아니라 자연이 질병을 일으킨다고 가르친 최초의 의사였다. 히포크라테스는 종교 및 철학과는 별개의 학문 분과로서 의학을 정립했다.

『히포크라테스 전집*The Hippocratic Corpus*』은 히포크라테스 및 그의 가르침과 관련된 고대 그리스의 의학 문헌 약 60편이 수록된 모음집이다(기원전 400년대~서기 100년대). 그중 하나인 「심장에 관하여On the Heart」는 심장에 대한 해부학적 정보가 상세하게 기술되어 있는 최초의 문건이다. 히포크라테스의 가르침에 따르면 심장은 피라미드의 형태를 지니며 짙은 진홍색이다. 심장은 막으로 된 주머니 안에 들어 있는데 이는 오늘날의 심낭心囊, Pericardial Sac을 가리킨다. 이 주머니에는 윤활제에 해당하는 심낭액이 들어 있는데, 이 심낭액은 심장의 열을 식히는 데 도움을 준다(엔진 오일이나 브레이크 오일을 떠올려보아라).

히포크라테스는 심장의 '귀(심방을 뜻함)'를 제거하면 소실小室, 심실을 뜻함)의 구멍들이 노출된다고 생각했다. 이 귀가 대장장이의 풀무와 같은 역할로, 팽창하고 수축하면서 공기가 유입되고 배출된다고 믿은 것이다. 그는 귀가 풀무와 같은 역할을 담당한다는 증거로, 심장의 맥이 뛸 때 소실에 공기가 유입되고 허탈함에 따라 독립된 움직임을 나타낸다고 지적했다(즉, 심실이 확장할 때 심방은 수축한다). 이 현상을 가리켜 심방-심실 동기화Atrial-ventricular Synchronization라고 한다. 또한 「심장에 관하여」에는 심장 판막이 오직 한 방향으로만 혈액을 흘려보내게 되어 있다는 사실이 언급되어 있다. 히포크라테스는 이 심장 판막을 가리켜 '대자연의 솜씨를 보여주는 걸작'이라고 설명했다.

한편 『히포크라테스 전집』은 심부전을 진단하는 방법이 최초로 기록된 문헌 중 하나다. 여기에는 심부전이 발생한 심장과 물이 차 있는 폐를 다음과 같이 진찰한다고 적혀 있다. "가슴에 귀를 대고 한참 들어보면 식초가 끓는 듯한 소리가 들릴 것이다." 아울러 히포크라테스는 최초로 돌연 심장사Sudden Cardiac Death를 묘사했다고 할 수 있다. 그는 "명확한 원인 없이 심각한 실신을 자주 겪는 사람은 갑자기 사망한다"고 말했다. 이런 사망 사례는 심장 기능이 상실되면서 발생하는데 대개 위험한 심장 부정맥이 그 원인이다. 이는 미국의 자연사 사인死因 중 1위에 해당한다.

알크메온의 연구를 바탕으로 히포크라테스는 지성이 존재하는 곳이 심장이 아니라 뇌라고 생각했다. 그러나 이와 관련된 논쟁에서 이긴 쪽은 아리스토텔레스였으며, 현대가 도래하기 직전까지 대부분의 서양 문명권 사람들은 우리 몸에서 영혼의 집이 심장이라고 믿어왔다.

아리스토텔레스는 심장에 있는 여러 개의 방을 구체적으로 설명한 최초의 그리스인이었다. 그런데 그가 관찰한 방의 개수는 네 개가 아니라 세 개였다. 그는 우측 방(우심실로 추정됨)에 가장 많은 양의 뜨거운 혈액이 들어 있다고 생각했다.[2] 좌측 방(좌심방으로 추정됨)에는 가장 적은 양의 차가운 혈액이 들어 있고, 중간 방(좌심실로 추정됨)의 혈액은 가장 순수하고 묽으며 그 양은 중간 정도라고 여겼다. 어떤 사람들은 그가 우심방을 심장에 있는 방이 아니라 심장으로 들어가는 충혈된 정맥으로 간주했다고 주장한다.

이제 우리는 이 설명이 사실이 아니라는 점을 알고 있다. 어쩌면 아리스토텔레스가 해부용 동물을 죽이던 방식으로 인해서 그가 각각의 방에서 관찰한 혈액의 양에 차이가 있었을 수도 있다. 아리스토텔레스는 해부하기 전 동물을 교살했기 때문에 정맥과 심장의 오른쪽은 짙은 색의 피가 가득했던 반면에 심장 왼쪽에 있던 피는 밖으로 빠져나갔을 것이다.

아리스토텔레스는 심장이 혈관계의 중심이라고 생각했고 이는 사실이다. 그는 『동물 부분론』(기원전 350년경)에 이렇게 적었다. "혈관의 체계는 정원의 수로가 배치된 모습과 유사하다. 하나의 원천 또는 샘(심장)에서 시작해서 여러 경로로 나누어지며 각각의 지류支流는 더 많은 가지로 갈라진다. 모든 곳에 물을 공급하기 위해서다." 아리스토텔레스는 뇌가 뜨거운 심장을 식히는 냉각 장치 역할을 한다고 믿었다. 그는 더 복잡하고 이성적인 고등동물은 곤충처럼 상대적으로 단순한 동물에 비해서 더 많은 열을 발산한다고 믿었다. 따라서 인간에게는 뜨겁고 정열적인 심장을 식히기 위해서 큰 뇌가 필요하다고 여겼다.

이집트의 도시 알렉산드리아는 기원전 300년대에서 서기 600년대까지 그리스 학문의 중심지였다. 기원전 331년에 알렉산더 대왕이 알렉산드리아를 건설했고 그의 장군인 프톨레마이오스 가문이 이 도시를 다스렸다. 알렉산드리아의 의사들은 기원전 200년대에 이미 인체 해부를 하고 있었다. 심지어 시 정부에서는 살아 있는 사람에 대한 끔찍한 생체 해부Vivisection를 허가하기도 했는데, 이는 대개 범죄자에 대한 처형으로 행해졌다. 이집트에서는 미라를 만들기 위해 시신을 방부 처리할 때마다 개복해서 장기를 제거해왔기 때문에, 이집트와 그리스 문화가 혼재된 알렉산드리아에서는 인체 해부가 용납될 수 있었다.

헤로필로스Herophilus of Chalcedon, 기원전 335~250년와 에라시스트라토스Erasistratus of Ceos, 기원전 330~250년경는 알렉산드리아의 저명한 의사로, 히포크라테스에게 '의학의 아버지'라는 칭호를 부여한 것도 바로 이 두 사람이었다. 로마의 의사 아울루스 코르넬리우스 켈수스Aulus Cornelius Celsus, 기원전 25년~서기 50년가 1세기에 집필한 의학 서적인 『의학에 관하여De Medicina』에서는 헤로필로스와 에라시스트라토스에 대해서 이렇게 서술하고 있다.

또한 통증 및 다양한 질병은 더 깊숙한 곳에 있는 내부의 기관에서 비롯되므로 그들은 스스로 신체 기관에 대해서 무지한 자들은 치료법을 적용할 수 없다고 생각한다. 따라서 망자의 시신을 개복해서 내장을 자세히 살펴볼 필요가 있다. 그들은 헤로필로스가 가장 뛰어난 해부 실력을 지녔다고 생각하고, 살아 있는 인간을 해부했다(감옥에 갇힌 범죄자들이 그 대상이었고 왕에게 허락을 받았다). 아직 숨이 끊어지지 않은 상태에서 여러 기관을 관찰했는데 이는 그 이전까지 자연이 숨겨둔 비밀이었다.[3]

해부학과 생리학의 아버지라고 불리는 헤로필로스는 의학을 연구하려면 인체 해부를 통해서 인간의 몸을 이해해야 한다고 생각했다. 헤로필로스는 최초로 사람들 앞에서 해부학적 절개를 실시한 인물 중 하나다. 그는 이러한 경험을 통해서 신경계를 발견했고, 사고를 관장하는 기관은 심장이 아니라 뇌라고 생각하게 되었다. 즉 헤로필로스는 뇌 중심론자였다.

또한 헤로필로스는 동맥과 정맥의 차이를 최초로 설명한 사람이다. 그는 혈액을 제거했을 때 시신의 정맥이 허탈 현상을 보인 것에 비해, 근육의 동맥은 탄력을 유지한다는 점에 주목했다. 그러나 그는 동맥의 확장이 심장으로부터 프네우마(영기靈氣 또는 영혼)를 유입시키고, 동맥의 수축이 프네우마와 혈액 일부를 앞으로 밀어내서 맥박이 발생한다는 그릇된 생각을 지니고 있었다. 헤로필로스의 제자이자 동료였던 에라시스트라토스는 혈액 순환을 이해하는 데 상당히 근접했다. 그는 동맥과 정맥 사이에는 연결통로가 존재해야 하나 너무 작아서 눈에 보이지 않는다는 이론을 세웠다. 훗날 윌리엄 하비가 발견한 혈액 순환을 1800년 전에 이미 예견한 셈이다.

에라시스트라토스 역시 아리스토텔레스와는 달리, 심장이 아닌 뇌가 인체를 지배하는 기관이라고 생각했다. 그는 심장이 영혼이 존재하는 곳이 아니라 단지 몸을 데우는 역할을 하는 기관이라는 견해를 제시한 최초의 인물이었다.

에라시스트라토스는 한때 시리아의 셀레우코스Seleucus 왕의 궁정에서 지냈다(기원전 358~281년). 그 당시 왕의 아들인 안티오쿠스Antiocus는 병에 걸려서 시름시름 앓고 있었다. 에라시스트라토스는 안티오쿠스를 진찰했으나 이상이 있는 부분을 찾을 수가 없었다. 그러던 어느 날, 그는 왕자의 계모인 스트라토니케 Stratonice가 곁에 있으면 젊은 왕자의 맥박이 거세지고 피부가 붉어지는 것을 목격했다. 이에 그는 왕에게 본인이 진단한 바를 넌지시 알렸다. 현명한 70세의 왕은 아내와 헤어지고 그녀를 아들과 결혼시켰다. 그제야 비로소 아들의 '병든 심장'이 치유되었다.

그리스인들은 심장과 신체의 작동 방식을 연구하는 데 적합한 방법으로써 해부학의 위상을 정립했다. 이러한 해부학적 연구는 로마제국의 부상과 함께 지속되었고 대개 그리스에서 이주해 온 사람들이 연구에 참여했다. 가장 유명한 인물인 갈레노스는 2세기에 집필한 『인체 각 부위의 유용성On the Usefulness of the Parts of the Body』에 이렇게 적었다. "심장은 살성이 단단하며 쉽게 손상되지 않는다…단단함, 장력, 기본 근력 및 상처에 대한 저항성을 고려할 때 심장의 근섬유는 다른 모든 기관을 훨씬 능가한다. 그 어떤 기관도 심장처럼 지속해서 작동하거나 그만큼 강한 힘으로 움직이지 않기 때문이다."[4] 그런데도 여전히 의문점은 남아 있었다. 머리 또는 심장에 감정, 기억 및 생각이 담겨 있을까?

고대 로마인들은 심장이 생명을 유지하며 동시에 사랑을 담고 있다고 믿었다. 로마의 시인 오비디우스(기원전 43년~서기 17년경)는 이런 글을 남겼다. "아스클레피오스가 직접 약초를 바르더라도 마음의 상처는 치유할 길이 없네(아스클레피오스(Aesculapius, 아이스쿨라피우스)는 그리스 · 로마의 의술의 신으로, 뱀이 휘감겨 있는 아스클레피오스의 지팡이는 오늘날 의학의 상징으로 사용되고 있다)." 로마 신화에서 사랑의 여신인 비너스는 아들 큐피드의 도움을 받아 그의 화살로 연인들의 심장을 겨냥했다.

고대 로마인들은 신이 내린 벌로 질병이 생긴다고 믿었으며[5] 의사들은 기피의 대상이었다. 그리스의 의사들과는 달리 로마의 의사들은 시신 해부가 금지되었기 때문에 심장과 인체를 이해하는데 제약이 있었다.

로마인들은 기원전 30년에 알렉산드리아를 정복했고, 그 결과 이집트의 지배자였던 클레오파트라와 마르쿠스 안토니우스가 자결했다. 로마인들은 그리스인들의 의학 지식과 해부학 연구, 특히 헤로필로스와 에라시스트라토스의 업적에 대해 알게 되었다. 로마인들은 의사들을 포획해서 다시 로마로 데려왔다. 처음에는 전쟁 포로로 잡혀들어왔던 의사들은, 나중에는 돈을 벌기 위해 자진해서 로마에서 넘어오기도 했다.

로마인들은 금세 그리스의 의학 및 과학 사상을 받아들였지만, 서기 162년에 그리스인인 갈레노스가 로마로 이주하기 전까지 심장 및 혈관계에 관한 이론 측면에서는 거의 진전이 없었다. 훗날 심장과 인체에 대한 갈레노스의 이론은 가톨릭교회의 공인을 받았고, 이에 갈레노스는 3세기에서 17세기에 이르기까지 무려 1,500년에 걸쳐 서양 의학에서 가장 중요한 인물로 인정받았다.

알렉산드리아에서 지내는 동안 동물과 인간을 해부한 경험이 있었던 갈레노스는 해부학 전문가가 되었다. 갈레노스는 교수형을 당한 범죄자들을 해부할 수 있도록 허락받았다. 또한 검투사를 담당하는 의사이기도 했다. 죽어가는 검투사들의 개방창開放創, Open Wound을 통해서 그가 지나치게 실감 나는 해부학 수업을 경험했음을 짐작할 수 있다. 갈레노스는 검투사들의 상처가 "인체를 들여다보는 창문"이라는 글을 남겼다. 갈레노스는 로마에서 곧바로 유명 인사가 되었다. 그는 마음껏 해부하고 공개적으로 환자들을 진료하며 돈을 벌 수 있었다. 이처럼 갈레노스가 명성을 날리자 마르쿠스 아우렐리우스 황제는 그를 자신의 시의로 삼았다.

갈레노스는 고대 그리스의 의학 문헌을 비판적으로 탐독했고, 실제 실험을 통해서 심장과 혈관에 관한 이론을 증명하거나 반증했다. 그는 특히 앞서 소개한 헤로필로스와 에라시스트라토스의 업적을 높이 평가했는데, 그들이 틀린 부분을 지적하는 일을 즐기기도 했다. 『인체 각 부위의 유용성』(서기 170년경)에서 그는 다음과 같이 서술했다. "근육처럼 보일 수도 있지만 근육과는 확연히 다르다. 근육의 근섬유는 오로지 한 방향으로만 되어 있기 때문이다…그러나 심장에는 세로 방향과 가로 방향의 근섬유가 모두 존재한다. 또한 비스듬하게 기울어진 제3의 종류까지 있다."[6]

현대의 심장 과학 분야에서는 이처럼 갈레노스가 발견한 중요한 지점에 관해서 현재 치열한 연구가 이루어지고 있다. 오늘날 심장(좌심실)이 동심성同心性, Concentric 확장 및 수축을 통해서 혈액을 전신으로 전달한다는 사실은 대개 잘 알려져 있다. 부풀었다가 공기가 빠져나가는 풍선을 상상해 보길 바란다. 그런데 심장은 바람 빠진 풍선과는 달리 수축할 때 펌프 기능을 극대화하기 위해서 비틀어진다. 이는 젖은 행주를 짤 때, 그냥 양손으로 눌러서 물기를 제거하는 것과 행주를 비틀어서 물을 짜내는 차이로 이해할 수 있다. 이처럼 서로 다른 세 개의 방향으로 된 심근 섬유는 양쪽과 위아래에서 압착되는 동시에 비틀어지면서 심장의 수축을 최적화한다.

물론 오늘날의 우리는 갈레노스의 심장 이론에 상당한 오류가 있다는 사실을 잘 알고 있다. 그는 두 심실 사이의 근육 격막膈膜, Septum에 미세한 구멍이 있으며, 이를 통해서 심실 사이에 혈액이 오고 간다고 생각했다. 또한 동맥이 프네우마(혈액 일부와 섞여서 생명의 영혼을 만들어내는 숨)를 전달한다는 그의 생각이 틀렸음을 안다. 갈레노스는 인체의 작동과 관련해서 심장의 중요성이 간에 비해 부차적이라고 주장했다. 아울러 소화된 음식이 장에서 간으로 이동하고 여기서 혈액으로 바뀐다고 생각했는데 이것 역시 사실이 아니다. 그는 심장이 아니라 간이 혈관의 원천이라는 이론을 세웠으며, 이에 따라 혈액이 심장에 도달한 후에 전신의 각 부위로 전달되고 살로 바뀐다고 생각했다.

갈레노스는 아리스토텔레스를 비롯한 고대 학자들과 마찬가지로 좌심실의 주요 기능이 체열을 생산하는 것이라고 믿었고 좌심실을 석탄 난로에 비유했다(심장을 일종의 펌프로 생각하지 않았던 이유는 단순히 그 당시에 아직 펌프가 존재하지 않았기 때문이다). 흡기吸氣, Inspired Air는 심장의 본질적인 열을 식히기 위한 것이었다. 하지만 갈레노스는 심장의 작동 원리를 상당히 정확하게 묘사했다. 그는 관상冠狀 형태의 혈관계가 심장에 자체적으로 혈류를 공급한다는 것을 알고 있었다. 또한 동물을 해부한 경험을 바탕으로, 모든 동물의 심장에 있는 방의 수가 똑같지 않다는 점을 정확하게 지적했다(예를 들어 어류는 심실이 하나뿐이다).

갈레노스는 동맥지動脈枝와 정맥지靜脈枝가 서로 연결되어 있다

(모세혈관)는 에라시스트라토스의 이론을 인정하기에 앞서 직접 실험해 보았다. 그는 동물을 죽인 다음 큰 동맥을 절단하여 '출혈'로 피가 다 빠져나가도록 함으로써 이러한 연결 관계를 증명하려 했다. 실험 결과 동물의 동맥뿐 아니라 정맥 속 혈액도 모두 비워졌기 때문에 둘 사이의 연결 관계를 확인할 수 있었다. 또한 갈레노스는 거의 모든 동맥 옆에는 정맥이 있다는 점에도 주목했다. 하지만 안타깝게도 갈레노스는 논리적으로 한 단계 더 나아가 순환계를 발견해내지는 못했다. 그는 프락사고라스가 헤로필로스와 에라시스트라토스에게 가르친 대로, 동맥은 주로 전신에 프네우마(숨)를 전달한다고 생각했다.

갈레노스는 태아의 혈액이 태반에 있는 모체母體의 혈액으로부터 흡기를 받아들이고, 이를 통해 공기가 함유된 혈액이 태아의 우심右心, Right Heart과 (태아 시기에는 아직 기능하지 않는) 폐를 우회, 심방 사이의 결손(구멍)을 통해서 곧바로 좌심으로 이동하며, 그다음에는 태아의 동맥으로 전달된다는 사실을 인지했다(그가 어떻게 이 사실을 발견했을지를 상상하면 소름이 끼치기도 한다). 더 나아가 그는 출생 후에는 이 결손이 닫히고 혈류의 경로가 바뀌어서 신생아의 좌심에 도달하기 전에 우심과 폐를 통과한다는 사실도 알고 있었다.

갈레노스는 『아픈 지체에 관해서On the Affected Parts』에 이렇게 적었다. "세 가지의 주요 요인이 우리 몸을 다스린다. 핵심 기관인 심장에 견주어볼 때, 뇌는 모든 신체 부위에서 민감성과 운동성의 가장 중요한 원천이며 간은 영양에 관한 기능의 근원이라는 사실이 지금까지 밝혀졌다. 심장의 체액들 사이의 불균형이 죽음을 초래한다. 몸의 모든 부분은 심장과 동시에 악화하기 때문이다."[7] 갈레노스는 아리스토텔레스를 비록 마음속 깊이 존경하기는 했지만, 플라톤의 영혼 삼분설에 이론의 바탕을 두었다. 심장의 기능으로 추정되던 것들 일부를 점차 뇌가 넘겨받기 시작했지만, 전부가 그런 것은 아니었다. 운동 기능과 감각 기능은 뇌에 있었지만, 감정과 관련된 영혼은 여전히 심장에 있었다.

갈레노스는 인체에 대한 실험을 통해서 해부학과 생리학, 특히 심장과 심장 판막, 동맥지와 정맥지에 관한 고대인들의 생각을 획기적으로 변화시켰다. 그러나 그의 이론 중 틀린 부분도 후대까지 계속 전해지게 된다. 우심실과 좌심실을 연결하는 심장 중격中隔, septum에 구멍이 존재한다거나, 간이 음식을 통해서 혈액을 생산하며 동맥의 근원이라거나, 심장과 혈관의 기능이 전신으로 영혼(프네우마)을 퍼뜨리는 것이라거나, 감정에 관련된 영혼이 심장에 존재한다거나 하는 것들 말이다. 갈레노스의 이론 중 상당 부분은 17세기까지도 대단한 영향을 행사했다. 이는 서기 476년에 로마 제국이 멸망한 후로 서양 문명 대부분이 중세 암흑시대에 접어들었을 때 의학 지식 역시 마찬가지였기 때문이다. 그 후로 1,500년 동안 심장과 혈관계에 대한 과학적 이해는 거의 진전이 없었다.

제6장
고대의 심장질환

흔히 현대인의 질병으로 간주하지만, 근대 이전의 인류에게도 죽상동맥경화증이 존재했다는 것을 고려하면 이 질병에 대한 보다 근본적인 소인素因, predisposition의 가능성을 제기할 수 있다.

— 랜들 C. 톰슨 외(2013)

우리는 심장마비가 현대의 질병이라고 생각한다. 이제 우리는 수명이 길어졌고 더 많은 음식을 섭취하며 더 적게 운동하고 살이 찌고 당뇨병에 걸리며 담배를 피운다. 그 결과, 우리는 심장 근육에 혈액을 공급하는 관상동맥의 내부에 콜레스테롤 플라크가 축적되어 '동맥이 경화되는' 죽상동맥경화증atherosclerosis에 걸린다. 5,000년 전에 살았던 인류의 먼 조상은 지금 우리와는 생활방식이 사뭇 달랐으므로 당연히 죽상동맥경화증의 위험에 노출되지 않았을 것으로 추측할 수 있다.

그러나 사실은 그들 역시 죽상동맥경화증의 위협에서 벗어나지 못했다.

기원전 1203년에 약 70세의 나이로 사망한 고대 이집트의 파라오인 메렌프타Merenptah도 죽상동맥경화증에 걸렸다.[1] 2009년에 CT 스캔을 통해서 카이로에 있는 이집트 문명박물관Egyptian National Museum of Antiquities의 미라 20구에 관한 연구가 시행됐는데 메렌프타도 그중 하나였다. 16구의 미라에서 동맥과 심장을 확인할 수 있었는데, 그중 9구에서 죽상동맥경화증이 발견되었다. (그 비율이 무려 56퍼센트에 달했다!)

전 세계 다양한 문명의 미라들에 관한 대규모 연구 결과에 따르면 고대 인류에게 죽상동맥경화증은 드문 질병이 아니었던 것으로 추정된다.[2] 이 연구에서는 시대적으로 4,000년 이상 차이가 나고 식습관이 서로 다른 지리적 영역 네 곳에서 발견된 미라 137구를 대상으로 전신 CT 스캔을 시행했다. 그중에는 고지방 식단을 섭취한 고대 이집트인 76명, 옥수수와 감자가 주식이었던 고대 페루인 51명, 수렵 채집인이자 농부였던 미국 남서부의 푸에블로 선조 원주민Ancestral Puebloan 5명, 수렵 채집인이었던 알류샨 열도의 우난간Unangan인 5명이 있었다.

CT 스캔 결과, 전체 미라의 34퍼센트에서 죽상동맥경화증이 발견되었다. 사망 연령이(그 당시에는 고령에 해당하는) 40세 이상으로 추정되는 미라 중에서 죽상동맥경화증이 있는 경우가 절반에 달했다. 연구자들은 죽상동맥경화증이 "노화의 기본 요소이거나, 우리가 죽상동맥경화증을 일으키는 매우 중요한 원인을 놓치고 있다"라고 지적했다. 그들은 고대 인류가 잦은 감염으로 인해 만성 염증에 시달렸을 것으로 추측했다. 만성 염증이 있으면 동맥의 혈관 벽에 콜레스테롤이 축적되므로 결과적으로 죽상동맥경화증이 발생할 수 있다. 또한 고대인들은 불 근처에서 음식을 익히거나 몸을 데우곤 했기 때문에 연기를 자주 흡입했을 가능성이 크다.

1991년에 이탈리아의 알프스 지역에 있는 티젠요흐 패스Tisenjoch Pass에서 5300년 된 동기시대銅器時代, Copper Age의 티롤 지방 아이스맨Tyrolean Iceman이 보존된 상태로 발견되었다. DNA를 살펴본 결과 그는 죽상경화성 심장질환에 걸릴 위험이 커진 상태였다.[3] 아이스맨의 DNA에는 현대인의 죽상동맥경화증과 관련된 단일 염기 다형성single nucleotide polymorphism, 단일 DNA 구성요소에서의 변이이 여러 개 있었다. 그러나 아이스맨의 사인死因은 심장마비가 아니었다. 사실 그는 등에 화살을 맞아서 죽었다. 아이스맨과 같은 시대에 살았던 다른 사람들도 심장마비와 같은 방식으로 죽지 않았을 가능성이 크다. 고대인의 수명은 현대인보다 훨씬 짧았기 때문에 '노년에' 심장마비로 죽을 확률이 더 낮았다. 하지만 어쨌든 간에 우리의 DNA에는 그런 요인이 존재하는 것이다! 문명이 발달하면서 고대 사회에서 위계 서열의 최상위에 해당하는 지배층은 생명 유지에 필요한 것보다 더 많은 양의 음식을 먹었고 더 게을러지고 살이 쪘으며 심장마비와 심부전으로 쓰러졌다. 그들은 단지 그게 심장질환이라는 사실을 미처 몰랐을 뿐이다.

고대 이집트인들은 현대의 관점에서 볼 때 심장마비에 대한 설명으로 파악되는 글—종종 사망으로 이어지는 흉통胸痛—을 남겼고 고대 그리스인들은 심부전에 관해 언급했다(거품 섞인 객담을 동반한 호흡곤란 증상과 다리의 부종이 이내 사망으로 이어진다). 그러나 고대 사회의 사람들이 이런 고통과 심장을 연관 지어 생각했음을 시사하는 문헌은 없다. 이와 같은 임상 증상과 심장질환 간의 연관성 부재는 그 후로 1,500년 더 지속됐다. 인류 문명이 중세 암흑시대에서 벗어나 르네상스의 빛을 만난 후에야 사람들은 비로소 이러한 연관성을 깨닫게 되었다.

제2부

심장, 암흑기를 거쳐
빛을 만나다

제7장
중세 암흑시대

많은 이들이 겉으로는 더 고생하지만 신 앞에서는 별다른 진전을 이루지 못한다. 신은 일 그 자체보다는 마음을 살펴보기 때문이다.
— 피에르 아벨라르Peter Abelard, 프랑스의 중세 철학자, 신학자,
서기 1140년경

이제 생명의 행동 및 힘과 관련하여 영혼이 심장에 있다는 것은 일반적인 통념이다. 그러므로 심장은 모든 신경과 정맥의 시작점이어야 하며 영혼은 이를 통해서 그 지체肢體에서 작용을 달성한다.
— 알베르투스 마그누스, 또는 대大 알베르투스 성인Saint Albert the Great,
『동물에 관하여de Animalibus』, 서기 1256년

암흑시대라고도 불리는 유럽의 중세는 로마제국이 몰락한 서기

476년에 시작해서 콘스탄티노플이 함락된 서기 1453년에 끝났다. 이 시대에는 몸과 건강에 관한 믿음을 포함해서 삶의 모든 측면이 가톨릭교회에 예속되었고 의학 및 해부학의 과학적 발전이 중단되었다. 생활 여건이 악화했고 그 결과 한센병을 비롯한 전염병이 자주 창궐했다. 교회는 전염병과 질병이 인간의 죄에 대한 신의 분노로 인해서 발생한다고 설교했다. 그들의 말에 따르면 몸의 치료는 오직 영혼의 치유를 통해서만 달성할 수 있었다. 의사는 도움을 줄 수 없었고 오로지 사제에게 희망을 걸 수밖에 없었다. 이러한 가르침이 널리 퍼져 있었기 때문에 의학의 발달이나 심장과 인체에 관한 지식의 발전이 천 년간 멈춰버렸다.

가톨릭교회는 심장과 인체에 대한 갈레노스와 아리스토텔레스의 이론이 인체 해부학 및 생리학과 관련하여 수용할 수 있는 몇 안 되는 사실이라고 간주했다. (두 사람 모두 기독교인은 아니었다.)[1] 갈레노스가 남긴 문헌은 중세에 교리로 받아들여졌고 과학적 문제 제기에 영향을 받지 않았다. 그러나 교회는 갈레노스를 제외한 과학자들과 의사들의 저작을 찾아내서 없애버렸고, 중세 시대에는 심장과 인체에 대한 그리스와 로마의 지식이 과학에서 사라져버렸다.

아리스토텔레스는 배아에서 가장 먼저 형성되는 기관이 심장이라는 사실을 발견했고, 교회는 심장이야말로 신이 인간의 영혼을 담아둔 장소임이 틀림없다고 선언했다. 영혼은 사람이 죽기 전까지 심장에 깃들어 있다가 죽고 나서는 입을 통해서 몸에서 떠나간다는 것이었다. 중세 기독교인들은 신이 인간의 심장에 임재하며 심장 내부의 벽에 기록을 남긴다고 믿었다. 즉, 심장은 근육으로 된 석판이었다. 신은 너그럽거나 인색한 행동이나 생각을 각각 심장에 기록했고 그 사람이 죽으면 이러한 기록을 다시 살펴보았다. 또한 신은 심장을 통해서 신자들과 소통했다. 성경의 고린도후서 3장 2~3절에 적혀 있듯이, "너희는 우리로 말미암아 나타난 그리스도의 편지니 이는 먹으로 쓴 것이 아니요 오직 살아 계신 하나님의 영으로 쓴 것이며 또 돌판에 쓴 것이 아니요 오직 육의 마음판에 쓴 것이라"라고 하였다. 중세의 기독교인들은 불멸의 영혼이 심장에 깃들어 있다고 믿었다. 사람의 심장이 멈추면 영혼이 육체를 떠나서 천국이나 지옥으로 간다고 생각했다. 살아 있는 동안 심장의 벽에 기록된 바에 따라서 나중에 영혼이 향하는 곳이 결정되었다. 중세 시대에는 심장 통증이 발생하면 (교회에 기부함으로써 영혼의 구원을 앞당기는 것을 제외하면) 루타(운향)와 알로에로 만든 기름을 흉부에 바르거나, 증기탕에서 소금에 절인 무를 먹거나, 우유에 넣어 조리한 새조개(껍질이 심장 모양인 쌍각조개)를 먹는 등 가정의 민간요법에 유일한 희망을 걸 수밖에 없었다.

원래 기억이라는 개념에서 비롯된 마음Mind이라는 단어가 마침내 영혼이라는 관념과 중첩되기 시작했다. 아리스토텔레스는 마음과 감각, 감정의 인지적 기능이 심장에 들어 있다고 믿었다.

갈레노스는 결국 신新플라톤주의를 받아들였고 이성적인 불멸의 영혼은 뇌에 존재하며 감정과 관련된 영혼은 심장에 존재한다고 여겼다. 이와 같은 견해들은 교회로 인해서 유럽의 중세 암흑시대에 걸쳐서 상당한 영향력을 행사했다.

'세상을 떠난 후에 심장을 갈라보았더니 신과 예수에 대한 사랑의 증거가 나타났다'라는 성인聖人들에 관한 여러 이야기가 전해 내려왔다.[2] 십자가의 성녀 클라라라고도 불리는 몬테팔코의 성녀 키아라Santa Chiara da Montefalco는 아우구스티누스회의 수녀로, 1294년에 몇 주 동안 황홀경을 경험했다. 성녀 키아라는 십자가를 진 고단한 예수의 환영을 보았고 그를 도우려고 다가갔다. 예수는 "내 십자가를 믿고 맡길 수 있는 자를 찾았노라"라고 말했고 그녀의 심장에 십자가의 형상을 새겼다. 키아라가 죽은 후에 네 명의 수녀가 그녀의 심장을 꺼냈는데 여기에는 십자가와 채찍의 형상이 새겨져 있었다. 이 일화는 바티스타 피에르길리우스Battista Piergilius의 『몬테팔코의 성녀 키아라의 일생 *The Life of Sister Chiara of Montefalco* 』(1663)에 다음과 같이 기록되었다. "그들은 심장이 오목하고 두 부분으로 나뉘어 있으며 둘레만 온전하다는 사실을 잘 알고 있었다. 그러자 프란체스카 수녀가 손가락으로 만져보니 한쪽 단면의 가운데에 신경이 있었다. 이것을 잡아당겼더니 놀랍게도 육肉으로 된 십자가가 나타났다. 똑같은 십자가 모양의 강腔, Cavity(몸 안의 공간—옮긴이)에 숨겨져 있던 것이다. 이 십자가를 본 마르가리타 수녀가 "기적이야, 기적!"이라고 외치기 시작했다."[3]

성녀 키아라는 해당 구역의 주교와 법학자들의 확증을 거쳐서 1881년에 마침내 성인으로 시성諡聖되었다. 현대에는 심실의 내벽이 부드럽지 않으며 여기에 다양한 형태의 불규칙한 근육기둥 육주肉柱, trabeculae carneae이 있다는 사실이 알려져 있다.

11세기 기독교 신학에서는 심장의 형상이 예수의 심장을 나타내게 되었다. 창에 찔리고 불타는 심장, 가시관에 둘러싸이고 십자가가 세워져 있는 성심聖心, The Sacred Heart은 예수 그리스도의 상징으로 자리 잡았다. 인류에 대한 그리스도의 사랑을 뜻하는 성심은 중세 종교 예술에서 흔히 찾아볼 수 있다.

한편 심장은 문화적으로도 새로운 의미를 지니게 되었다. 심장은 진심과 진실, 신의와 충절의 상징이 되었고 십자군의 방패와 가문의 문장紋章, Coat of Arms에 등장하게 되었다(그림 7.1). 심장은 가문에 대한 사랑 또는 신의 사랑을 의미했고 중세 문장학에서 가장 인기 있는 상징 중 하나가 되었다(그림 7.2).

11세기에서 12세기까지 유럽의 상류층, 특히 영국과 프랑스의 왕가에서 독특한 장례 의식이 널리 퍼졌다. 이 의식은 심장이 영혼과 도덕의 중심이라는 믿음에서 비롯되었다.[4] 망자의 심장을 꺼내서 시신과는 별도로 예배당에 매장하는 것이었다. 현대에는 이러한 관습을 심장의 '사후死後 절제Postmortem Ablation'라고 부른다. 예를 들어 어느 기사가 십자군 원정을 떠났다가 고향에서 멀리 떨어진 곳에서 죽으면 그의 심장을 고향으로 보내서 땅에 묻어주었다. 이 시기에는 왕과 왕비가 세상을 떠나면 대성당에 심장을 묻고 다른 대성당에 시신을 묻는 경우가 종종 있었다.

그림 7.1 윈체스터의 윌리엄William of Winchester, 뤼네부르크 경Lord of Lüneburg
(서기 1184~1213년)에서 비롯된 뤼네부르크 공국Principality of Lüneburg의 문장紋章.
그는 덴마크 발데마르 1세의 딸 헬레나와 결혼하여 자신의 아버지인
하인리히 사자왕의 문장에 '덴마크의 문장 색상과 패턴'을 차용했다.

출처: 크리스터 선딘Christer Sundin / 위키미디어 공용 / 퍼블릭 도메인

잉글랜드의 왕 리처드 1세의 별명은 사자심왕(또는 사자왕) Lionheart이었다. 이런 별명이 붙은 이유는 리처드 1세가 전투에서 위대한 업적을 세웠고, 그 시대의 민스트럴Minstrel(중세 봉건 제후의 궁정 음악가 또는 음유시인—옮긴이)이 그가 용맹함을 얻기 위해 사자의 심장을 꺼내서 먹어 치웠다고 노래했기 때문이다. 리처드 1세는 1199년에 프랑스 리모주 근교의 샬뤼Chalus 공성攻城에서 석궁 화살을 맞아 세상을 떠났고 그의 심장은 몸과는 별도로 매장되었다. 그는 장기는 현지에 묻고 시신은 퐁트브로Fontevraud 수도원에 묻어달라고 유언했다. 다만 심장은 방부 처리를 거친 후에 루앙 대성당에 묻히기를 바랐다.

그림 7.2 몰타 말레타의 그랜드마스터 궁전에 전시된 기사의 갑옷
출처: 알렉산드로스 미카일리디스Alexandros Michailidis / Shutterstock.

갤러웨이의 데보르길라Dervorgilla of Galloway(1210~1290)는 13세기 스코틀랜드의 귀족 부인으로 그녀의 셋째 아들은 훗날 스코틀랜드의 왕이 되었다.[5] 그녀의 남편은 바너드성城의 존 베일리얼John Balliol로, 잉글랜드의 왕 헨리 3세의 자문관이자 스코틀랜드의 왕 알렉산더 3세의 어린 시절에 그의 공동 후견인이었고 옥스퍼드 베일리얼 칼리지를 유증遺贈했다. 베일리얼이 사망하자 데보르길라는 그의 심장을 꺼내서 방부 처리했고, 상아와 은으로 된 장식함에 넣어서 훗날 죽을 때까지 항상 몸에 지니고 다녔다. 그녀는 가슴 위에 남편의 심장을 꼭 안은 채, 남편을 기리며 설립한 시토회 둘체 코르 수도원Cistercian Abbey of Dulce Cor(달콤한 심장 수도원)에 묻혔다.

프랑스의 성왕聖王 루이 9세는 제2차 십자군 원정 중인 1270년에 사망했다. 그 당시 튀니스에 체류 중이던 그의 군대에는 이질이 창궐했다. 루이 9세의 내장 대부분은 현지에 묻혔고 시신을 끓여서 얻은 유골은 프랑스로 돌아갔다. 그러나 그의 심장은 납골함에 봉인되었고 시칠리아의 몬레알레 대성당에 안치되었다. 이러한 심장의 사후 절제 관습은 스코틀랜드의 귀족 가문에서는 17세기까지, 프랑스의 귀족들 사이에서는 18세기까지 지속되었다. 1849년에 파리에서 결핵으로 숨진 폴란드의 작곡가 프레데리크 쇼팽은 생전에 자기 심장을 고국으로 보내 달라는 유언을 남겼다. 쇼팽의 누이는 그의 시신이 매장되기 전에 심장을 따로 꺼내서 코

냑이 담긴 병에 넣어 보존했다. 이렇게 숨겨 들여온 쇼팽의 심장은 폴란드 바르샤바의 성 십자가 성당에 묻혔다.

서기 1000년에서 1200년에 이르는 시기에 유럽에는 많은 변화가 일어나기 시작했다. 군주들은 더 많은 영토를 확보했고 부를 축적했으며 궁정은 문화의 중심지가 되었다. 볼로냐, 옥스퍼드, 파리 등지에 대학이 설립되었고 다시 학문이 뿌리를 내리기 시작했다.

여러 차례의 십자군 원정(1096~1291)을 계기로 중동에 다녀온 유럽인들은 의학과 해부학에 관한 아랍어 문헌을 가져올 수 있었다. 이 문헌들에는 유럽의 중세 암흑시대 동안 이슬람의 의사들이 심장과 인체에 대해서 발견한 사실들이 담겨 있었다. 대체로 그들의 연구는 그간 지키고 보존해왔던 고대 그리스와 로마의 의학 이론에 바탕을 두었다. 만약 의학의 아버지 히포크라테스의 연구를 비롯한 그리스와 로마의 의학 사상에 대한 번역본이 이슬람권에 남아 있지 않았더라면 이들은 결국 역사에서 사라져버렸을지도 모른다.

이 시기의 사상가들은 13세기에 재발견된 아리스토텔레스의 문헌을 연구하여 마음과 영혼에 관한 복잡한 이론을 만들어냈다. 독일의 가톨릭 도미니코 수도회의 수사이자 철학자였던 알베르투스 마그누스는 영혼이 심장에 깃들어 있다는 아리스토텔레스 학파의 심장 중심론에 동의했다. 이는 영혼의 정열이 심장에 담겨 있다는 중세 기독교 문헌에 부합했다. 이 시대의 사상가들 대다수는 이성적인 영혼은 뇌에 있고 감성적인 영혼은 심장에 있다는 갈레노스의 신新플라톤주의를 받아들인다. 우리 몸에서 이해와 감정을 관장하는 곳은 여전히 심장이었다.

반면에 알베르투스의 제자인 성 토마스 아퀴나스(1224~1274년경)도 새롭게 발견된 아리스토텔레스의 문헌을 연구했지만, 심장이 인간의 움직임을 주관한다고 믿었다.[6] 아퀴나스는 아리스토텔레스의 심장 중심론적 견해를 수정했는데, 심장에 영혼이 존재하는 것은 아니지만 우리 몸의 형태 안에 영혼이 들어 있다고 주장했다. 인체를 움직이는 것은 심장이지만 심장을 움직이는 것은 영혼이었다. 심장이 뛰기 위해서는 영혼이 있어야 하며 영혼은 감정을 통해서 심장을 지배했다.

아퀴나스의 영향을 받은 것인지, 가톨릭교회는 천 년이 지난 후에야 우리 몸의 어느 곳에 영혼이 존재하는지에 관한 견해를 수정했다. 프랑스의 필리프 4세는 이전에 로마를 침략했고 (자신을 파문하려고 했던) 보니파시오 8세 교황을 사망에 이르게 했다. 그는 1311년에 비엔나 공의회 개최를 요청했고 이 자리에서 '새로운' 교황인 클레멘스 5세에게 성전 기사단에 대한 지원을 철회하라고 압박을 가했다. 그러나 공의회의 첫 번째 교령敎令, Decree은 영혼이 더 이상 심장에 존재하지 않으며 몸 전체에 깃들어 있다고 다음과 같이 선언했다. "모든 이들이 순수한 신앙의 진실을 알고 모든 오류를 배제하기 위하여, 이제부터 이성적인 영혼 또는 지적인 영혼이 우리 몸의 형태 안에 들어 있지 않다는 견해를 옹호하거나 강력하게 신봉하려는 자는 이교도로 간주하도록 규정한다." 심장은 영혼의 집으로서의 영향력을 점차 상실하기 시작했다. 12세기 이후에 유럽 전역에 학문의 중심지가 설립되고 교회의 교리에 반대하면 이교도로 몰릴 것이라는 두려움이 점점 줄어들자 과학자들은 차츰 뇌에 인지적 기능이 있다고 주장하기 시작했다.

유럽의 중세 암흑시대에 해당하는 기간에 다른 문화권에서도 심장 및 생사와 관련된 심장의 중요성에 관해서 나름의 사상이 발달했다. 고대 그리스인과 로마인의 가르침에 영향을 받은 이슬람 의사들과 과학자들은 심장 해부학 이론을 발전시켰고 인체에서 심장의 역할에 대한 형이하학 및 형이상학 이론을 전개해나갔다. 한편 북쪽의 바이킹은 '차가운' 심장을 숭배했고 메소아메리카인들은 신을 달래기 위해서 '뜨겁게' 뛰는 심장을 대량으로 공양했다.

제8장
이슬람 황금시대

그대의 심장은 길을 알고 있으니 그 방향으로 달려가라.

— 루미, 서기 1207~1273년

심장은

천 개의 현이 걸린 악기,

오로지 사랑으로만

그 음을 조율할 수 있네

— 하피즈(서기 1320~1389년)

앞서 이야기했듯이, 유럽에서는 중세 암흑시대가 천 년간 지속되는 동안 해부학이나 의학 분야에서 뚜렷한 진전을 이루지 못했다. 반면에 이슬람의 사상가들은 고대 그리스인들과 로마인들의 이론을 바탕으로 연구를 확장해나갔다.[1] 그들은 유럽의 가톨릭교회가 폐기했던 히포크라테스, 알렉산드리아의 그리스 의사들, 갈레노스 등이 남긴 고대 의학 문헌을 옮겨 적었다. 이슬람의 학자들과 의사들이 아니었다면 심장과 의학에 관한 서기 400년 이전의 지식은 영영 사라져버렸을 것이다. 그랬다면 유럽에서 르네상스가 시작되었을 때 근간으로 삼을 만한 과거의 지식이 없었으리라. 르네상스 시대의 의사들과 과학자들은 오랫동안 잃어버렸던 문헌에 대한 아랍어 번역본을 통해서 고대 그리스와 로마의 의학 지식을 습득했다.

초기 이슬람교도들은 심장이 감정과 의도, 지식의 중심이라고 생각했다. 아울러 쿠란(7세기)과 하디스(9세기) 등 이슬람 경전에는 심장과 심장질환에 관한 생리학적, 해부학적 지식이 수록되었다. 심장질환은 분노, 두려움 등 부정적인 감정이나 죄악, 불신 등 영적·종교적 문제와 관련이 있는 것으로 여겨졌다.

이슬람의 의사들은 고대 그리스인들과 로마인들의 초기 저작에 관한 연구를 통해서 심장에 관한 이론을 배웠고 이에 대한 의문을 제기하기도 했다. 그들은 남녀 모두 의술을 펼치는 의학교 병원 Medical School Hospital이라는 개념을 도입했다.[2]

페르시아의 의사이자 철학자인 아부 바크르 무함마드 이븐 자카리야 알 라지Abu Bakr Muhammad ibn Zakariyya al-Razi(서기 865년~925년경)는 서양에서 라제스Rhazes로 더 널리 알려져 있다. 그의 저서 『아동의 질병The Diseases of Children』은 소아과를 독립된 의학 분야로 구분한 최초의 문헌이다. [3] 알 라지는 발열이 질병과 감염에 대한 방어기제라는 사실을 파악한 최초의 인물이었다.

또한 그는 '돌연사Sudden Death'라는 용어를 최초로 사용한 의사이기도 하다(지금으로부터 무려 천 년도 전의 일이다). 그는 실신失神, Syncope과 돌연사(심장 기능의 상실로 인한 사망)의 원인이 심장이라는 것을 인지했다. 현대에서는 위험한 심장 부정맥이 그 원인이라는 사실이 알려져 있으며 이는 전 세계에서 자연사 사인死因 1위다. 알 라지는 이런 글을 남겼다. "돌연사는 심장이 수축하나 이완하지 않을 때 발생한다."

더 나아가 알 라지는 이렇게 설명했다. "심장에는 여덟 가지의 나쁜 성질이 있다. 동맥 폐색, 심장 입구의 폐색과 부기 및 그 이후의 불규칙한 맥박, 빠른 맥박과 실신…"[4] 이 인용문에는 현대의 (1) 죽상경화성 관상동맥질환, (2) 심장 판막 협착, (3) 심부전, (4) 생명을 위협하는 심장 부정맥이 나타나 있다. 그런데 그의 저서 『영혼의 의학Spiritual Medicine』을 살펴보면 알 라지가 플라톤과 갈레노스의 영혼삼분설 개념을 따랐다는 것을 알 수 있다. 그는 (1) (감각적 욕망을 포함한) 욕구는 간에 있고 (2) (감정 등) 활

발하고 다혈질인 영혼은 심장에 있으며 (3) 이성적이거나 신성한
영혼은 뇌에 있다고 생각했다.

유럽에서는 할리 아바스Haly Abbas로 더 잘 알려진 알리 이븐 알
압바스 알 마주시Ali ibn al-'Abbas al-Majusi(서기 925~994년)는 페
르시아의 왕 아두드 알 다울라Adud al-Dawla의 궁정 시의였다. 그
는 바그다드에 아두디 병원을 설립했고 이곳에서 『의술 전집The
Complete Book of the Medical Art』을 집필했다. 알 마주시는 아리스토
텔레스와 갈레노스의 일부 이론을 거부했다. 동정맥 혈관계와 관
련하여 그는 두께와 기능을 바탕으로 동맥과 정맥을 구분했다. 그
는 동맥계와 정맥계 간의 연결 관계를 최초로 제시한 사람 중 하
나였다. 그는 『의술 전집』에 다음과 같이 적었다. "맥동脈動이 없
는 혈관(정맥)에는 맥동이 있는 혈관(동맥)으로 열려 있는 구멍孔
, Foramina이 존재한다." 그는 모세혈관이 발견되기 약 700년 전부
터 이미 이러한 사실을 알고 있던 것이다.

페르시아의 의사, 천문학자이자 철학자인 아부 알리 알 후사인 이

븐 아브드 알라 이븐 알 하산 이븐 알리 이븐 시나Abū ʿAlī al-Ḥusayn ibn ʿAbd Allāh ibn al-Ḥasan ibn ʿAlī ibn Sīnā는 유럽인들에게는 이븐 시나Ibn Sina(서기 980~1037년) 또는 아비센나Avicenna로 알려져 있다. 그는 유럽에서 '의사들의 왕자Prince of Physicians'라고 불렸다. 1025년에 완성된 그의 주요 저작인 『의학 정전Canon of Medicine』은 600여 년 동안 이슬람과 유럽의 학자들에게 매우 중요한 의학 문헌이었다. 또 다른 주요 저서인 『심장질환의 치료법Book on Drugs for Heart Diseases』에서 그는 호흡곤란(급성 심부전으로 추정), 심계항진心悸亢進, Palpitation 및 갑작스러운 의식 상실(실신)에 대한 치료법을 언급했다. 이븐 시나는 규칙적인 운동과 건강한 식단을 통해서 심장질환을 예방할 것을 권고한 기록이 있는 최초의 의사였다!

이븐 시나는 심장의 해부학적 지식 측면에서 상당한 진전을 이루어냈다. 그는 동맥의 근원이 왼쪽 심장이라는 것을 알아냈다(대혈관大血管, Great Vessels으로 불리는 대동맥과 그 분지 혈관을 가리킨다). 그는 좌측 심실벽(두꺼움)과 우측 심실벽(얇음)의 두께에 차이가 있음을 확인했다. 또한 심방과 심실의 수축 사이의 타이밍 차이Cardiac Atrioventricular Synchrony, 방실房室조화를 설명하기도 했다. 다만 이븐 시나가 가슴에 털이 얼마나 많고 빽빽한지가 심장의 근력과 상관이 있다는 글을 남긴 점은 다소 안타깝다.

이븐 시나는 『의학 정전』에 이렇게 적었다. "심장은 모든 기능의 원천이며 영양, 생명, 불안, 운동 등 기능들을 다른 여러 구성원에게 부여한다." 그는 인체를 다스리기 위해서는 영혼이 심장의 중개 역할을 통해서 다른 기관들을 관리하고 몸의 열을 생산한다고 생각했다.

갈레노스와 마찬가지로 이븐 시나 역시 심장이 '본질적인 열'을 생성한다는 글을 남겼다. 아울러 고대 중국인들과 마찬가지로 그는 이 뜨거운 심장이 인체의 다른 기관들을 지배하고 관리한다고 생각했다. 그는 상식, 심상心象, 상상력, 판단, 기억 등 다섯 가지의 내부 감각이 뇌에 존재한다고 상정했다. 눈에 보이지 않는 마음, 즉 자아가 위에서 언급한 내부 감각들을 관리한다는 견해인데, 이는 영혼에 대한 현대적 관점과 사뭇 유사한 개념이다.

이븐 알 나피스Ibn al-Nafis로 알려진 다마스커스의 알라 알 딘 아부 알 하산 알리 이븐 아비 하즘 알 카르시 알 디마시키Ala-al-Din abu al-Hassan Ali ibn Abi-Hazm al-Qarshi al-Dimashqi(1213~1288)는 심장에 관한 갈레노스와 이븐 시나의 가설 중 일부에 대해서 의문을 제기했다. 특히 심장 중간 벽(중격)에 있는 눈에 보이지 않는 구멍을 통해서 좌심실과 우심실 사이에 혈액이 오간다는 가설의 오류를 지적했다. 이븐 알 나피스는 동물 해부를 통해서 폐순환의 존재를 제시했다(다만 인간의 시신을 해부하는 것은 꺼렸는데, 이는 쿠란의 가르침을 거스르는 행위였기 때문이다). 그는 『이븐 시나의 정전 속 해부학에 대한 논평*Commentary on Anatomy in Ibn Sina's Canon*』에 이렇게 적었다.

> 혈액은 우측 강腔, Cavity)에서 정제된 후에는 생명의 영혼이 생성되는 좌측 강으로 전달되어야 한다. 그러나 이 두 강 사이에는 통로가 없다. 이 부위심장의 중격에는 심장을 이루는 물질이 견고하기 때문이다. 일각에서 믿었던 것처럼 눈에 보이는 통로도 없으며 갈레노스가 주장한 것처럼 혈액이 오갈 수 있게 하는 눈에 보이지 않는 통로 또한 없다.

이븐 알 나피스는 관상동맥이 심장 근육에 영양분을 공급한다고 가정했는데, 이는 심장이 심장 내부의 방에 흐르는 혈액을 통해서 영양분을 얻는다고 믿었던 갈레노스와는 상충하는 견해였다. 또한 그는 정신적 능력(인지, 감각, 상상, 운동)이 심장에서 비롯된다는 아리스토텔레스의 이론에 이의를 제기했다. 그는 뇌와 신경이 심장과 동맥보다 더 차가우므로 정신적 능력은 논리적으로 뇌에서 비롯된다고 주장했다.

중세 암흑시대에 유럽이 쇠퇴하는 동안 이슬람의 학자들과 의사들은 고대 그리스인들과 로마인들의 저작을 바탕으로 새로운 발견을 이루어내고 심장과 인체에 대한 인류의 지식을 발전시켰다. 유럽인들은 중세 암흑시대에서 벗어난 이후에야 이러한 의학 지식을 연구했고, 이슬람 학자들이 심장의 작동 및 의학에 대한 이해와 관련해서 상당히 기여했다는 점을 인정했다(유럽에서 이븐 시나를 의사들의 왕자라고 불렀다는 점을 상기하기 바란다).

제프리 초서의 『캔터베리 이야기Canterbury Tales』(1400년경) '전체 서문'에는 런던에서 캔터베리 대성당으로 향하는 순례자들이 등장한다. 그중 하나인 의사는 자신이 스승으로 삼은 역사적 인물들로 히포크라테스와 갈레노스뿐 아니라 알 라지(라제스), 알 마주시(할리 아바스), 이븐 시나(아비센나)도 언급한다.

제9장
바이킹의 차가운 심장

윌리엄이 바다를 건너왔네

피비린내 나는 검을 들고서

차가운 심장과 피 묻은 손

이제 잉글랜드 땅을 지배하네

— 스노리 스투를르손, 『헤임스크링라』, 서기 1230년

바이킹은 중세 북유럽에서 중요한 역할을 했다. 바이킹 시대(8~11세기)의 특징은 광범위한 이주와 상업商業 추구였다(물론 약탈을 일삼은 측면도 있지만). 아이슬란드의 시인이자 역사가인 스노리 스투를르손이 1230년에 집필한 『헤임스크링라Heimskringla』(노르드Norse 왕의 무용담)에는 9세기에서 12세기까지 노르웨이 및 스웨덴 왕들의 일대기가 수록되어 있다.[1] 이번 장의 서두에 적은 인

용문은 노르만 왕조의 정복자 윌리엄William the Conqueror에 대한 글이다.

윌리엄은 '차가운' 심장을 지녔는데 이는 바이킹에게 영광스러운 일이었다. 심장이 작고 차가울수록 전사는 더 용감했다. 비겁한 자의 심장은 크고 따뜻하고 흔들렸다. 용맹한 자의 심장은 작고 차갑고 단단했다. 고대 노르드어로 예르타hjarta는 '근육으로서의 심장' 또는 '감정이 담긴 장소로서의 심장'을 뜻했다. 또한 '냉혹한hardhearted'이라는 단어에서처럼 용감하거나 용맹함을 의미하기도 했다.

노르드의 영웅시 〈아틀라크비타Atlakvitha〉(11세기)에는 군나르와 그의 동생 호그니가 (아틸라Atilla와 훈족을 뜻하는) 아틀리Atli의 세력에 생포되는 장면이 나온다. 그들이 숨겨둔 보물을 탐내는 아틀리는 군나르에게 보물이 숨겨진 장소를 실토하라고 압박한다. 이에 군나르는 다음과 같이 대답한다.

먼저 호그니의 심장을 나의 손 위에 올려놓아라.

아틀리는 제안을 수락하고 그들은 큰 접시에 올려진 심장을 군나르에게 가져다준다.

여기 겁쟁이 흐할리의 심장이 있네

> 대담한 호그니의 심장과는 다르다네
> 접시 위에 올려진 채로도 여전히 떨고 있으니
> 그의 가슴 안에 있을 때는 얼마나 더 떨었겠는가

그들은 대담한 호그니의 심장을 가지러 간다.

> 그러자 전사戰士 호그니는 그들이 산 채로 자신의 심장을 도려낼 때 웃었네
> 눈물도 흘리지 않았다네

그들이 동생의 심장을 가져오자 군나르는 이렇게 말했다.

> 여기 대담한 호그니의 심장이 있네
> 겁쟁이 흐할리의 심장과는 다르다네
> 접시 위에 올려진 채로도 거의 떨지 않으니
> 그의 가슴 안에 있을 때는 얼마나 더 안 떨었겠는가

그런 다음 군나르는 그들에게 조소를 날렸다. 이제 그의 동생이 죽었으니 수많은 보물이 숨겨져 있는 곳을 아는 유일한 사람은 군나르였다. 그는 모진 고문에도 보물이 숨겨진 장소를 실토하지 않았다. 결국 그들은 포기하고 독사들이 우글거리는 구덩이에 군나르를 던져버렸다. 그곳에서 군나르는 하프를 연주하면서 죽어갔다.

바이킹은 실제로는 농부였고 틈틈이 전사로 활동했다(남녀 모두 마찬가지였다). 그러나 용맹하고 단단하고 차가운 심장은 그들의 이상이었다. 〈뵐숭 사가Volsunga Saga〉(13세기)에서 노르드의 전설적인 용 사냥꾼Dragon Slayer인 시구르(시구르드)는 이렇게 말한다. "남자가 결투에서 적과 맞설 때는 튼튼한 심장이 예리한 검보다 더 낫다."

『베어울프Beowulf』는 기츠Geats족의 영웅인 베어울프의 일대기를 그려낸 고대 영어로 된 서사시다. 베어울프는 데인Danes(덴마크)족 왕인 로스가르를 도우러 간다. 로스가르의 미드홀Mead Hall(중세의 대형 연회장―옮긴이)인 헤오로트가 그렌델이라는 괴물의 공격을 받았기 때문이다. 이 이야기의 무대는 6세기의 스칸디나비아다. (구전 형태로는 7세기에 이미 존재했을 가능성이 크지만) 서기 975년 무렵의 가장 초기 필사본을 살펴보면 베어울프가 이렇게 말한다.

그가 나에게 다가올 때
나는 그의 공격을 피해서 달아나지 않고 서 있겠네
불길 속에서도 서 있겠네
누가 이길지 운명이 결정될 때까지
나의 심장은 단단하고 나의 손은 침착하네
나에게는 뜨거운 말들이 필요가 없네

11세기 말에는 하랄 블루투스의 덴마크 왕국과 정복자 윌리엄의 잉글랜드 왕국을 비롯한 여러 바이킹 왕국이 기독교화되었다. 따라서 결국 바이킹은 그들의 차가운 심장을 건네주고 '지극히 다정하신 예수의 심장Cor Jesu Dulcissimum'을 받게 되었다.

제10장
아메리카 대륙의 심장 공양

아즈텍 의식儀式, Ritual 달력의 다섯 번째 달인 토시카틀Toxcatl에는 젊은 남자를 택해서 대단한 영예를 부여했다. 선정 기준은 외모였는데, 살결이 부드럽고 머리카락이 길고 곧아야 했다. 다음 해에 이 남자는 말 그대로 신처럼 대우받았다.

그는 여름의 태양과 밤하늘의 신이자 곡식이 익게 할 수도 있고 타는 듯한 가뭄을 내려 작물을 죽게 만들 수도 있는 테스카틀리포카Tezcatlipoca로 분장했다. 피부를 검게 칠하고 화관花冠을 쓰고 조가비로 된 가슴받이와 수많은 보석으로 치장했다. 그에게는 자신의 마음에 드는 네 명의 아름다운 아내가 주어졌다. 그가 해야 할 일은 그저 피리를 불고 꽃향기를 맡으며 마을을 돌아다니는 것뿐이었다. 그러면 사람들은 그에게 경의를 표했다.

12개월이 지나면 신으로 행세하던 이 남자는 피라미드 신전의 계단을 걸어 올라가고, 정상으로 향하는 길에 피리를 부숴버렸다. 그를 숭배하는 군중들이 지켜보는 앞에서 그는 돌로 된 제단 위에 누웠다. 사제 네 명이 그의 사지를 붙잡고 또 다른 사제가 이 젊은 남자의 상복부를 갈라서 열었다. 사제는 안으로 손을 뻗어 그의 심장을 꺼냈다. 뛰고 있는 심장을 하늘에 바쳐서 공양하니 반드시 태양이 비치고 비가 내려서 곡식이 익으리라(그림 10.1).

그림 10.1 아즈텍의 심장 공양 의식.

마글리아베키아노 그림 문서Codex Magliabechiano(Folio 70)

출처: 메소아메리카연구진흥재단 / 위키미디어 공용 / 퍼블릭 도메인

그런 후에는 이듬해에 테스카틀리포카로 분장하는 행운을 누리게 될 새로운 젊은 남자를 선정했다.

현재의 멕시코 중부 지역에 살았던 아즈텍인들(서기 1325~1521년)은 우리 몸에 세 개의 영혼이 일시적으로 머물며 이 영혼들은 각기 다른 신체 부위에 들어 있다고 믿었다.[1] 이는 플라톤, 갈레노스, 그리고 알 라지의 영혼삼분설과 상당히 유사했다. 머리에 들어 있는 토날리Tonalli는 우리 몸에 성장과 발달을 위한 이성, 생기 및 에너지를 공급했다. 꿈을 꾸거나 어떤 의식에서 환각성 경험을 할 때 토날리는 우리 몸에서 분리될 수도 있었다. 심장에 들어 있는 테욜리아Teyolia는 지식, 지혜 및 기억의 원천이었다. 테욜리아가 토날리와 다른 점은 사람이 살아 있는 동안에는 몸에서 분리될 수 없다는 것이었다. 테욜리아는 내세를 넘어서까지도 이어지는 불멸의 부분이었다. 간에 들어 있는 이히요틀Ihiyotl은 정열과 감정, 욕구를 다스렸다.

아즈텍인들은 심장을 통해서 테오틀Teotl(신 또는 신성한 에너지)을 알게 되었다.[2] 머리와 간의 사이에 있는 심장은 머리의 이성과 간의 정열을 활용할 수 있도록 가운데에 놓여 있었다. 이러한 생각은 영혼이 우리 몸의 중심인 심장에 들어 있다는 아리스토텔레스의 논리와 그리 다르지 않았다.

중앙아메리카의 마야인들(기원전 1800년경~서기 1524년)은 신에게 양분을 제공하고 신을 부양하기 위해서 인간이 만들어졌다고 생각했다. 피에는 생명력이 담겨 있었고 심장에는 신을 강하게 만들어 줄 수 있는 테욜리아가 들어 있었다. 인간의 심장을 신에게 바치는 공양(나와틀Nahuatl어로 'nextlaoaliztli')은 '올바르거나 적절한 것을 바친다'는 뜻이다. 심장 공양 이전과 공양 의식이 진행되는 동안 사제들과 마을 구성원들은 사원 아래의 광장에 모여서 칼 등의 도구로 찔러 피를 흘리며 자기 몸을 스스로 공양했다. 여자들은 혀를 통해서 밧줄을 당기고 남자들은 음경을 찌르는 등 신에게 피를 바치는 소小 공양을 드렸다.

인신 공양은 메소아메리카의 여러 지역에서 흔히 행해졌다. 고고학적 증거를 살펴보면 이미 올멕Olmecs 시대(기원전 1200~400년)부터 심장 공양이 이루어진 것으로 추정된다. 퓨레페차Purépechas, 기원전 150년~서기 1500년대, 톨텍Toltecs, 서기 900~1200년대 등 초기 메소아메리카 문화권에서도 심장 공양이 정기적으로 시행되었다.

아즈텍인들이 세력을 떨치던 12세기에서 14세기에 심장 공양은 흔한 일이었다.[3] 태양신 우이칠로포치틀리Huitzilopochtli는 항상 암흑에 맞서서 전쟁을 치르는 중이었는데, 만약 암흑이 이긴다면 세상의 종말이 도래할 것이었다. 태양이 계속 하늘을 가로질러 움직이게 하고 자기 자신과 자기가 키우는 작물을 지키기 위해서 아즈텍인들은 우이칠로포치틀리에게 인간의 피와 심장을 바쳐야만 했다. 아즈텍인들이 우이칠로포치틀리에게 인신 공양을 할 때는 산 제물을 돌로 된 희생 제단에 올려놓았다. 사제는 흑요석이나 플린트Flint(단단한 회색 돌—옮긴이)로 된 칼로 상복부를 절개하고 횡격막을 갈랐다. 그런 다음 심장을 움켜쥐고 손으로 뽑아냈다. 아직 뛰고 있는 심장을 손에 들고 하늘로 치켜들어 공양을 바쳤다. 아즈텍인들은 거대한 토기들에 심장을 가득 모아두었다가 나중에 세노테Cenote, 지하수가 차 있는 커다란 웅덩이에 쏟아버렸는데, 신들을 달래고 햇빛을 듬뿍 받은 작물에 대한 감사를 표시하기 위해서였다.

심장을 떼어낸 후 몸의 나머지 부분은 피라미드 아래의 코욜사우키 스톤Coyolxauhqui Stone으로 보내졌다. 이는 달의 여신 코욜사우키의 이름을 따서 명명한 것이다. 몸의 나머지 부분을 이 돌 위에서 학살하는 행위는 전쟁의 신 우이칠로포치틀리의 누이인 코욜사우키의 이야기를 재현한 모습이었다. 우이칠로포치틀리는 성스러운 뱀의 산Snake Mountain(코아테펙Coatepec—옮긴이)에서 떠나지 않으려 하는 누이에게 분개한 나머지 그녀를 참수하고 시신을 훼손해서 심장을 먹어 치웠다. 그 후에 그는 아즈텍인들을 새로운 보금자리로 인도했다. 희생자의 몸에서 해체된 부위들은 그 사람을 포획한 전사에게 주어졌다. 그런 다음 그는 유력 인사들에게 공물로 이를 제공하거나 카니발리즘 의례(Ritual Cannibalism, 식인풍습)에서 자신이 직접 사용했다. 14세기에 아즈텍 제국의 수도인 테노치티틀란에서는 매년 15,000건의 공양이 이루어진 것으로 추정된다.

더욱 섬뜩한 것은 최근 페루에서 실시된 발굴 조사 결과다. 이 연구에 따르면 치무 제국(서기 1000~1400년대)에서는 홍수를 일으키는 폭우가 내리자 단 하루 동안 무려 6~14세 아동 140여 명의 심장을 산 채로 도려냈다고 한다.[4] 그들은 신들을 달래서 비를 그치게 하려면 대량 학살 의식을 통해서 아이들의 심장을 바쳐야 한다고 믿었다. 또 다른 발굴 조사에서도 132명의 어린이가 심장 공양을 위해 희생되었다는 사실이 밝혀졌다. 일회성으로 발생한 사건이 아니라는 것이다.

페드로 데 알바라도Pedro de Alvarado(1485~1541)는 아즈텍, 마야, 잉카 정복에 참여한 것으로 알려진 유일한 콩키스타도르 Conquistador(16세기에 중남미를 침략한 스페인의 정복자—옮긴이)였다. 베르날 디아스 델 카스티요는 『신新 에스파냐 정복의 역사The True History of the Conquest of New Spain』에 이렇게 적었다.

이 마을들에 도착한 알바라도는 바로 그날 주민들이 마을을 버리고 떠났다는 사실을 알게 되었다. 그는 '사원/피라미드cues'에서 인신 공양으로 희생된 남자들과 소년들의 시신을 목격했다. 벽과 제단에는 유혈이 낭자했고 희생자들의 심장은 우상 앞에 놓여 있었다. 또한 그는 돌로 된 제대 祭臺를 발견했고 여기서 희생자들의 가슴을 가르고 심장을 꺼냈다는 것을 확인했다. 알바라도는 팔이나 다리가 없는 시신들도 있었다고 우리에게 알려주었다. 그는 주민들이 팔과 다리를 가져가서 먹어버렸다는 말을 일부 인디언들한테서 전해 들었다. 우리 병사들은 이처럼 잔혹한 이야기를 듣고 상당한 충격을 받았다. 나는 이러한 인신 공양에 관해서는 더 언급하지 않으려고 한다. 우리가 갔던 모든 마을에서 그 흔적을 확인했기 때문이다.[5]

메소아메리카인들의 의료 행위에 관해서는 알려진 바가 거의 없다. 그들은 약초를 사용해서 다양한 질병을 치료했으나 신의 노여움으로 인해서 질병이 발생한다고 믿었다.

스페인이 1521년에서 1532년 사이에 남북 아메리카 대륙의 프리 컬럼비안Pre-Columbian(콜럼버스가 아메리카를 발견하기 이전 시대—옮긴이) 문화권을 정복한 이후에는 심장 공양이 금지되었다. 원주민들에게 기독교가 전파되었고 이제 그들의 신은 인간에 대한 예수의 사랑을 뜻하는 불타는 심장으로 상징되는 '사랑이 넘치는' 신으로 교체되었다. 그들은 정복자들의 노예 신세가 되어 노역勞役을 강요당하면서도 이 새로운 사랑의 종교를 기꺼이 받아들였다. 이것이 그들이 우이칠로포치틀리에게 더 이상 심장을 공양할 수 없게 되었을 때 예견되었던 세상의 종말이었을까? 적어도 비유적으로는 그렇게 보였다.

한편 남북 아메리카 대륙의 반대쪽 끝인 아메리카 최북단에는 그위친족Gwich'in[6]이 살고 있었다. 만 년 동안 순록을 사냥해 온 그위친족은 자신들을 가리켜 '순록인'이라고 부른다. 그들이 순록과 깊은 영적 교감을 나누기 때문이다. 창조 설화에 따르면 그위친과 순록은 원래 하나였다. 하나였던 이들이 서로 분리되면서 인간과 순록은 서로의 심장 한 조각을 지니게 되었다. 모든 순록에게는 인간의 심장 조각이 있고 모든 인간에게는 순록의 심장 조각이 있으므로 순록과 인간은 영적, 육체적, 정신적으로 이어져 있는 셈이었다. 이는 인간과 순록이 서로의 습성을 알고 서로를 존중하며 서로가 생존할 수 있도록 도와주었다. 순록은 인간에게 음식과 의복을 제공했고 인간은 꼭 필요한 만큼만 취하며 순록의 서식지를 보호했다. 안타깝게도 현대에 들어서는 석유 시추 사업이 그들의 땅을 잠식하면서 이러한 심장의 협력관계가 위기에 처해 있다.

제11장
심장의 르네상스

중세 암흑시대가 막을 내리고 르네상스와 (대항해시대Age of Exploration라고도 불리는) '발견의 시대Age of Discovery'가 도래하자 과학자들과 의사들은 오래전부터 전해 내려온 심장에 대한 이론들에 하나둘 의문을 품기 시작했다.[1] 그들이 의심한 견해는 주로 갈레노스의 것이었지만 개중에는 아리스토텔레스와 히포크라테스의 견해도 일부 섞여 있었다. 이것들은 주로 아랍어 번역본을 통해서 알게 된 이론들이었다. 하지만 심장은 여전히 인체의 핵심 기관이었고 감정과 관련된 영혼의 집이었다.

화가, 과학자이자 발명가였던 레오나르도 다빈치는 1498년에 자신의 『수첩Notebooks』에 다음과 같이 적었다. "눈물은 뇌가 아니라 심장으로부터 나온다." 1535년에 의사이자 식물학자인 안드레스 라구나 데 세고비아는 『해부학 교수법Anatomica Methodus』에 이렇게 적었다. "만약 진실로 심장에서만 분노와 정열, 두려움, 공포, 슬픔이 생겨나고 수치심, 기쁨, 즐거움이 피어난다면 내가 더 무슨 말을 해야 하겠는가?"『우울증의 해부The Anatomy of Melancholy』의 저자인 로버트 버턴은 1621년에 다음과 같은 글을 남겼는데, 고대 중국의 심장 이론과 상당히 유사해 보인다. "심장은 생명, 열, 영혼, 맥박과 호흡의 근원이며 우리 몸의 태양이자 왕이고 유일한 지휘관이다. 모든 정열과 애정이 깃들어 있는 기관이다."

르네상스의 핵심 인물 두 사람, 레오나르도 다빈치와 (현대 해부학의 아버지인) 안드레아스 베살리우스Andreas Vesalius는 심장 해부학에 대한 이해를 더욱 발전시켰고 현대적 관점에서 볼 때 최초로 심장이 정확하게 묘사된 스케치를 남겼다. 박식가Polymath였던 레오나르도 다빈치(1452~1519)는 해부학에 정통했다.[2] 그는 마르칸토니오 델라 토레Marcantonio della Torre와의 협업을 통해서 힘줄과 근육, 뼈와 기관을 연구하고 스케치했다. 델라 토레는 파도바 대학교의 해부학 교수였고 병원에서 인간의 시신을 해부할 수 있는 허가를 받았다. 그는 다빈치와 함께 책을 출간할 계획이었는데 1511년에 흑사병으로 일찍 세상을 떠났다. 델라 토레와 함께 연구하는 동안 다빈치는 750점 이상의 상세한 해부도를 작성했고

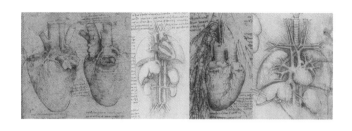

그림 11.1 레오나르도 다빈치의 심장 그림과 주석

출처: 영국 윈저성 컬렉션, 로열 컬렉션 트러스트/ © 엘리자베스 2세 여왕(2018).

인체에 대한 글을 덧붙였다. 다빈치와 마찬가지로 대다수 르네상스 예술가는 해부가 인체를 세밀하게 파악하는데 유용한 훈련이라고 여겼다. 그림을 그리려면 골격의 배열, 근육의 분포와 배열, 표면의 피부와 지방 등 인체의 세 가지 요소를 연구할 필요가 있었기 때문이다.

그 당시에는 미켈란젤로를 비롯해 많은 예술가가 뼈와 근육, 피부를 연구했는데, 다빈치는 인체의 내부에 있는 다른 기관들까지 세밀하게 관찰했다는 점에서 독보적이었다. 그는 심장에 있는 네 개의 방을 정확하게 그려낸 최초의 사람이었다(그림 11.1). 해부학에 관한 상세한 연구 덕분에 이제 심장이 네 개의 방으로 나뉘어 있다는 사실이 정확하게 알려졌다. 1535년에 스페인의 의사이자 약리학자인 안드레스 라구나 데 세고비아(1499~1559)는 다음과 같은 글을 남겼다. "심장에는 심실이 두 개뿐이다. 바로 우심실과 좌심실이다. 나는 심장에 세 번째 심실이 있다고 우기던 사람들이 낸 수수께끼의 의미가 이해가 가지 않는다. 중격에서 발견되는 구멍을 가리키는 것이 아니라면 말이다." 이는 분명히 갈레노스를 겨냥한 발언이라 할 수 있다.

다빈치는 실험을 통해서 갈레노스가 틀렸다는 것을 밝혀냈다. 숨이 아니라 혈액이 폐에서 심장으로 들어갔다. 또한 그는 판막이 심장 내부의 방들을 거쳐서 흐르는 혈액이 오직 한 방향으로만 이동하게 하고 역류해서 새어나가는 것을 방지한다는 사실 역시 실험을 통해서 증명했다. 또한 다빈치는 소용돌이로 인해서 대동맥 판막이 닫힌다는 사실을 최초로 설명하기도 했다. 즉, 좌심실에서 혈액이 분출되고 대동맥을 거쳐서 전신에 전달된 후에 혈류의 작은 회오리들로 인해 판막이 닫힌다고 지적한 것이다. 그는 소의 심장을 밀랍으로 채움으로써 이 사실을 확인할 수 있었다. 먼저 왁스가 굳으면 유리로 대동맥의 구조를 재현했다. 그런 다음에는 유리로 된 대동맥 모델을 통해서 풀의 씨앗이 들어 있는 물을 펌프로 퍼내 씨앗이 다시 판막 쪽으로 소용돌이치는 모습을 관찰했다. 이러한 관찰 소견은 1968년에 옥스퍼드의 엔지니어 브라이언 벨하우스와 프랜시스 벨하우스가 재차 증명해냈다. 브라이언과 프랜시스는 자신들이 최초로 이러한 현상을 발견했다고 생각했다. 그러나 연구 성과를 발표한 지 1년이 지난 후에야 그들은 다빈치가 400년 전에 이미 이러한 결론을 내렸으며, 그러므로 다빈치보다 증명이 늦었다는 사실을 알게 되었다.

그런데 상당히 정확하게 심장을 그려낸 다빈치의 능력을 치켜세우기에 앞서, 그가 갈레노스의 견해에서 크게 벗어나지 않았다는 점을 이해하는 것이 중요하다. "심장 그 자체는 생명의 근원이 아니라 조밀한 근육으로 이루어진 그릇이며, 다른 근육과 마찬가지로 동맥과 정맥을 통해서 생기와 양분을 공급받는다. 심장은 매우 조밀해서 불에 의해서도 거의 손상되지 않는다." 그는 심장에 있는 방들 사이를 이리저리 흘러 다니는 혈액의 움직임으로 인해서 발생하는 마찰로 열을 생산하는 것이 심장의 주된 목적이라고 믿었다.

이처럼 다빈치는 갈레노스의 가르침에 지대한 영향을 받기는 했지만, 스스로 몇 가지 새로운 것을 발견해내기도 했다. 무려 천 년이라는 세월을 지나, 그는 심장에 관한 우리의 이해에 최초의 실질적 진전을 이루어냈다. 예를 들어 다빈치는 갈레노스가 생각했던 것처럼 간이 아니라 심장이 동맥계와 정맥계의 중심이라는 사실을 정확히 알고 있었다. 또한 그는 영혼이 뇌에 들어 있고, 뇌가 모든 감각을 한 군데에 모은 뒤 판단을 내린다고 주장했다(특히 그는 세 번째 심실의 전방부前方部에 있는 시신경교차 위에 존재한다고 생각했다). 그는 이것을 상식Senso Commune, Common Sense이라고 불렀다.

또한 다빈치는 관상동맥이 좁아지고 막히면 돌연사가 발생할 수 있다는 사실을 최초로 깨달은 사람이기도 하다(오늘날의 관상동맥 죽상경화증을 가리킨다). 1506년 그는 100세로 추정되는 남자가 갑자기 평화롭게 죽는 모습을 보았다. 다빈치는 '그토록 달콤한 죽음의 원인을 식별하기 위한 해부'를 실시했다. 해부 결과, 다빈치는 노인의 관상동맥에서 '두터워진 층'이 생김으로 인해 좁아진 부분을 발견했고 이것이 돌연사의 원인일 것으로 추측했다. 따라서 다빈치는 사상 최초로 관상동맥질환을 돌연사의 원인으로 진단한 사람이라고 할 수 있다.

다빈치가 심장의 구조와 기능에 관해 새롭게 밝혀낸 사실들은 심장에 대한 서양의 이해와 관련해서 1500년 만에 최초로 이루어낸 실질적인 진전이었다. 그런데 다빈치가 세상을 떠나자 그의 모든 작업물은 제자이자 친구인 프란체스코 멜치 백작에게 넘겨졌다. 멜치의 후손들은 레오나르도의 수기를 팔아버렸고, 그의 작업물은 사라졌거나 개인 수집가들의 수중으로 넘어갔다. 마침내 영국 왕 찰스 2세가 구매한 다빈치의 해부학 노트와 심장 그림이 윈저의 왕립 도서관Royal Library에 소장되었고, 그렇게 잊혀갔다. 이 자료들은 다빈치가 세상을 떠난 지 250여 년이 흐른 후인 1796년에야 비로소 재발견되었고 출판되었다.

벨기에의 해부학자이자 의사인 안드레아스 베살리우스는 1533년에 벨기에를 떠나서 서양의 과학과 의학의 중심지로 발돋움한 베니스 왕국의 파도바로 향했다.[3] 그러나 해부학 실연은 지식의 요람이라기보다는 서커스 극장에 더 가까웠다. 해부학자들은 갈레노스와 그리스인들을 통해서 습득한 지식을 기반으로 대중에게 오락거리를 제공했다. 베살리우스는 과거의 이론들에 도전장을 던지고 싶었지만 그러기 위해서는 우선 해부용 시신이 필요했다. 그렇게 그는 역사상 가장 전문적인 송장 도둑Body Snatcher이 되었다. 그는 교수대에서 범죄자들의 시신을 빼돌리거나 공동묘지에서 반쯤 묻힌 시체들을 도굴했다. 베살리우스와 그의 제자들은 납골당에 잠입해서 시신을 훔쳐 오기도 했다. 해부 경험이 점점 늘어날수록 그는 심장과 인체에 대한 기존의 이론들에 더 많은 의문을 품게 되었다.

갈레노스의 이론에 대해서 베살리우스가 고민했던 부분 중 하나는 혈액이 눈에 보이지 않는 구멍을 거쳐서 심장의 우측에서 좌측으로 이동한다는 주장이었다. 베살리우스는 심장을 연구했지만 그러한 구멍을 찾을 수 없었다. 그 대신 심실이 두꺼운 근육으로 이루어진 벽심장 중격으로 나뉘어 있다는 점을 알 수 있었다. 아쉽게도 그는 여기서 한 걸음 더 나아가 순환계를 발견해내지는 못했다. 동시에 혈액은 간에서 생산되어 체내에서 소비되며 심장이 난로라는 갈레노스의 오류가 있는 이론 중 일부는 받아들였다.

베살리우스는 의학사에서 정말 중요한 서적 중 하나인 『인체의 구조에 관하여*De Humani Corporis Fabrica*』를 집필했다. 1543년에 출간된 이 책에서 그는 인체에 관해 알려진 것들의 상당 부분에 대해 의문을 제기했고 갈레노스의 여러 오류를 바로잡았다. 베살리우스는 심장을 '생명의 중심'이라고 불렀다. 그러나 그는 영혼이 들어 있는 장소의 문제를 회피했다. 기존에 확립된 교회의 교리만을 인정하는 종교 당국의 화를 살까 두려웠기 때문이다.

> 여기에서 일부 '쓸데없는 말을 하는 자들'과의 충돌을 피하고자 나는 영혼의 유형과 장소에 관한 논쟁은 완전히 배제하려 한다. 지금 우리의 가장 진실하고 신성한 종교에 대한 판관들을 쉽게 찾아볼 수 있고, 특히 내 나라 사람 중에도 그런 자들이 많다. 만약 그들이 플라톤, 아리스토텔레스, 갈레노스 또는 이런 인물들의 이론을 해석하는 자들의 심장 이론에 대해서 누군가 볼멘소리로 중얼거리는 모습을 보았다고 해보자. 그러면 그 주제가 (특히 논의될 가능성이 큰) 해부학이라 하더라도 그들은 그가 신앙에 의문을 품거나 영혼의 불멸성에 대한 확신이 없다는 결론을 내리고 만다.

일각에서는 베살리우스가 티치아노 또는 티치아노 학파 출신의 예술가를 고용해서 심장과 여러 기관을 매우 구체적으로 설명하는 도구로 예술을 활용했다고 생각한다(그림 11.2). 그는 동맥과 정맥의 경로 및 온몸에 퍼져 있는 분지 혈관들을 그림으로 나타낼 수 있었다. 또한 그는 최초로 정맥 판막을 표시한 그림을 발표했다(정맥 판막은 혈액이 계속 심장 쪽으로 흘러가게 하고, 역류하며 다리에 저류되지 않도록 해 준다). 역사가들의 추측에 따르면, 만약 그가 스페인 카를 5세의 시의가 되기 위해 파도바를 떠나지 않았더라면 심장으로 들어가고 나오는 혈액의 순환을 발견해낼 수 있었을 것이다.

사실 정맥 판막을 발견한 사람은 파도바에 있는 베살리우스의 제자인 히에로니무스 파브리치우스Hieronymus Fabricius (1537~1619)였다. 그는 혈액이 정맥을 통해서는 심장에서 말단으로 흘러갈 수 없다는 사실을 알게 되었다. 게다가 그 이유가 발에 혈액이 저류되는 현상을 방지하기 위해서임을 정확히 추측했다. 그러나 그는 혈액이 정맥을 통해서 심장으로 돌아가는 과정의 원리를 이해하지 못했다. 이것을 알아낸 사람이 바로 파브리치우스의 제자인 윌리엄 하비였다. 하비에 관해서는 곧 다시 설명하도록 하겠다.

프랑스에서 활동했던 스페인의 신학자, 의사이자 해부학자 미카엘 세르베투스(1511~1553)는 우측 심장이 폐로 혈액을 분출한다는 사실을 '발견'했다. 실은 앞선 13세기에 아랍의 의사인 알 나피

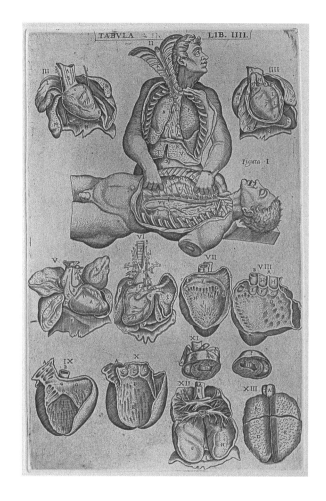

그림 11.2 두 사람 모두 흉강胸腔이 열린 채로 한 사람이
다른 사람을 해부하고 있는 모습(그림 I~II),
주로 심장에 관한 삽화(그림 III~XI), 양측 폐(그림 XII~XIII). 판화, 1568.
출처: Wellcome Collection. Public Domain Mark.

스가 이런 내용을 기술한 바 있는데, 어쩌면 세르베투스가 알 나 피스가 남긴 문헌을 읽었는지도 모른다. 세르베투스는 『기독교의 회복*Christianismi Restitutio*』에 다음과 같이 적었다.

> 생명의 영혼은 흡기吸氣, Inspired Air를 혈액과 혼합함으로써 생성되며, 이는 우심실에서 좌심실로 이동한다. 이러한 혈액의 이동은 천여 년 동안 사실로 인정받았던 갈레노스의 이론처럼 일반적으로 생각하듯이 심실중 격을 통해서 이루어지는 것이 아니라 폐를 가로지르는 긴 통로를 통해서 이루어진다. 혈액은 폐에서 정제되고 생기를 되찾고, 폐동맥에서 폐정맥 으로 흐르고, 흡기와 혼합되고 잔여 연기Residual Fume가 제거된다. 결국 전체 혼합물은 이완기 동안 좌심실로 빨려 들어간다.

세르베투스는 폐로 유입되는 혈액의 색깔이 폐에서 나오는 혈액 과는 다르다는 점에 주목했다. 현대에는 동맥혈과 정맥혈의 산소 수치가 달라서 이러한 현상이 발생한다는 것이 잘 알려져 있다.

안타깝게도 세르베투스는 심장에 관해서 더 많은 것들을 발견 해내기 전에 단명했다. 그는 종교에 관해서도 상당히 많은 글을 남겼고 1553년에는 장 칼뱅John Calvin과 서신 논쟁을 벌이기도 했 다. 칼뱅은 그를 비난했고 세르베투스는 프랑스에서 이교도로 몰 려서 투옥되었다. 화형 선고 받고 탈옥한 그는 (왜 그랬는지는 모 르겠지만) 제네바로 가서 칼뱅과의 논쟁을 계속했다. 그곳에서 칼

뱅의 지지자들은 세르베투스에게 화형대에서 자기가 쓴 책들을 장작으로 하여 화형당할 것을 선고했다.

16세기 중반에 접어들자 의사들과 과학자들은 심장에 관한 갈레노스의 이론에 의문을 제기했고, 심장의 작동 방식을 차츰 이해하기 시작했다. 화가들과 시인들은 여전히 심장을 연인들, 신의 사랑, 용기와 신의의 상징으로 계속 활용했다. 하지만 한편으로, 의사들과 과학자들은 현대의 관점과 마찬가지로 심장이 순환계의 중심에 있는 혈액 펌프라는 사실을 이해하기 시작했다.

제12장
이쪽으로, 저쪽으로

그렇다면 다음과 같은 결론을 내릴 수 있다. 즉, 동물의 몸에 있는 혈액은 원을 그리며 계속 이동하며 심장의 작용이나 기능은 펌핑을 통해서 이를 달성하는 것이다.

— 윌리엄 하비, 1628

농부의 아들로 태어난 윌리엄 하비는 영국의 왕 두 명의 시의였다. 의학을 공부하면서 하비는 아리스토텔레스를 자신의 정신적 스승으로 삼았다. 하비는 의과학의 중심지인 파도바로 향했고 히에로니무스 파브리치우스의 제자가 되었다(파브리치우스는 베살리우스의 제자였는데 정맥에 있는 판막의 존재를 발견했다). 그는 실험을 바탕으로 기계론적인 관점에서 순환을 설명한 최초의 인물이었다. 심장이 온몸으로 혈액을 전달하는 '펌프' 역할을 하는 방법을 서술했다. 순환 이론을 정립할 때 하비는 갈레노스를 비롯한 이전의 학자들이 누리지 못한 이점을 활용했다. 바로 기계식 펌프가 발명된 것이다. 하비가 살던 시대에는 광업과 소방 분야에서 수압 펌프가 흔히 사용되었다. 따라서 그는 심장을 펌프에 비유할 수 있다는 점을 쉽게 이해했다. [1]

하비는 1628년에 『동물의 심장과 혈액의 운동에 관한 해부학적 연구*Anatomical Study of the Motion of the Heart and of the Blood in Animals*』를 출간했다. 그런데 그가 '순환'을 발견한 것은 1615년의 일이었다. 본인의 안위에 대한 걱정 때문에 연구 결과를 출판하기까지 13년의 세월이 걸린 것이다(그래서인지 그는 이 책을 영국이 아니라 독일 프랑크푸르트에서 출간했다). 가톨릭교회가 인정한 갈레노스의 이론에 의문을 제기하는 행동은 신성모독으로 간주되었다.

하비는 널리 인정받는 갈레노스의 이론을 반증하기 위해서 여러 차례 실험을 시도했다. 그중 어느 실험에서는 동맥의 한 구간을 두 개의 끈으로 묶고 절단해보았는데, 이를 통해서 그 안에는 갈레노스의 가르침대로 숨이나 영혼이 아니라 오직 혈액만 들어 있음을 확인할 수 있었다. 또한 두 번째 연구에서는 폐동맥을 끈으로 묶고 우심실에 물을 가득 채웠는데, 눈에 보이지 않는 구멍으로 심장 중격을 통과해서 좌심실로 넘어가는 액체가 없다는 사실을 증명했다. 하비는 다음과 같은 글을 남겼다.

심실의 박동으로 인해 혈액이 폐를 통해 흐르고 온몸으로 펌프질 된다는 사실이 이성과 실험을 통해서 밝혀졌다. 살에 있는 구멍을 통해서 정맥으로 흘러 나가고 이를 통해서 말단으로부터 돌아오고…마침내 대정맥과 우심이心耳, auricle(귓바퀴 모양을 한 심방의 일부분─옮긴이)에 도달한다…그렇다면 다음과 같은 결론을 내릴 수 있다. 즉, 동물의 몸에 있는 혈액은 원을 그리며 계속 이동하며 심장의 작용이나 기능은 펌핑을 통해서 이를 달성하는 것이다. 이것이 심장의 운동과 박동에 대한 유일한 이유다.[2]

아아, 심장은 단지 펌프에 불과했다.

그러나 하비는 감정이 있는 곳이 심장이라고 공개적으로 언급했으며 심장의 형이상학적 역할에 대해서는 이의를 제기하지 않았다(아마 목숨을 부지하지 못할까 봐 두려웠을 것이다). 그는 신체의 물리적 중심 근처에 자리 잡은 심장이 순환을 통해 온몸에 온기를 전달한다고 생각했다. 부분적으로 맞는 말이긴 하지만 실제로는 뇌의 시상하부가 체온을 조절하는 역할을 한다. 하비는 이렇게 적었다.

"뇌의 기질은 차갑고 습하며 부드럽다. 차가워서 심장의 기운을 누그러뜨릴 수 있다. 정신적으로 문제가 있는 사람들의 뇌가 뜨거워져서 심장이 불타오르고 급속도로 기력을 잃지 않도록."[3]

갈레노스는 우리가 섭취한 음식이 간으로 이동하며 여기서 혈액으로 전환된다고 믿었다. 대부분의 서양 문명권에서는 이러한 이론이 갈레노스가 살던 시대 이래로 1500년간 정론으로 인정받았다. 하비를 포함한 당시의 세상 사람들은 미처 모르고 있었지만, 다빈치는 이미 맥박이 한 번 뛸 때 이동하는 혈액의 양을 산출해보았다. 여기에다 1일당 심장박동 횟수를 곱하면 수천 리터에 달했다(실제로 정확히는 하루에 7,600리터). 그렇게 많은 양의 혈액을 만들어내려면 상당히 많은 음식을 섭취해야 할 것이다. 하비도 똑같은 결론에 도달했다. 그는 30분 동안 심장을 거쳐서 흐르는 혈액의 양이 체내에 있는 총 혈액량보다 더 크다고 판단했다. 그러므로 혈액은 재순환되어야만 했다.

하비는 자신의 이론을 증명하기 위해 인파로 가득 찬 해부학 강의실에서 개와 인간(처형된 범죄자)의 해부를 시작했다. 그의 강의는 라틴어로 진행되었으며 때로는 류트 연주가 동반되기도 했다. 개의 심장을 노출한 후에 폐동맥을 절단해서 우심실이 수축할 때 나오는 피가 관중들에게 튀도록 유도하기도 했다. 얼마나 흥미진진했을까! 그는 심장이 동맥을 통해서 혈액을 전신으로 내보내는 펌프 역할을 한다는 사실을 실제로 보여주었다. 그런 다음 혈액은 정맥을 통해서 심장으로 돌아오고, 폐로 보내져서 '생명력'을 얻는다(이제 우리는 이것이 산소라는 사실을 알고 있다). 그 후에 혈액은 좌심실에 의해서 전신으로 다시 전달된다. 이처럼 혈액은 재순환되므로, 하비는 이를 통해서 심장이 하루에 펌프 기능을 통해서 내보내야 하는 혈액의 양을 설명할 수 있었다.

또한 하비는 혈액이 동맥을 통해서 심장으로부터 멀리 나아가고 정맥을 통해서 심장 쪽으로 돌아온다는 사실을 증명하기 위해서 실험을 시작했다. 그는 인간의 팔에 지혈대를 이용해서 정맥을 통한 혈류는 차단되고 근육동맥에는 영향을 주지 않을 정도로만 단단히 조였다. 그러자 지혈대 아래쪽의 팔이 부풀어 올랐다. 팔에 유입된 혈액이 빠져나가지 못했기 때문이다. 그는 지혈대를 느슨하게 풀었다가 더 단단하게 다시 조여서 동맥과 정맥의 혈류를 모두 차단했다. 그랬더니 혈액은 정맥에 축적되지 않았고 팔도 부풀어 오르지 않았다. 더 나아가 단단히 조여진 지혈대 위쪽의 동맥에 혈액이 축적되었다. 하비는 혈액이 "동맥에 의해서 저쪽으로, 정맥에 의해서 이쪽으로" 이동한다고 추측했다. 동맥에서 정맥으로 혈액이 어떻게 움직이는지는 확실하지 않았다. 따라서 하비는 미세해서 눈에 보이지 않는 구멍이 있어서 두 혈관계를 이어준다는 이론을 세웠다. 오늘날의 우리는 이제 이 '구멍'이 모세혈관Capillary이라는 사실을 알고 있다.

휴 몽고메리 자작은 열 살 때 말에서 떨어졌는데 그때 툭 튀어나온 바위에 부딪혀서 흉부에 상처를 입었다. 늑골이 골절되고 열이 났으며 농양이 생겼다가 터져서 왼쪽 가슴에 구멍이 생겼다. 상처가 아문 후에도 구멍은 여전히 남아 있었다. 성장한 그는 가끔 강판鋼板으로 가슴의 구멍을 덮어두었다. 믿기 어려운 일이긴 했지만, 자작은 이 같은 영구적인 상처를 입었는데도 매우 건강한 삶을 유지했던 것으로 보인다. 1659년에 유럽을 누비며 구름떼 같은 관중들을 만난 그는 열여덟 살 때 유명 인사가 되어 런던으로 돌아왔다. 하비는 이 특이한 환자의 사례를 찰스 1세에게 알렸고, 찰스 1세는 그에게 자작을 찾아내서 자기 앞에 데려오라고 지시했다. 젊은 자작을 만난 하비는 그의 가슴에 난 구멍을 유심히 관찰했다.

> 난생처음 본 광경이 놀랍고도 경이로워서 나는 그 구멍을 재차 살펴보았다. 자세히 조사한 결과, 예전에 생긴 거대한 궤양은 기적적으로 치유되었고 안쪽이 막으로 덮여 있었으며 주변 전체에 살이 돋아나 보호 역할을 했다.

그는 자신이 관찰한 바를 더욱 상세하게 설명했다.

> 그러나 그 살이 돋은 물질은 맥박과 리듬의 차이, 또는 그 박자(한 손은 손

목에, 다른 손은 심장 위에 댔을 때), 그리고 그의 호흡을 비교하고 고려한 결과, 나는 그것이 폐의 일부가 아니라 심장의 원뿔Cone이나 물질이라는 결론을 내렸다. 심장의 운동에 주목해보니 이완기Diastole에는 끌려 들어 가고 움츠러들었는데 수축기Systole에는 앞으로 밀려 나왔다. 또한 심장의 수축기에는 손목에서 느낄 수가 있었다. 그러므로 이상하게 들리겠지만, 나는 젊고 기운찬 귀족 청년의 심장과 심실을 만져보았고 직접 박동을 느꼈는데, 그는 전혀 불편한 기색이 없었다.

나는 이렇게 놀라운 사례를 왕께서 두 눈으로 직접 확인하실 수 있도록 이 청년을 직접 데리고 갔다. 그에게 피해를 주지 않으면서도 건강하게 살아 숨 쉬는 사람의 심장이 움직이는 것을 관찰하고 심지어 심실이 수축할 때 손으로 직접 만져볼 수 있도록 하기 위해서였다. 나뿐만 아니라 가장 위대하신 국왕 폐하께서도 심장에 촉각이 없다는 사실을 인정했다. 그 청년은 우리가 그의 심장을 만졌을 때 눈으로 보았던 때나 외피外皮, External Integument의 감각을 느꼈던 때를 제외하면 그 사실을 전혀 알지 못했기 때문이다.

왕은 청년의 심장을 관찰한 후에 이렇게 말했다. "내가 당신의 심장을 본 것처럼 내 귀족들의 마음에 있는 생각을 알 수 있다면 좋겠소." 그러자 젊은 몽고메리 자작은 이렇게 답했다. "이 자리에 계신 분들과 하느님 앞에서 명백히 아뢰건대, 전하께서 우려하시는 바와 같은 생각은 결코 품고 있지 않을 것입니다. 항상 충성스러운 애정과 확고한 결의로 전하를 섬길 것입니다."[4]

17세기 말에는 심장에 관한 해부학적 지식이 놀라울 만큼 정확해졌고, 폐순환과 체순환으로 이루어진 하비의 이중 순환 이론이 널리 인정받았다. 르네상스 시기에 과학은 심장에 대한 우리의 관점을 완전히 바꿔놓았다. 이제 사람들은 심장이 정신적인 의미가 결여된 기계식 펌프에 불과하다고 생각하게 되었다.

프랑스의 철학자, 수학자이자 한때 생리학을 연구하기도 했던 르네 데카르트(1596~1650)는 하비의 순환 이론을 받아들인 최초의 학자 중 하나였다.[5] 그러나 데카르트는 심장이 단지 수동적인 펌프에 불과한 것으로 묘사했다는 점에서 하비가 틀렸다고 주장했다. 그는 심장이 기계와 비슷한 난로에 더 가깝다고 믿었다(내연기관을 떠올려 보자). 데카르트는 뇌의 중앙에 있는 솔방울샘松果腺, 송과선)에 영혼이 존재한다고 생각했다. "뇌에까지 스며드는 혈액 일부는 영양을 공급하고 그 실질을 유지할 뿐만 아니라 또한 주로 그 안에 매우 섬세한 바람이나 생기 넘치는 순수한 불꽃, 즉 동물의 정기Animal Spirits를 만들어낸다."[6] 심장에 대한 데카르트의 견해는 사후死後에 출간된 『인간론De Homine』에 수록되어 있다

(그림 12.1). 그는 1632년에 원고를 완성했지만 이 책이 출판되면 갈릴레오 갈릴레이가 그의 저서 『두 가지 주요 우주 체계에 관한 대화*Dialogue Concerning the Two Chief World Systems*』로 인해서 1633년에 곤경에 처한 것처럼 자기 역시 종교 재판에 회부 될지도 모른다고 생각해 두려워했다. 가톨릭교회는 지구가 태양 주위를 돌고 지구가 우주의 중심이 아니라는 개념이 이단이라고 공표했다. 고문의 위협을 받기는 했으나 갈릴레이는 종신 가택연금형을 받는 것으로 상황을 모면하게 되었다.

이제 심장은 영혼이 깃든 곳이라거나 신이 인간과 교감하는 장소로 여겨지지 않았다. 그저 우리의 감정과 기분에 반응하는 기관에 불과했다(누군가에게 한눈에 반하거나 사자가 갑자기 덤벼들 때 심장이 세차게 뛰는 상황을 떠올려 보기를 바란다). 그 이후로 심장은 단지 은유적으로만 사랑과 용기, 욕구의 원천을 뜻하게 되었다. 그런데 이러한 은유는 계속해서 힘을 발휘했다.

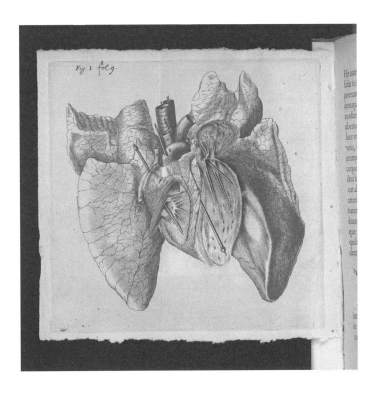

그림 12.1 『인간론 *De Homine*』(1662),

그림 1, 덮개를 걷어 올린 심장과 폐, 르네 데카르트.

출처: 케임브리지 대학 도서관Cambridge University Library의

너그러운 허가 하에 전재함.

제3부

하-아트 he-ART

제13장
예술과 심장

나는 심장과 영혼을 작품에 쏟아부었고, 그 과정에서 마음을 잃어버렸다.

— 빈센트 반 고흐

심장으로 만들면 거의 모든 것이 순조롭게 흘러간다. 반면에 머리로 만들면 거의 아무것도 이루어지지 않는다.

— 마르크 샤갈

유럽에서 해부학 문헌 이외의 책에서 심장에 대한 예술적인 삽화가 최초로 등장한 것은 중세 시대의 『배 이야기*Roman de la poire*』(1255년경)에서였다. 시인 티보Thibaut의 삽화 원고에는 높은 신분의 여인 앞에 무릎을 꿇고 자기 심장을 바치는 연인의 모습이 그려져 있다. 그녀는 깜짝 놀란 것처럼 보인다(그림 13.1). 솔방울

그림 13.1 『배 이야기』에서의 심장에 대한 은유.

출처: Atelier du Maitre de Bari / 위키미디어 공용 / 퍼블릭 도메인

그림 13.2 일곱 가지 덕목 중에서 카리타스(자선), 아레나 예배당, 이탈리아 파도바
출처: 조토 디본도네 / 위키미디어 공용 / 퍼블릭 도메인

모양을 한 심장의 뾰족한 끝이 위쪽을 향하고 있는데, 이는 인간의 심장에 대한 갈레노스와 아리스토텔레스의 해부학적 묘사와 일치한다. 낭만적 사랑에 대한 은유로 심장을 예술적으로 활용한 최초의 사례라고 할 수 있다.[1]

1305년에 조토 디본도네는 이탈리아 파도바의 아레나 예배당 Arena Chapel(고대 로마의 원형 경기장 위에 세워진 스크로베니 예배당Scrovegni Chapel을 가리킴—옮긴이)에 여러 선과 악을 인격화한 벽화를 그렸다. 벽화의 오른쪽 상단의 구석에는 선 중 하나인 카리타스Caritas신성한 사랑, 神愛가 위편에 있는 신에게 자신의 심장을 바치는 장면이 그려져 있다(그림 13.2). 사랑에 대한 종교적 상징으로서 자기 심장을 신에게 맡기는 행위에 대한 예술적 묘사는 이렇게 시작되었다.

1315년에 프란체스코 다 바르베리노는 전집 형식의 『사랑의 기록Documenti d'amore』을 출간했다. 여기에는 삽화가 그려진 시가 수록되어 있는데, 콘시엔티아Conscientia가 자기 심장을 손에 들고 있다. 자신의 순수한 양심, 즉 순수한 심장을 증명하기 위해서 가슴에서 심장을 떼어낸 것이다. 『사랑에 대한 논고Tractatus de Amore』의 삽화에서 그는 큐피드가 심장 화관을 쓰고 말 위에서 화살을 쏘는 모습을 표현했다(그림 13.3). 따라서 심장은 순수함과 미덕을 상징함과 동시에 에로스와 로맨스를 뜻하기도 했다. 그 당시에 바르베리노의 서사시는 선풍적인 인기를 끌었다. 그러자 몇 년 안에 다른 예술가들이 장식성을 더욱 가미하고 해부학적 특징은 줄인 부채꼴 형태의 심장 모양을 로맨틱한 작품에 삽화로 사용하기 시작했다.

1344년에 플랑드르의 주앙 드 그리스가 『알렉산더의 로맨스*The Romance of Alexander*』에 그린 삽화에는 어떤 여성이 알렉산더 대왕한테서 받은 심장을 들어 올린 모습이 표현되어 있다. 그는 심장이 있던 곳을 가리키는 뜻으로 가슴에 손을 대고 있다. 14세기 중반에 다다르자 심장의 형상은 유럽 전역에 걸쳐서 나타나기 시작했고 에로스 또는 낭만적 사랑과 신의 순수한 사랑이라는 상반된 주제를 상징하게 되었다.

이 시기의 예술가들은 심저Base, 心底(심장 상단의 넓은 부분—옮긴이)가 위쪽을 향해 있고 심첨Tip, 心尖(심장의 뾰족한 끝부분—옮긴이)을 잡고 있는 모습으로 심장을 묘사하기 시작했다. 이런 형태는 해부학적으로 더욱 정확한 표현이었다. 이러한 모습으로 심장이 묘사된 최초의 사례로는 1300년대 중반의 작은 오크 나무 상자 Minnekästchen가 있다. 독일에서 발견된 이 상자는 보석이나 개인 소지품을 보관하는 용도로 연인에게 선물한 것으로 보인다. 상자에는 젊은 청년이 자신의 심장을 미네 부인Frau Minne 중세 성기盛期 독일 문학에서 궁정 연애를 의인화한 존재에게 바치는 모습의 삽화가 그려져 있다. 미네 부인은 종종 낭만적 사랑 또는 정열의 '여신'으로

그림 13.3 『사랑에 대한 논고』에 수록된
「사랑의 승리Triumph of Love」 삽화의 큐피드. 사랑의 신이 다양한 사회적 지위의
남녀를 쓰러뜨리는 모습이 그려져 있다.
출처: 프란체스코 다 바르베리노 / 위키미디어 공용 / 퍼블릭 도메인

불렸다(연민을 상징한 예수와 상반되는 인물에 해당한다). 2009
년에 취리히의 길드 하우스에서 발견된 1400년대의 회화 작품에
는 미네 부인의 앞에서 사랑의 괴로움에 몸부림치는 남자들이 은
유적인 의미에서 자신의 곧은 심장을 가슴에서 떼어내고 있는 장
면이 그려져 있다.[2]

그림 13.4 <심장을 바치다>, 플랑드르의 이름 모를 직공이 짠 태피스트리.

출처: 루브르 박물관 / 위키미디어 공용 / 퍼블릭 도메인

파리의 루브르 박물관에는 1410년경 플랑드르의 어느 이름 모를 직공織工이 남긴 태피스트리 <심장을 바치다*Offering of the Heart*>가 전시되어 있다. 이 아름다운 작품에는 낭만적 사랑에 대한 기사도적 이상이 잘 나타나 있다. 기사는 자신의 사랑을 상징하는 심장을 엄지와 검지로 들고 있다(그림 13.4). 이 작품 속의 심장은

오늘날 우리가 심장을 가리키는 것으로 인식하는 하트 기호처럼 보인다.

미네 부인은 레겐스부르크의 거장 카스파의 1485년 작 〈비너스와 연인Venus and the Lover〉에 다시 등장했다. 이 작품에는 최소한 19개의 심장이 그녀를 에워싸고 있다. 오늘날 우리가 알고 있는 하트 기호의 형상을 한 그녀는 무수히 많은 방법으로 심장을 고문하면서 무력한 연인을 내려다본다(그림 13.5). 심장은 화살과 칼, 창에 찔린 모습이다. 또한 덫에 걸리거나 화형당하거나 톱으로 두 동강이 난다. 그밖에 다른 형태의 광포한 학대가 이루어지고 연인은 고통에서 벗어나게 해달라고 그녀에게 애원한다.

1500년경에 프랑스 루이 12세의 궁정인이었던 피에르 살라는 『사랑의 표상과 제명Emblemes et Devises d'amour』이라는 손바닥만 한 문고판을 펴냈다. 열두 편의 사랑 시와 삽화가 실려 있는 이 작품은 그가 평생 사랑했던 마르그리트 불리우드에게 바치는 책이었다(그녀는 유부녀였는데 첫 번째 남편이 죽은 후에 두 사람은 마침내 결혼했다). 여기에 수록된 삽화 중에서 '날아다니는 심장을 그물로 잡으려고 애쓰는 두 여자를 그린 세밀화'는 날개 달린 심장으로 상징화된 '솟구치는 사랑'을 붙잡으려고 노력하는 두 여자의 모습을 그렸다(그림 13.6).

심장의 형상은 중세 후반기에서 르네상스에 이르기까지 유럽 전

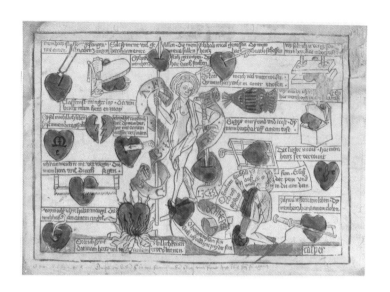

그림 13.5 〈비너스와 연인Frau Venus und der Verliebte〉, 1485년경, 장인 카스파.

출처: Bildagentur / 베를린 동판화 박물관Kupferstichkabinett, 베를린 국립 박물관
Staatliche Museen, 독일 베를린 / Jorg P. Anders / 아트 리소스, 뉴욕

역으로 급격히 전파되었다. 이 시기의 회화 작품과 문장紋章, 방
패, 검의 자루, 보석함, 묘지의 비석 등에서 심장의 형상을 찾아볼
수 있다. 하트 모양의 책도 인기를 끌었는데, 기억이 존재하는 곳
이 심장이라는 아이디어를 나타낸 것이다. 중세의 하트 모양 책에
는 사랑에 대한 발라드나 종교적 헌신을 노래한 음악이 수록되었
다. 펼치지 않은 상태의 책은 아몬드 모양을 닮았다. 그런데 책을
펼쳐보면 하트 모양으로 '피어났다'. 다른 책들은 덮었을 때 부채

그림 13.6 '날아다니는 심장을 그물로 잡으려고 애쓰는 두 여자를 그린
세밀화 Miniature of Two Women Trying to Catch Flying Hearts in a Net,'
피에르 살라의 『작은 사랑의 책*Petit Livre d'Amour*』
출처: 영국 도서관 The British Library Stowe 955, f. 13.

그림 13.7 『장 드 몽슈누의 노래*Chansonniere de Jean de Montchenu*』(1470년경)
은 궁정 연애에 대한 노래들이 수록된 책이다. (프랑스어 30편, 이탈리아어 14편)
출처: 프랑스 국립 도서관 Bibliotheque Nationale de France 제공.

꼴 형태의 하트 모양이었다. 책을 펼치면 사랑으로 이어진 두 개
의 하트 형상이 나타났다(그림 13.7).

1480년경에 인쇄기가 발명되고 얼마 지나지 않아 상업적으로 제
조된 카드 패가 등장하기 시작했다(카드는 중국에서 생겨나서 이
집트를 거쳐 유럽으로 전파되었다). 트럼프 카드 속 네 개의 수트

Suit는 중세의 봉건 계급을 상징한다. 첫 번째 수트인 스페이드는 귀족 계층의 검을 상징했다. 하트는 '순수한 영혼을 지닌Pure-at-heart' 성직자를 상징했다(예전에 손으로 직접 채색한 카드 덱에서는 성배聖杯를 뜻하는 컵이었다). 다이아몬드는 상인을 상징했고 클로버는 농업 또는 농민을 나타냈다.

16세기의 수사修士이자 신학자인 마르틴 루터의 소신은 종교 개혁의 시작에 기여했으며 궁극적으로 개신교Protestantism를 기독교에서 로마 가톨릭교회와 동방정교회에 다음가는 세 번째 주요 세력으로 만들었다. 루터는 1530년에 본인의 인장 제작을 의뢰했고 그의 후원자인 작센의 선제후 요한 프리드리히John Frederick of Saxony가 비용을 지급했다. 검은 십자가가 그려진 심장(십자가에 못 박힌 그리스도의 심장을 가리킴)을 흰 장미가 감싸고 있는 루터 장미Luther Rose 문양은 루터교의 상징이 되었다(그림 13.8). 루터에 따르면 심장에 있는 십자가가 검은 이유는 고통을 일으키기 때문이고, 심장이 붉은 이유는 생명을 주어서이다. 그리고 심장이 흰 장미 위에 놓인 모습은 신앙이 기쁨과 위안, 평화를 가져다준다는 것을 나타낸다. 루터는 "사람이 마음으로 믿어 의에 이른다"라고 말했다.

그림 13.8 루터 장미. I, Daniel Csorfoly (헝가리 부다페스트).

출처: 위키미디어 공용 / 퍼블릭 도메인

메소아메리카의 심장 공양을 나타낸 초기 그림들에는 태양신에
게 심장을 바칠 때 뾰족한 끝부분(심첨부)이 위쪽을 향해 있는 모
습으로 묘사되어 있다. 700년에서 1200년 사이에 나와틀어를 쓰
는 피필Pipil족이 스텔레Stele, 바로 선 석판 형태의 비석에 남긴 형상을
예로 들 수 있다. 그런데 나중에는 심첨부가 아래쪽을 향하고 부
채꼴 모양의 둥근 부분이 위쪽에 있는 모습으로 묘사되었다. 심장

그림 13.9 인간의 심장을 들고 있는 남자 형상의 이등분 그릇.

올멕, 라스 보카스, 푸에블라.

출처: 올멕 월드The Olmec World, p. 327. 사진: 저스틴 커,

프리 컬럼비안 포트폴리오The Pre-Columbian Portfolio / 퍼블릭 도메인

을 들고 있는 남자를 표현한 올멕 (고대 멕시코 문명―옮긴이)의 조각
상(기원전 1500년)이 그 예다(그림 13.9). 메소아메리카의 예술품
에 묘사된 심장의 방향이 변화한 것과 유럽에서도 이와 유사한 변
화가 일어난 것이 과연 우연이었을까?

사랑과 여성을 상징하는 아이티의 로아Loa, 영혼 또는 여신 에르줄리 프레다Erzulie Freda의 신화는 16세기의 서아프리카까지 거슬러 올라간다. 에르줄리 프레다는 노예가 되어 중간 항로Middle Passage (대서양을 횡단하는 노예무역 항로—옮긴이)를 거쳐서 아이티로 끌려온 아프리카인들에게 여성의 수호신이 되었다. 아이티와 뉴올리언스 부두교에서 가장 인기 있는 로아인 에르줄리 프레다의 상징은 심장이며, 때로는 단검이나 검이 관통한 심장의 형상을 띤다. 아이티의 예술가들은 에르줄리 프레다를 작품의 소재로 삼는 경우가 많다. 가슴 위에 심장이 있는 성모 마리아의 모습 또는 검이 가슴과 심장을 관통한 모습으로 종종 묘사된다. 그녀의 베베Veve, 종교적 상징인 심장, 특히 검에 찔린 심장은 지금도 부두교의 종교의식에 쓰인다.

상징적이든 해부학적이든 심장은 모든 문화의 예술작품에 계속 등장한다. 현대의 예술가들도 작품에 심장을 묘사하는 행위를 꾸준히 이어가고 있다. 프리다 칼로는 〈두 명의 프리다Two Fridas〉 (1939)에 해부학적 심장을 그림으로써 디에고 리베라와 이혼한

그림 13.10 〈두 명의 프리다〉, 프리다 칼로.

멕시코 국립 현대미술관Museo Nacional de Arte Moderno, 멕시코시티.

출처: Schalkwijk / 아트 리소스, 뉴욕. ⓒ 2022 멕시코 은행 디에고 리베라 프리다

칼로 미술관 트러스트, 멕시코, D.F. / Artists Rights Society (ARS), 뉴욕.

후에 자신의 두 가지 인격을 부서진 심장과 건강한 심장으로 표현했다(그림 13.10).

그림 13.11 앙리 마티스 〈이카로스〉

앙리 마티스의 〈이카로스Icarus〉(1947)에서 심장은 생명과 정열
을 의미한다. 이 작품에는 그리스 신화에서 태양에 너무 가까이
날다가 날개의 밀랍이 녹아버린 이카로스가 별이 가득한 푸른 하

늘에서 추락하는 검은색 형상으로 그려져 있다(그림 13.11). 이카로스의 가슴 안에는 밝은 빨간색의 타원이 빛나고 있다. 마티스는 이를 두고 '정열적인 심장이 별빛 총총한 하늘에서 떨어진다'는 글을 남겼다.

그림 13.12 뱅크시 〈하트 풍선과 소녀Girl and Heart Balloon〉,
도미닉 로빈슨, 영국 브리스틀
출처: 위키미디어 공용 / 퍼블릭 도메인

〈풍선과 소녀Girl with Balloon〉는 2002년에 런던에서 시작된 그라피티 아티스트 뱅크시의 스텐실 벽화 시리즈다. 이 벽화에는 바람에 날아가는 빨간 하트 모양의 풍선을 향해 소녀가 손을 뻗는 모습이 묘사되어 있다(그림 13.12). 소녀가 풍선을 놓쳐버린 것인지, 그래서 날아가 버린 풍선이 잃어버린 희망을 뜻하는 것인지, 아니면 일부러 하트를 놓아주는 것인지, 그래서 세상에 희망과 사랑을 전하는 것인지는 불확실하다.

상징적으로든 해부학적으로든 심장은 현대 예술에 여전히 자주 등장한다. 해부학과 관련된 삽화를 제외하고, 뇌에 대한 그림을 본 적이 과연 얼마나 있을까?

오늘날의 하트 기호가 밝은 빨간색 부채꼴 모양의 좌우대칭 형태를 띠게 된 것에 관해서는 여러 이론이 존재한다. 현대의 하트 모양은 픽토그램Pictogram이다. 해부학적으로 정확한 표현이라기보다는 추상적인 상징에 가깝다. 기하학 용어로 ♥는 심장형心臟形, Cardioid이며 이러한 형태는 자연에서 흔히 찾아볼 수 있다. 이제는 멸종해버린 실피움Silphium이라는 식물의 하트 모양 열매를 나타낸 것일지도 모른다. 기원전 6세기의 그리스인들과 로마인들은 실피움을 피임약으로 쓰기도 했다. 아니면 고대 그리스 예술에 자주 등장하고 낭만적 사랑과도 관련이 있는 담쟁이 잎을 본떴을 수도 있다. 여성의 가슴, 엉덩이, 또는 갈라진 음문을 묘사했다는 의견도 존재한다. 구애 행동을 하는 백조들의 목을 나타낸다는 견해도 있다.

이처럼 다양한 이론들이 존재하지만 어쩌면 그냥 해부학적 심

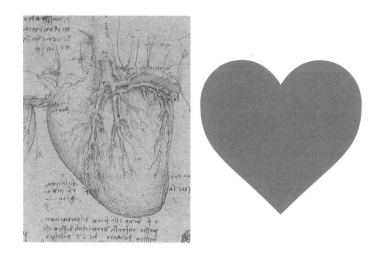

그림 13.13 사랑을 뜻하는 하트 기호와 비교한 다빈치의 심장.

레오나르도 다빈치의 심장 그림과 주석.

장을 개략적으로 묘사한 것일 수도 있다. 가톨릭교회는 중세 예술가들의 해부를 금지했으므로 지금 우리가 알고 있는 하트 기호는 고대에 아리스토텔레스와 갈레노스가 묘사한 모습에 바탕을 둔 것인지도 모른다. 이들은 심장이 세 개의 방으로 구성된 기관이며 심저부 중앙에 움푹 들어간 곳이 있다고 서술했다. 이집트의 신 오시리스가 심판할 때 심장의 무게를 다는 모습(기원전 2500년경)이나 메소아메리카 올멕의 심장을 들고 있는 남자 조각상(기원전 1500년경) 등 심장에 대한 고대의 묘사가 해부학적으로 더

욱 정확하다.[3] 고대인들은 시신을 방부 처리하거나 심장 공양 의
식을 치를 때 실제로 인간의 심장을 눈으로 똑똑히 보았다. 더욱
정확한 심장의 형상은 19세기와 20세기가 되어서야 발견되었기
때문에 중세의 예술가들은 이에 관해서 알기 어려웠다. 그런데 레
오나르도 다빈치가 그린 해부학적인 심장의 그림과 오늘날 사랑
을 상징하는 하트 기호를 비교해보고 있자면, 어쩌면 하트 기호가
사실에서 그리 동떨어지진 않았다는 생각도 든다(그림 13.13).

1977년에 그래픽 디자이너 밀턴 글레이저는 뉴욕주의 관광 활성
화를 위해서 그 유명한 I♥NY 로고를 만들었다. 심장을 뜻하는 그
림이 최초로 동사로 쓰인 것이다. 이렇게 우리는 ♥로 사람, 장소,
사물 등에 대한 사랑을 나타낼 수 있게 되었다. "나는 너의 사랑을
사랑해 I ♥ your ♥." 앞에 있는 차에 "예수님을 사랑한다면 경적을
울리세요Honk if you ♥ Jesus" 또는 "버지니아는 연인들을 위한 곳입
니다Virginia is for lo♥ers"라는 범퍼 스티커가 붙어 있는 모습을 떠
올려 보라. 또는 느리게 가는 차에 "나는 우리 코기(다리가 짧은 애완
견—옮긴이)를 사랑해요I ♥ my corgi"라고 쓰여 있다고 생각해보라.
1995년에 일본의 이동통신사인 NTT도코모는 자사의 인기 무선
호출기(Pocket Bell)에 최초의 이모티콘을 출시했다. 바로 하트

모양 이모티콘이었다. 1999년에는 채색 이모티콘을 개발했는데 그중에는 다섯 가지 색깔의 하트도 포함되어 있었다. 오늘날 얼마나 많은 하트 이모티콘이 있는지 휴대전화기를 한번 살펴보길 바란다. 물론 뇌 이모티콘도 있다. 하지만 "나는 뉴욕을 생각해I (뇌 이모티콘) NY"와 "나는 너의 생각을 생각해 I (뇌 이모티콘) your (뇌 이모티콘)"는 아무리 생각해도 참 안 어울린다.

2015년에 트위터는 "하트로 많은 것을 말할 수 있습니다. 트위터에서 여러분의 기분을 표현하는 새로운 방법을 소개합니다."라는 트윗을 올려서 ♥의 의미와 용법을 확장했다. 트위터는 그 예시를 다음과 같이 적었다. ♥=그래! ♥=축하해! ♥=사랑을 듬뿍 담아서(LOL) ♥=사랑스러운 ♥=힘내 ♥=와우 ♥=포옹 ♥=오~ ♥=하이 파이브.

하트 기호는 예술과 소셜 미디어에서 여전히 널리 쓰이고 있으며 담긴 의미는 더 많아졌다. 예를 들어 '건강' 또는 비디오 게임에서 '목숨'을 뜻하기도 한다. 비록 우리는 심장에 영혼과 사랑이 담겨 있다는 꿈에서는 깨어났지만, 하트 모양은 여전히 낭만적 사랑, 가족애, 신의 사랑 등의 상징으로 인기를 누리고 있다. 거구의 모터사이클 운전자의 팔에 새겨진 하트 모양의 문신에 '엄마'라는 단어가 적혀 있는 모습을 상상해 보자. 카페의 바리스타가 하트 모양의 우유 거품이 올려진 카페 라테 한 잔을 정성스럽게 건네준다면 여성 손님의 얼굴에 발그스레한 홍조가 떠오르지 않을까?

제14장
문학과 심장

예술에서 손은 마음이 상상할 수 있는 것 이상은 결코 실행할 수 없다.

— 랠프 월도 에머슨

중세 예술에 심장을 나타낸 삽화가 등장한 것처럼 이 시기의 문학에는 심장의 상징적 용법이 출현했다.[1] 단테 알리기에리는 자전적인 작품 『새로운 삶*Vita Nuova*』(1294)에서 베아트리체에 대한 자신의 사랑에 관해서 적었다. "나는 내 심장에 곤히 잠든 사랑스러운 영혼을 느꼈다. 그리고 멀리서 사랑이 다가오는 모습을 보았다. 한없이 기뻐서 곧바로 알 수 있었다." 더 나아가 단테는 베아트리체가 자신의 심장을 먹는 꿈을 꾼다.

조반니 보카치오의 설화시narrative poem 『사랑의 환상*Amorosa Visione*』(1342)에서는 심장이 책이며 그 안의 벽에 글씨를 쓸 수 있다는 테마가 신의 말씀에서 사랑의 밀어密語로 바뀐다.

> 나는 그곳에 서서
> 온화한 여인이 다가오는 것을 보았네
> 그녀는 나의 가슴을 열고
> 나의 심장 안에 글을 적었네, 괴로워하라고
> 아름다운 그녀의 이름이 금으로 된 글씨로 적혀 있었네
> 영원히 그곳에서 사라지지 않도록

보카치오가 백 편의 이야기를 모아서 완성한 『데카메론*Decameron*』(1350)에는 진정한 사랑으로서의 심장을 보여주는 강렬한 이야기 두 편이 있다. 네 번째 날의 첫 번째 이야기에서, 살레르노의 탄크레디 공은 딸 지스몽다에 대한 애정이 지나친 나머지 집착이 심하다. 그는 질투심에 불타서 딸의 연인인 지스카르도를 죽이고 그의 심장을 황금으로 된 잔에 담아서 딸에게 보낸다. 지스몽다는 연인의 심장을 들어 올리고 입을 맞춘다. "심장이여, 나는 그의 영혼이 아직 네 안에 깃들어 있고 그와 내가 행복을 알았던 곳을 바라보고 있음을 아네." 지스몽다는 아버지가 보낸 귀중한 선물을 전해준 하인들에게 감사를 전한다. 그리고 그 잔에 자신의 눈물과 독약을 담아서 마신다. "오 사랑하는 심장이여, 내가 너를 위해 하려던 일은 다 했으니 이제 네가 그토록 소중하게 품고 있던 그의 영

혼과 나의 영혼이 하나가 되는 일만 남았구나." 그런 다음 연인의 심장을 꼭 쥐고 침대에 누워 죽음이 다가오기를 기다린다.

네 번째 날의 아홉 번째 이야기에서 기사 기욤 드 루시용은 아내의 정부이자, 자신의 친구인 또 다른 기사를 살해한다. 루시용은 그의 심장을 도려낸 다음 주방장에게 보내서 이 '멧돼지 심장'으로 특별한 요리를 준비하라고 지시한다. 조리된 심장 요리가 식탁에 오르자 루시용은 식욕이 사라져버린다. 그는 이 특별한 요리를 아내에게 주었고 아내는 맛있는 음식을 깨끗이 다 먹는다. 루시용이 아내에게 묻는다. "이 요리는 맛이 어땠소?" 아내는 아주 맛있었다고 답한다. 그러자 루시용은 자기가 직접 정부의 심장을 도려냈다고 말한다. 그 말을 들은 아내는 메스꺼워하고 구토하는 대신에, 세상에서 가장 완벽한 것을 먹었으니 이제 다른 음식은 한 조각도 먹지 않겠다고 선언한다. 그리고 창밖으로 몸을 던져 죽는다.

셰익스피어는 상징적인 의미를 지닌 심장에 관한 시를 쓴 것으로 유명하다. 「소네트 141 Sonnet 141」(1609)에는 다음과 같이 적혀 있다.

그러나 나의 다섯 가지 재치도 나의 오감五感도
어리석은 내 심장이 그대를 섬기는 것을 막지 못하네
이제 나는 사람의 형상을 닮은 존재일 뿐

그대의 자랑스러운 심장의 노예이자 가엾은 신하가 되네

『헛소동*Much Ado About Nothing*』(1623)에서 베네디크가 문득 사랑을 고백하자 베아트리체도 마침내 이렇게 말한다. "내 심장을 다 해서 그대를 사랑해요. 이의를 제기할, 남아 있는 심장이 더는 없을 만큼."

그리고 자존심이 지나치게 강한 리어왕(1606)은 세 딸에게 왕국 일부를 물려받으려면 나에 대한 사랑을 고백하라고 말한다. 교활하고 기만적인 두 언니와는 달리, 코델리아는 아버지를 얼마나 사랑하는지를 감히 표현할 수가 없다. (코델리아*Cordelia*의 cor는 심장을 의미한다.) "저는 도저히 제 심장을 입으로 들어 올릴 수가 없습니다." 코델리아가 아버지를 너무나도 사랑해서 이루 다 형언할 수 없다는 사실을 모르는 리어왕은 격노해서 코델리아의 상속권을 박탈한다. 셰익스피어의 비극이다.

아서 코난 도일 경의 1895년 작 「스타크 먼로의 편지 *The Stark Munro Letters*」에는 신과 이어지는 통로로서의 심장이 언급된다. 먼로는 고교회高教會, High Church(영국 성공회의 분파—옮긴이) 본당의 부목사와 언쟁하면서 이렇게 말한다. "나는 모자 아래에 내 교회를 가지고 다닙니다. 건물은 천국으로 가는 계단이 될 수 없습니다. 나는 당신의 주님과 함께 '인간의 마음이 최고의 성전聖殿'이라고 믿습니다."

브램 스토커의 1897년 작 『드라큘라』에는 이 세상에서 뱀파이어를 확실하게 없앨 수 있는 방법이 등장한다. 에이브러햄 반 헬싱 교수는 의사인 존 수어드에게 "이에 관한 신문과 하커의 일기 등을 가져가서 읽은 다음에 이 대단한 언데드UnDead, 죽지 않은 자를 찾아내서 그의 머리를 자르고 심장을 불태우거나 심장에 말뚝을 박으면 세상이 그에게서 벗어나 안식을 취할 것"이라는 편지를 보낸다.

그 이후로 문학에서 심장은 낭만적 사랑, 가족애, 신에 대한 사랑, 우리 내면의 선함을 은유하는 보조관념으로 계속 널리 쓰여왔다. 이와 관련하여 다음과 같은 현대 문학작품을 예로 들 수 있다. 제임스 조이스의 『젊은 예술가의 초상』(1916)에서 청소년 시기의 스티븐은 처음으로 심장의 욕구를 경험한다. "그의 심장은 조수潮水 위의 코르크처럼 그녀의 움직임을 따라 춤췄다." 밀란 쿤데라의 『참을 수 없는 존재의 가벼움』(1984)에서 사비나는 아이들이 뛰어노는 모습을 바라보는 미국 상원의원을 지켜보면서 이렇게 생각한다. "심장이 말할 때 마음은 반대가 적절치 않다고 여긴다." 사비나는 우리가 심장으로 느끼는 감정이 우리의 생각보다 더 진실하다고 말하는 것이다.

코맥 매카시의 『로드』(2006)에 나오는 아버지는 자신의 심장에서 감정이 사라지기를 바라며 인간애로부터 거리를 두려고 한다. 그는 이렇게 중얼거린다. "제발 내 심장이 돌이었다면." 델리아 오언스의 『가재가 노래하는 곳』(2018)에서 카야는 엄마가 떠나간 지 몇 달이 지나자 외로움과 상실로 말미암은 심장의 고통이 점점 무뎌짐을 느낀다. "마침내 어느 순간이 되자 문득 심장의 고통은 모래에 스며드는 물처럼 새어 나갔다. 여전히 거기 있었지만 깊어졌다." 마이클 온다치의 소설 『잉글리시 페이션트』(1992)에서 항상 그를 사랑했다는 캐서린의 고백을 들은 알마시는 고통스러운 심장(심경)에 대해서 그녀에게 털어놓는다. 알마시는 치명상을 입은 캐서린을 동굴에 두고 떠날 수밖에 없지만, 다시 돌아와서 그녀의 시신을 찾아가겠다고 맹세한다. "매일 밤 나는 심장을 도려냈다. 그러나 아침이 되면 심장은 다시 가득 차 있었다."

제15장
음악과 심장

음악은 가장 굳게 닫힌 마음도 열어주는 마법의 열쇠다.

— 마리아 폰 트라프, 트라프 가 합창단 단장

중세 암흑시대의 그레고리오 성가와 전례극典禮劇, liturgical drama(성서와 관련된 내용을 다루는 종교 음악극—옮긴이) 이후에 심장은 르네상스 음악에 자주 등장하는 테마가 되었다. 14세기와 15세기에는 사랑과 이별에 관한 노래들이 인기를 끌었다. (심장을 뜻하는 cor가 이름에 들어 있는) 보드 코르디에Baude Cordier는 사랑에 대한 론도rondeau(반복구를 포함한 짧은 시—옮긴이)를 남긴 프랑스 작곡가 보드 프레넬Baude Fresnel(1380~1440년경)의 필명이었다. 코르디에의 론도 <아름답고, 선하고, 현명한Belle, Bonne, Sage>은 하트 모양으로 기보記譜되었다. 코르디에는 악보 전체를 하트 모양으로 그렸을 뿐만

그림 15.1 〈아름답고, 선하고, 현명한〉,

보드 코르디에, 『샹티 필사본 *Chantilly Manuscript*』

출처: 위키미디어 공용 / 퍼블릭 도메인

아니라 가사에서 심장heart이라는 단어를 작은 하트 그림으로 바꾸어놓았다(그림 15.1). 이 곡의 후렴구는 다음과 같다.

사랑스럽고, 선하고, 현명하고, 온화하고 고귀한 그대여

한 해가 새로워지는 오늘

나는 그대에게 새로운 노래를 선사하네

그대를 향해서 내 심장에서 흘러나오는 노래를

이탈리아에서 1601년부터 인기를 끌었던 마드리갈madrigal(이탈리아의 세속 성악곡—옮긴이)은 완곡어법을 쓰지 않았다. 줄리오 카치니의 <아마릴리, 내 사랑Amarilli mia bella>에는 이런 가사가 나온다. "연인의 심장에서 화살을 뽑아내는 것은 / 그가 입은 사랑의 상처를 치유하기 위함이며 / 그 방법은 사랑을 나누는 것뿐이네."

「참나무의 심장Heart of Oak」은 영국의 배우인 데이비드 개릭이 1759년에 쓴 글이다. 무대 공연의 성공을 기원하는 'break a leg'라는 표현은 개릭이 연극 <리처드 3세 Richard III> 무대에서 연기에 몰입한 나머지 공연 도중에 골절상을 입고도 고통을 느끼지 못했다는 일화에서 비롯되었다. 훗날 "참나무의 심장"은 영국 왕립 해군의 공식 행진가가 되었다. 참나무의 심장은 나무에서 가장 단단한 중심 목재인 심재心材를 가리키는 말이다. 이 곡의 후렴구는 다음과 같다.

> 참나무의 심장은 우리의 함선, 참나무의 심장은 우리의 병사
> 우리는 항상 준비되어 있네, 만반의 태세를 갖추자!
> 우리는 싸우고 승리 또 승리하겠네

아프리카 음악에서 가장 중요한 형식 중 하나인 영가靈歌는 남북전쟁 이전에 미국 남부의 흑인 노예들이 즐겨 부르던 종교적 색채를 띠는 포크송이다. '영가spiritual'라는 용어는 킹 제임스 성경의

에베소서 5장 19절—"시와 찬송과 신령한 노래들로 서로 화답하며 너희의 마음으로 주께 노래하며 찬송하며"—에서 비롯되었다. 1800년대 초에 가장 인기 있었던 영가 중 하나는 <내 마음 깊은 곳에Deep Down in My Heart>로, 가사에 "주님은 제가 모든 이들을 사랑함을 아십니다 / 제 마음 깊은 곳에서"라는 구절이 들어 있다.

그 이후로 상징적인 의미의 심장은 대중음악에서 은유적으로 널리 쓰였다. 현대 대중음악에서 심장이라는 단어가 제목에 들어 있는 곡으로는 다음과 같은 예를 들 수 있다. <My Heart Has a Mind of Its Own>(코니 프랜시스), <I Left My Heart in San Francisco>(토니 베넷), <Sgt. Pepper's Lonely Hearts Club Band>(비틀스), <Un-Break My Heart>(토니 브랙스턴), <Total Eclipse of the Heart>(보니 타일러), <Don't Go Breaking My Heart>(엘튼 존 & 키키 디), <Somebody Already Broke My Heart>(샤데이), <Stop Draggin' My Heart Around>(스티비 닉스 & 톰 페티 앤 더 하트브레이커스).

<야성적인 사람Wild Thing>으로 인해서 내 심장이 노래하고 모든 것이 근사해진다며 소리 높여 노래하고 연주한 영국의 록 밴드 트록스와 지미 헨드릭스도 잊지 말자. 또한 롤링스톤스의 믹 재거는 <의사 선생님Dear Doctor>에서 예전에 심장이 있었던 곳에서 통증이 느껴진다며 한탄했다. <Your Cheatin' Heart>(행크 윌리엄스), <I Cross My Heart>(조지 스트레이트), <Achy Breaky

Heart>(빌리 레이 사이러스) 등 유명한 컨트리 음악도 빼놓을 수 없다.

르네상스 시대에 시작해서 톰 페티 앤 더 하트브레이커스와 현대 음악에 이르기까지 심장은 음악에서 로맨스, 사랑, 힘, 이별에 대한 상징으로 쓰여왔다. (I, the, you 등의 일반 단어를 제외하면) 심장heart은 대중음악에서 가장 많이 등장하는 단어 10위에 해당한다. 컨트리 음악에서는 4위, 재즈에서는 6위다.[1]

제16장
심장과 관련된 의식

당신을 향한 내 사랑을 다 담으려면 심장 100개도 모자라네.

— 작자 미상

심장과 가장 밀접한 전통이 있는 날은 바로 밸런타인데이다. 로마의 발렌티노 성인은 로마인들의 박해로 인하여 서기 269년 2월 14일에 순교했다. 클라우디우스 2세 황제가 내린 금지령을 어기고 불법으로 기독교 혼인성사를 집전한 죄로 처형된 것이다. 5세기에 젤라시우스 교황은 발렌티노 성인을 기리는 뜻에서 2월 14일을 성 밸런타인데이로 공표했다. 2월 14일은 낭만적 사랑을 기념하는 연인들의 날이 되었다.

성 밸런타인데이가 연인들을 위한 날이라는 개념은 제프리 초서의 『새들의 의회 *The Parliament of Fowls*』(1381년)에서 최초로 언급된 것으로 알려져 있다.

> 오늘은 성 밸런타인데이
> 모든 새들이 짝을 찾으러 온다네
> 사람이 아는 모든 종류의 새가
> 어찌나 많은 새들이 날아오는지
> 땅과 바다, 나무, 모든 호수가 가득 차서
> 내가 발 디딜 자리조차 거의 없네
> 그만큼 모든 곳이 가득 찬다네

오를레앙의 찰스 공작이 1415년에 (당시 16세였던) 그의 아내인 아르마냐크의 본에게 보낸 편지가 밸런타인 카드의 시초가 된 것으로 알려져 있다. 그는 아쟁쿠르 전투에서 생포되어 런던탑에 수감되어 있는 상태였다. "나의 다정한 밸런타인이여, 나는 이미 사랑으로 병이 들었소." 안타깝게도 찰스의 수감 생활은 그 후로 25년간 이어졌고 본은 그가 출옥하기 전에 세상을 떠났다. 그러나 밸런타인 카드를 보내는 풍습은 점차 인기를 얻게 되었고 연인들은 손글씨로 적은 편지와 사랑의 징표를 교환하게 되었다.

17세기까지 영국에서는 밸런타인데이 의식에 드는 비용을 감당할 수 있는 사람들만이 이날을 기념할 수 있었다. 밸런타인데이에 부유한 남자들은 제비뽑기로 여자들의 이름을 택했다. 남자는

그림 16.1 밸런타인 카드(1818~)

출처: 핸슨 옥션Hansons Auctioneers 제공.

이름이 당첨된 여자에게 선물을 주어야만 했다. 영국, 프랑스, 미국에서 최초의 밸런타인 카드는 고작 종이에 손글씨로 시를 몇 줄 적은 정도였다. 그러나 시간이 흐르면서 사람들은 그림과 채색을 곁들여서 편지를 아름답게 장식하기 시작했고, 상징적인 하트 모양을 덧붙이기도 했다. 다 쓴 편지는 고이 접어 밀랍으로 봉한 다음 연인의 집 앞에 가져다 두었다.

1818년의 밸런타인 카드에는 이런 글귀가 적혀 있다. "다시 밸런타인데이를 앞두고, 자신의 희망이 실현되는 날을 고대하는 남자로부터. 그는 히멘Hymen, 그리스의 사랑의 신의 제단에서 그녀의 심장과 더불어 손을 얻게 되리라. 그가 그녀에게 느끼는 감정은 잠깐 사귀고 나면 사그라드는 야성적이고 낭만적인 사랑이 아니다. 시간이 갈수록 줄어드는 것이 아니라 오히려 더욱 커지는 애정이다."(그림 16.1).

18세기 말 영국에서는 최초의 상업적 밸런타인 카드가 등장했다. 인쇄하거나 목판화 등 판화로 제작하거나 직접 손으로 채색하기도 했다. 카드에는 하트, 큐피드, 꽃 등 예로부터 사랑을 상징하는 문양이 그려져 있었고 다음과 같은 시가 적혀 있었다.

장미는 붉고
바이올렛은 푸르네

그대를 처음 본 순간
내 심장은 알았다네

또는 다음과 같았다.

장미는 붉고
바이올렛은 희네
그대는 나의 세상
내 심장의 기쁨이네

1840년대와 산업혁명 무렵에 영국과 미국에서는 대량 생산된 밸런타인데이 카드가 이전의 다양한 수제 카드를 대부분 대체했다. 1840년에 영국에서 1페니 우편제penny post가 도입되고 1847년에 미국 최초의 우표가 등장하면서 일반인들도 저렴한 비용으로 밸런타인데이 카드를 보낼 수 있게 되었다. 1861년에 리처드 캐드버리가 최초의 하트 모양 초콜릿 상자를 처음으로 선보였고 1913년에는 홀마크가 밸런타인데이 카드를 생산하기 시작했다. 2019년에는 밸런타인데이에 207억 달러의 매출이 발생했고 10억 장 이상의 밸런타인데이 카드와 3천 6백만 개의 하트 모양 초콜릿 상자가 판매되었다.

고고학자들은 4800년 전의 고대 이집트 상형문자를 통해서 신부의 결혼반지에 대한 증거를 찾아냈다. 사초, 골풀, 갈대 등으로 만든 둥근 반지는 영원을 상징했다. 마크로비우스Macrobius는 로마 문화의 축전 의식을 모은 전집에 해당하는 『농신제Saturnalia』(서기 400년경)에서 이집트의 사제가 약지에 약혼반지나 결혼반지를 끼워주는 풍습을 언급했다. "이 신경nerve 때문에 갓 약혼한 사람은 배우자의 이 손가락에 반지를 끼워준다. 마치 그것이 심장을 나타내는 것처럼."[1]

어떤 이론에 따르면 심장과 왼손 약지의 연관성은 이집트의 의사들에서 비롯되었다고 한다. 그들은 '심장에' 통증이 있는 환자들을 진찰했는데 가슴에서 시작된 통증이 왼쪽 팔, 그리고 약지와 새끼손가락으로 퍼져나간다는 것을 알게 되었다. 따라서 심장과 약지가 틀림없이 연결되어 있다는 결론을 내리게 되었다. 이처럼 고대인들이 관찰한 바는 전형적인 협심증을 정확히 묘사하고 있다. 심장 근육이 산소를 공급받지 못하면 가슴의 흉골 뒤쪽에 압박감이 느껴지거나 묵직한 느낌이 드는데, 이는 왼쪽 어깨를 거쳐서 (척골신경을 따라서) 전완前腕, 아래팔으로 내려가서 새끼손가락과 약지의 측면부 절반까지 전달된다. 심장이 왼쪽 가슴에 위치하므로 심장의 통증은 경추 신경근의 왼쪽으로 퍼져나간다. 이 신경

근은 신체의 좌측 상지上肢, upper extremity 전체의 통증을 감지한다. 심장과 약지가 연관되어 있다는 고대인들의 추정이 실제로 들어 맞았던 것이다. 왼손 약지에 결혼반지를 낀 이유는 그곳에서부터 심장까지 곧바로 이어지는 신경이나 정맥이 있다는 믿음 때문이 었다. 로마인들은 이것을 '사랑의 정맥vena amoris'이라고 불렀다.

기독교인들은 유럽의 중세 암흑시대에 처음으로 결혼식에서 반지를 사용하기 시작했다(서기 860년경). 기독교 혼인 예식에서 사제는 신부의 엄지, 검지, 중지에 반지를 차례로 댔는데 이는 삼위일체를 뜻하는 것이며, 그런 다음 약지에 반지를 끼워서 결혼을 확정했다.

신부가 결혼반지를 착용하는 풍습은 그 유래가 고대 이집트까지 거슬러 올라가지만, 신랑 역시 결혼반지를 착용하게 된 것은 사실 20세기 후반 이후의 일이었다. 이러한 변화에는 제2차 세계대전의 영향이 컸는데, 해외에 파병된 군인들이 고국에 있는 아내와 가족을 떠올리며 마음의 위로를 얻기 위해서 결혼반지를 착용했기 때문이다.

1782년에 미국 대륙군Continental Army(독립전쟁 당시의 미국군─옮긴이)의 조지 워싱턴 장군은 미국이 대영제국으로부터 독립을 쟁취하기 위한 전쟁에서 '널리 기릴 만한 공적'을 세운 일부 군인들에게 최초의 퍼플 하트Purple Heart 훈장을 수여했다.[2] 보라색은 용기와 용맹함을 상징했다. 퍼플 하트 훈장 및 수여식은 2세기 동안 사라 졌으나 1932년에 더글러스 맥아더 장군이 조지 워싱턴의 200번 째 생일에 이 전통을 되살렸다. 지금까지 미군에서 지위를 막론하 고 국가책임기관에 복무하는 동안 부상을 입거나 사망한 군대의 구성원에게 미국 대통령의 명의로 약 200만 개의 퍼플 하트 훈장 이 수여되었다. 존 F. 케네디는 퍼플 하트 훈장을 받은 유일한 미 국 대통령이었다. 그는 제2차 세계대전 당시에 경비정을 지휘하 다가 일본 구축함의 공격으로 경비정이 반파되면서 심각한 부상 을 입었다. 그러나 크게 다쳤으면서도 구출 작전을 지휘했고 병사 들을 상륙시켰다. 원조와 식량을 확보할 때까지 캄캄한 바다에서 몇 시간을 헤엄치기도 했다.

제4부

심장에 관한
기본적인 지식

제17장
펌프

나는 낭만적인 사람은 아니지만, 그런 나조차도 심장이 단지 피를 전달하는 목적을 위해서만 존재하지는 않는다는 점을 인정해요.

— 매기 스미스, <다운튼 애비>

심장이여, 제발 모든 것에 관여하지는 마라. 네가 해야 할 일은 피를 전달하는 것뿐이네.

— 작자 미상

만약 1분당 약 5.5리터의 액체를 끊임없이 뿜어내는 펌프가 필요하다고 생각해 보자. 그러면 이 펌프는 하루에 대략 7,600리터를 내보내야 한다. 이런 일을 80년 동안 쉬지 않고 계속한다면 1년에 276만 리터, 80년에 22,104만 리터다. 이처럼 엄청난 양의 액체를

그림 17.1 손에 든 심장. 크리스, 폴란드 포즈난.
출처: 위키미디어 공용 / 퍼블릭 도메인

전부 다 담으려면 150만 개의 배럴통이 필요할 것이다. 아니면 이렇게 생각해 보아도 좋다. 이 정도 양의 액체를 펌프질하는 것은 최소한 50년간 주방의 수돗물을 최대로 틀어놓는 것과 같다.

1분당 5.5리터의 뿜어내려면 분당 70~80회의 펌프 운동을 해야 한다. (1초당 1회보다 조금 더 많다.) 1시간에 4,500회, 하루에 10만 8천 회, 한 해에 3,940만 회, 그리고 펌프가 계속 작동하기를 바라는 80년 동안에는 30억 회 이상이다. 그런데 이와 동시에 튜닝, 수리, 검사 등은 전혀 할 필요가 없기를 바란다. 이 펌프는 아주 잠

그림 17.2 인간의 머리와 몸통의 혈관 표본(플라스티네이션)

출처: 이미지 저작권 © www.vonhagens-plastination.com /

Gubener Plastinate GmbH, 독일.

깐이라도 결코 고장이 나서는 안 된다. 아무런 걱정을 할 필요가 없을 만큼 완벽해야만 한다. 꽉 쥔 주먹보다 크기가 더 커서는 안 되고 무게가 1파운드 이상이어서도 안 된다(그림 17.1).

효율성을 고려해서 이 펌프는 5.5리터의 액체를 재순환시켜야 하고 주기적으로 (대략 120일마다) 새로 교체해야 하며 매분 전체 배관을 다 지나가야 한다. 펌프에 부착되어 있는 배관 시스템은 액체가 다시 돌아오도록 순환할 수 있어야 한다. 그런데 이 배관 시스템은 상당히 복잡하며(그림 17.2), 전체 배관을 끝에서 끝까지 쭉 이어보면 무려 10만 킬로미터에 달한다. 지구를 두 바퀴 돌고도 남을 만큼 길다. 이 액체는 하루에 1만 2000 마일을 이동하는데, 이는 미국 본토를 가로지른 거리의 약 네 배다.

배관 시스템의 전체 길이가 이렇게 긴데, 이 액체는 최대 60초 안에 펌프에서 가장 멀리 떨어진 곳에서 펌프로 다시 재순환되어야 한다. 물론 발가락에서 심장까지 다시 돌아가야 한다는 뜻이다. 알다시피 지금까지 심장과 동맥, 정맥, 모세혈관을 포함한 순환계에 관해 설명했다. 경이로운 심장은 단거리 선수가 200미터를 달리는 데 걸리는 시간 내에 순환계를 통해서 적혈구를 뿜어내야 한다.

심지어 심장 근육은 쉬고 있을 때도 뛰어난 실력을 갖춘 단거리 선수의 다리 근육보다 두 배 더 열심히 일한다. 테니스공을 손아귀에 꽉 쥐어보면 심장이 혈액을 펌프질하기 위해서 한 번 뛸 때 드는 힘을 느껴볼 수 있다. 잘 훈련된 운동선수는 심박출량心拍出量, cardiac output, 즉 1분에 심장이 박출하는 혈액량을 분당 5리터에서 35리터로 무려 일곱 배나 늘릴 수 있다. 분당 34리터가 넘는 양이다! 좌심실이 수축하면 9만 6천 킬로미터가 넘는 인체의 혈관을 통해서 혈액이 분출되는데, 정원의 호스에서 나온 물이 1.5

미터 높이로 솟구치게 할 정도의 힘이다. 심장이 하루에 생산하는 에너지는 차를 몰고 30킬로미터를 이동할 수 있는 수준이다.

절개된 가슴에서 내 손으로 직접 환자의 심장을 들어본 경험은 말로 형용할 수 없다. 일단 심장이 단단하고 두꺼운 근육이라는 것이 느껴진다. 혈액이 계속 순환할 수 있도록 심장을 꽉 쥔다(이를 개흉 심장 마사지라고 한다). 갑자기 심장이 내 손바닥과 손가락에 부딪히며 뛰기 시작한다. 처음에는 서서히 뛰다가 갈수록 힘이 거세지면서 빨라진다. 이러한 기적을 처음으로 경험했을 때 나는 경외심을 느꼈다. 심지어 고장 난 심장도 내 손에서 정말 세차게 뛰었다. 심장 이식을 위해서 몸에서 심장을 떼어내도 산소와 에너지가 완전히 사라지기 전까지는 심장박동이 최대 15분간 지속된다.

그러니 고대인들도 이렇게 저절로 뛰는 기관은 생명을 의미한다고 생각할 만하다. 그들은 만약 심장이 생명이라면 심장에는 분명히 영혼이 깃들어 있으리라 추측했다.

제18장
심장의 해부학

아티초크도 심장이 있거든요.

— <아멜리에>

누구에게나 심장은 있죠. 간혹 없는 사람도 있긴 하지만.

— 베티 데이비스, 배우

대왕고래blue whale, 흰긴수염고래의 심장은 무게가 약 450킬로그램이나 된다. 심장이 한 번 뛸 때마다 200리터의 혈액이 분출되며, 심장박동은 분당 8~10회의 속도를 나타낸다(그림 18.1). 성인 여성의 심장의 무게는 약 270그램이며 남성의 경우에는 300그램이 넘는다. 인간의 심장은 한 번 뛸 때 약 1/3컵의 혈액을 분출한다. 세상에서 가장 작은 포유동물인 에트루리아 땃쥐Etruscan shrew의

그림 18.1 대왕고래 심장.

출처: dpa picture alliance / Alamy Stock Photo.

심장은 고작 0.02그램임에도 심박수가 분당 최대 1,511회에 달한다. 흥미로운 것은 에트루리아 땃쥐의 수명은 겨우 1년인데 대왕고래의 경우에는 80~110년이라는 점이다. 지구상에서 가장 작은 심장을 지닌 생물은 알파투스 마그니미우스Alpatus magnimius라는 과실파리다. 이 과실파리는 길이가 0.01인치도 채 되지 않으며 현미경을 사용해야만 심장을 관찰할 수 있다. 문어와 오징어는 심장이 세 개다. 종종 점액 장어라고도 불리는 먹장어는 심장이 네 개다. 지렁이는 심장이 다섯 개다.

우리에게 알려진 최초의 심장과 혈관은 5억 2천만 년 전의 화석에서 발견되었다. 푸시얀휘아 프로텐사Fuxianhuia protensa는 중국 남서부의 청지앙澄江 화석 유적에서 발굴된 캄브리아기의 절지동물 화석이다. (선사시대의 새우에 해당한다.)[1] 이 동물의 등 쪽에는 관 모양의 심장이 있었고 그 옆에 있는 혈관이 체절體節, segment을 통해서 뻗어나가서 결국에는 뇌, 눈, 더듬이 등 영양분과 산소 대부분을 사용하는 기관 주변에 집중적으로 분포되어 있었다. 이러한 해부학적 구조는 5억 년 전에도 매우 성공적으로 작동했기 때문에 오늘날의 절지동물에게서도 이 구조를 확인할 수 있다. 외골격과 체절, 쌍을 이루는 관절지關節肢, jointed appendage가 있는 무척추동물에는 곤충, 거미류, 다족류, 갑각류 등이 포함되며, 이는 오늘날 가장 오래되고 범위가 넓은 문門, phylum이다.

어류는 심장에 두 개의 방이 있고 파충류는 심방 2개와 심실 1개, 총 3개의 방이 있다. (예외적으로 악어의 심장에는 4개의 방이 있다.) 거미는 직선 형태의 관이 심장 역할을 하며 바퀴벌레의 심장에는 방이 13개 있다.

조류와 인간을 비롯한 포유류는 심장에 심방 2개와 심실 2개, 총 4개의 방이 있다. 세방 심장三腔心, three-chambered heart은 인간에게 드물게 나타나는 선천성 기형의 일종이다. 영어로 심방을 뜻하는 아트리움Atrium은 라틴어로 '입구 홀' 또는 '회합 장소'를 의미한다. 심방은 심장 위쪽에 위치하며 폐와 전신으로부터 혈액이 들어오는 방이다. 심실ventricle은 '위胃'를 뜻하는 라틴어 벤트리쿨루스ventriculus에서 유래했다. 심실은 심방 아래쪽에 위치하며 폐와 전신으로 혈액을 분출하는 근육 펌프에 해당한다.

심장이 달린 생식기.

— 스티븐 제이 굴드, 생물학자

여러분이 상상하는 그런 이야기를 하려는 것이 아니다. 심해에는 못생긴 아귀가 살고 있다. 반투명한 몸에 이빨은 날카롭고 이마에는 먹잇감을 유혹하기 위한 발광체가 달려 있다. 이 심해 아귀는

'성적 기생sexual parasitism'이라는 특이한 짝짓기 의식을 치른다.[2]
 왜소한 수컷이 순환계까지 융합시켜가면서 암컷에게 붙어서 살
아간다.[3] 수컷의 내부 기관, 지느러미, 눈을 비롯해서 거의 모든 부
분이 퇴화되어 나중에는 생식기에 혈류를 공급하는 (두 부분으로
나뉜) 심장만 남는다. 수컷은 암컷의 혈액을 통해서 영양분을 얻
고 암컷은 필요한 정액을 얻는다.

사실 인간의 심장에는 두 개의 펌프가 있다. 우측 심장과 좌측 심
장은 각기 다른 일을 수행한다. 우측 심장은 몸을 순환하고 돌아
와서 산소가 고갈된 혈액을 폐로 보낸다. 폐는 적혈구에 산소를
실은 다음 좌측 심장으로 흘려보낸다. 좌측 심장은 이제 산소가
풍부해진 혈액을 전신에 전달한다. 심장은 우리 몸에 있는 75조
개의 세포 대부분에 산소 포화도가 높은 혈액을 계속해서 분출한
다. 유일하게 각막은 혈류를 공급받지 않는다.
  혈액이 심장을 거쳐서 이동하는 특수한 회로는 다음과 같다. 산
소가 고갈되고 이제 이산화탄소를 운반하는 혈액이 정맥계를 거
쳐서 우측 심장으로 돌아온다(그림 18.2). 이처럼 산소가 부족한
혈액은 우리 몸에서 가장 큰 정맥인 상대정맥과 하대정맥을 통해
서 일단 우심방으로 들어온다. 이 혈액은 열려 있는 삼첨판을 통

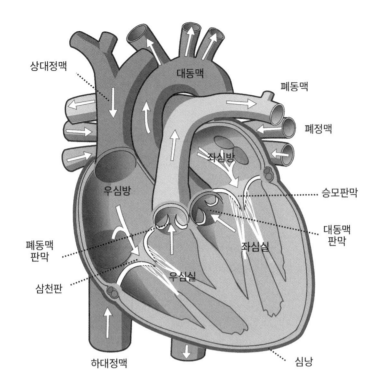

상대정맥

대동맥

폐동맥

폐정맥

좌심방

우심방

승모판막

대동맥
판막

폐동맥
판막

좌심실

삼천판

우심실

하대정맥

심낭

그림 18.2 인간의 심장 순환계 도해.

출처: Wapcaplet / 위키미디어 공용 / 퍼블릭 도메인

해서 우심실로 흡입되어 밀려 들어간다(심장 판막은 혈액이 역행
하지 않고 계속 순방향으로 흘러가도록 개폐된다). 우심실은 폐동
맥판막을 지나 폐동맥을 거쳐서 폐까지 혈액을 밀어내고, 3억 개
의 폐포에는 모세혈관이 이어져 있다. 혈액과 공기가 만나는 접점
에서 헤모글로빈(적혈구 내 단백질)은 이산화탄소를 방출하고 산

소와 결합한다. 이제 산소포화도가 높아진 혈액은 폐에서부터 폐정맥을 거쳐서 좌심방으로 흘러 들어간다.

그다음에 혈액은 승모판막mitral valve을 통해서 좌심실로 분출되어 흡입된다. 주교 또는 승려가 쓰는 모자miter를 닮았다고 해서 '승모mitral'이라는 명칭이 붙었다. 좌심실이 수축하면 산소포화도가 높은 혈액이 대동맥판막을 통과하고 대동맥을 지나간 다음에 동맥과 세동맥을 거쳐 마침내 6억 개의 모세혈관에 도달한다(대동맥은 가장 큰 동맥으로, 정원에서 쓰는 호스만큼이나 크다). 모세혈관은 사람의 머리카락보다 열 배나 더 가늘며 그 폭은 혈구 하나가 겨우 지나갈 만큼 좁다. 여러 기관과 세포조직에 산소를 운반한 후에 산소가 부족해진 혈액은 세정맥과 정맥, 상대정맥과 하대정맥을 거쳐서 다시 심장의 우심방으로 돌아온다. 이러한 과정이 매일 10만 8천 회씩 반복된다.

제19장
심음(心音)

에드거 앨런 포의 단편 「고자질하는 심장The Tell-Tale Heart」(1843)
은 다음과 같이 끝난다. "'악인들!' 나는 외쳤다. '더는 숨기지 않
겠다! 나는 범행을 인정한다! 마룻바닥을 뜯어라! 여기, 바로 여기
다! 그의 흉측한 심장이 뛰고 있다!'"

이 소설의 화자는 미치광이로, 한 노인을 살해하고 시신을 훼손
했다. 살인범인 화자는 시신을 숨겨둔 마루 위의 의자에 앉아서
경찰과 이야기를 나누던 도중에 노인의 심장이 뛰기 시작하는 소
리를 듣는다. 처음에는 "낮고 둔탁하고 빠른 소리였다. 마치 면으
로 된 천으로 감싼 시계에서 나는 소리 같았다." 점점 커지는 심장
박동 소리 때문에 더 이상 견딜 수가 없어진 그는 결국 자기가 저
지른 범죄를 자백한다. 심장박동 소리는 화자의 죄책감을 상징하
는 걸까? 실은 자신의 심장박동을 들은 걸까?

에드거 앨런 포가 '면으로 된 천으로 감싼 시계에서 나는 소리'라고 비유적으로 묘사한 심장박동 소리는 대개 영어로 '썸-썸', '럽-덥'이라고 표현한다. 이탈리아어로는 '투-텀', 폴란드어로는 '범-범', 노르웨이어로는 '덩크-덩크', 아랍어로는 '텀-텀' 또는 '라타마-라타마', 네팔어로는 '둑-둑', 타밀어로는 '라푸-타푸', 말레이어로는 '덥-답', 인도에서는 '다닥'(힌디어) 또는 '학-닥'(우르두어)이라고 한다.

사람들은 대부분 심장박동이 쿵쿵 두드리는 소리가 심음이라고 생각한다. 영어로 럽-덥이라는 소리는 실제로 심장 판막이 탁, 하고 닫히는 것에서 비롯된다. 첫 번째 심음인 '럽'은 (심방과 심실 사이의 판막인) 승모판과 삼첨판이 동시에 닫힐 때 나는 소리로, 심실이 수축하면서 그 배압으로 인해서 판막이 찰싹, 하고 닫힌다. 두 번째 심음인 '덥'은 (혈액이 심실에서부터 전신과 폐로 분출될 때 통과하는 판막인) 대동맥판과 폐동맥판이 거의 동시에 닫힐 때 발생한다. 이 두 가지 소리는 제1심음(S1)과 제2심음(S2)으로 불린다.

앞으로 더 자세히 살펴보겠지만, 청진기를 통해서 다양한 기타 심음을 귀로 들을 수 있다. 그 예로는 심잡음, 째깍음, 개방음, 노크음, 마찰음, 갤럽음, 말달림음, 퐁당음 등이 있다. 퐁당음은 종양이 심장 판막을 통해서 이리저리 오가며 퐁당거릴 때 발생하므로 안 좋은 징후지만 다행스럽게도 매우 드물게 발견된다. 심잡음은 흔히 들을 수 있으며 무해할 수도, 병리적 이상이 있을 수도 있다. 혈액이 세차게 흐를 때 발생하며 졸졸 흐르는 시냇물, 강의 급류, 멀리서 천둥이 우르릉거리는 소리와 비슷하다. 일반적으로 심장 판막이 경직되어 완전히 열리지 않거나(협착stenosis) 확실히 닫히지 않아서 역방향으로 유출될 때(역류regurgitation) 심잡음이 흔히 발생한다. 기타 잡음은 경미하며 임상적 의의를 지니지 않을 수도 있지만 심각해서 외과적 치환이나 치료가 필요할 수도 있다. 만약 치료하지 않으면 목숨을 잃게 될지도 모른다.

이밖에 다른 비정상적인 심음은 판막 문제, 심장의 방 사이에 있는 구멍, 심장 주변의 액체 또는 심부전을 의미할 수도 있다. (좌측 심장과 우측 심장 사이에 구멍이 있는) 중격결손septal defect 등 선천성 이상으로 발생하는 경우도 있다. 또한 후천적 이상이 원인일 수도 있다. 예를 들어 중앙아메리카나 남아메리카에서 짚으로 된 지붕 아래에서 잔다면 밤사이 지붕에서 떨어진 흡혈 곤충kissing bug에 물릴 수도 있다. 이 벌레에는 크루스파동편모충 Trypanosoma cruzi이라는 기생충이 있다. 이런 기생충에 감염되면 급성 심근심막염에 걸리거나 심장 근육과 주변의 심낭에 손상을 입을 수 있다. 청진기로 진찰하면 갤럽음, 마찰음, 심잡음 등 새로운 심음을 확인할 수 있다.

청진기는 1800년대에야 비로소 발명되었으므로, 고대인들은 청진기 대신 환자들, 동물들, 배우자, 아이들의 가슴에 귀를 대고 심장박동을 들었다. 생명을 뜻하는 지속적인 박동을 확인한 고대인들은 이 소리가 심장으로부터 나온다는 사실을 알고 있었다. 사냥 및 동물을 제물로 바치는 풍습, 시신에 대한 방부 처리, 해부 및 생체해부 등을 통해서 이러한 사실을 알게 된 것이다. 문명이 발달하면서 사상가, 신학자, 그리고 철학자들은 심음을 듣고 얻은 영감을 통해서 인간 존재에 대해 고찰하고 우리를 '우리답게' 만들어주는 것이 무엇인지에 대해서 깊이 생각해 보았다. 그들은 우리의 감정과 생각, 의식이 어디에 깃들어 있는지, 우리 존재의 중심은 어디인지 궁금해했다. 대다수의 고대 사상가는 이 중심이 심장에 있다는 결론을 내렸다. 우리가 사랑이나 증오를 느낄 때, 또는 선한 생각이나 악한 생각을 할 때 심장이 더욱 빠르고 강하게 뛰기 때문이었다.

그러나 의식과 영혼의 저장소로서 심장에 도전장을 던진 상대가 있었다. 바로 뇌였다. 사람이 의식을 잃는 것은 주로 가슴이 아니라 머리를 얻어맞았을 때였다. 일찍이 고대 그리스의 뇌 중심론자들은 심장이 아니라 뇌가 우리의 생각과 감정을 다스린다고 주장했다. 이와 같은 심장과 뇌의 경쟁 관계는 오늘날까지 이어진다.

제20장
혈액의 색깔

피는 생명이다.

— 브램 스토커 『드라큘라』

피는 피를 부른다.

— 셰익스피어 『맥베스』

피는 생명의 정수이자 다산多産을 뜻한다. 케냐 남부의 마사이족은 아기가 탄생하거나 딸이 결혼할 때 소의 피를 마신다(때로는 술에 취한 노인들이 숙취를 해소하기 위해 마시기도 한다). 대다수의 고대 문명에서 피는 신체의 각 부분으로 '생명'을 실어 날랐다.

피는 고통과 수난을 뜻하기도 한다. 기독교에서 그리스도의 피는 인류를 위한 속죄를 상징한다. 피는 초자연적인 존재들의 음식이다. 피는 가족이다. '피는 물보다 진하다'는 말도 있으니 말이다.

인간의 혈액은 다양한 색조의 붉은색을 띠는데, 적어도 붉은색이라는 사실만은 변함없다. 적혈구에 포함된 헤모글로빈이라는 단백질에 철이 들어 있기 때문이다. 산소가 풍부한 동맥혈은 선홍색이나 진홍색이다. 반대로 산소가 부족한 정맥혈은 암적색이나 적갈색이다. 혈액은 총 체중에서 약 8퍼센트를 차지한다. 적혈구 25조 개에 각각의 세포마다 헤모글로빈 분자 2억 7천만 개가 들어 있다. 헤모글로빈 하나는 산소 분자 4개를 운반할 수 있다. 적혈구 하나에 10억 개 이상의 산소 분자가 들어 있는 것이다. 보통 여성의 혈액량은 대략 5리터, 남성의 혈액량은 약 6.8리터다. 사람이 혈액량의 20%를 잃으면 출혈성 쇼크가 발생한다.

정맥은 푸른색이 아니다. 정맥에는 산소가 부족한 혈액이 흐르므로 짙은 적갈색을 띤다. 정맥이 푸르게 보이는 이유는 피부와 피하지방이 붉은빛을 산란시켜서 푸른빛만 정맥까지 도달하기 때문이다. 푸른색의 빛만 정맥까지 전달되므로, 반사되는 색 역시 푸른빛밖에 없어 정맥이 푸르게 보이는 것이다. 질식의 위험에 처한 사람은 '푸르게' 변하는데, 피부 아래의 혈액에 산소가 고갈되면서 일어난 빛의 산란 현상으로 인해서 몸에 푸른빛이 돌게 된다.

그렇다면 '푸른 피'는 어떤 사람을 가리킬까? 푸른 피blue blood는 스페인어의 '상그레 아줄sangre azul'을 직역한 것으로, 17세기 카스티야의 가장 유서 깊고 콧대 높은 가문을 뜻하는 표현이었다.

이 잘난 척하는 귀족들은 무어인, 유대인 등 다른 민족과는 절대 통혼하지 않겠다고 공언했다. 피부색이 더 짙은 평민들에 비하면 왕족들은 피부가 희고 창백한 편이었기 때문에 이런 표현이 유래했는지도 모른다. 이 용어는 이후에 유럽의 모든 귀족을 지칭하는 표현으로 쓰이게 되었다. 정맥과 피부의 푸른빛을 함께 묘사하는 은유였던 셈이다.

왕족들은 '햇빛이 닿지 않아 새하얀 피부색'이라는 관념을 선망했다. 햇볕에 탄 피부는 육체노동자라는 것을 나타내는 표시였다. 거의 반투명할 정도로 흰 피부는 왕족 이미지의 일부가 되었고 아름다움의 징표가 되었다. 또 다른 이론으로는 그들이 오직 은으로 된 잔으로만 와인을 마셨기 때문에 식기에서 침출된 성분으로 인해서 은 중독 현상이 발생했다는 설이 있다(그리스어로 은을 뜻하는 아기로스argyros가 그 어원이다). 은 중독에 걸리면 피부가 청회색으로 변하기도 한다.

푸른색의 피가 실제로 존재하기는 하지만 어디까지나 갑각류나 거미, 전갈, 투구게, 오징어, 문어, 또는 다른 연체동물의 경우에 한한다. 이들의 호흡 색소는 철이 함유된 헤모글로빈이 아니라 구리가 함유된 헤모시아닌이다.

뉴기니 도마뱀New Guinea lizard, 거머리 및 벌레worm의 피는 초록색이며 멍게 등 무척추동물의 피는 노란색이다. (망측한 이름을 지닌) 남근 벌레 등 다른 해양 무척추동물의 피는 보라색이다. 마지막으로 남극빙어crocodile icefish의 피는 투명하다.

대다수의 고대 문명에서 피는 신체의 각 부분으로 생명을 실어 날랐다. 신께 제물을 바칠 때 피는 심장에 버금갈 만큼 중요했다. 고대 바이킹은 제물로 쓰인 말의 피를 그릇에 모아서 제단과 의식에 참여한 사람들한테 퍼부었고, 마야인들은 사혈 의식을 통해서 모은 피를 신상神像에 칠했다. 심지어 오늘날도 마사이족의 젊은 청년은 성인식 때 황소의 피를 마신다.

제21장
심장의 전도 체계

고통은 전광석화처럼 심장에 도달한다. 하지만 진실은 빙하처럼 느리게 심장에 다다른다.

— 바버라 킹솔버, 『동물의 꿈*Animal Dreams*』

심장 전문의에는 배관공과 전기 기술자 두 부류가 있다.

— 빈센트 M. 피게레도, MD

나는 심장박동 이상이나 흔들리는 심장 리듬 등 심장에 전기적인 문제가 있는 환자들에게, 심장 전문의에는 흔히 '배관공'과 '전기 기술자', 이렇게 두 가지 부류가 있다고 말해준다. 이 비유에 따르면 나는 심장 배관공인데, 앞서 소개한 환자한테 필요한 의사는 심장 전기 기술자다. 이런 경우에는 순환기내과 동료 중에서 부정맥 치료를 전문으로 다루고 심박조율기pacemaker와 제세동기 defibrillator를 설치하는 전기 생리학자electrophysiologist에게 환자를 의뢰한다.

이탈리아의 물리학자인 카를로 마테우치Carlo Matteuci는 개구리의 심장을 다리 근육에 연결했는데 심장이 한번 뛸 때마다 근육이 경련을 일으킨다는 사실을 발견했다. 1842년에 그는 각각의 심장박동이 전류를 동반한다고 추측했다. 심장에는 자체적인 전도 체계가 있었던 것이다![1]

심장 근육에 전류가 퍼져나가지 않는다면 심장박동도 심장의 펌프 운동도 없었을 것이다. 작은 심박조율기 역할을 하는, 특화된 심장 세포에서 나오는 전기 임펄스가 나머지 심장의 근육세포 myocyte(근세포)를 자극해서 수축을 유발하고 인접한 근세포에 전기 임펄스가 전달된다. 근세포가 동시에 수축하면서 심장 근육 전체가 공동 작용하여 쥐어짜이고, 심장의 다음 방, 폐, 또는 전신에 도달할 수 있도록 효과적으로 혈액을 분출할 수 있게 된다.

심장에 있는 페이스메이커 세포자율박동세포의 전압은 (나트륨, 칼슘, 칼륨 등) 전하를 띤 이온이 세포벽을 넘나들면서 흐름에 따라 변화하는데, 전기 임펄스를 격발하는 문턱 전압voltage threshold, 전압 역치에 주기적으로 도달한다. 보통 사람이 휴식을 취하고 있을 때는 이런 일이 1~1.5초당 한 번씩 일어난다. 분당 평균 심박수(BPM)는 여성이 78회, 남성이 70회다. 갓 태어난 아기의 심박수는 130 BPM이다. 코끼리의 심박수는 25 BPM이고 카나리아의 심박수는 1.000 BPM이다.

인간의 심장 전도 체계는 분당 약 75회, 시간당 4,500회, 하루에 10만 8천 회, 일 년에 3,940만 회, 그리고 일생에 해당하는 80년 동안 30억 회 이상 순환한다.

더 놀라운 사실은 대개 심장의 전도 체계가 평생 어김없이 작동한다는 점이다. 20세기 중반 이전까지는 심장의 자체적인 심박조율 기능이 멈추는 순간 그 사람의 삶도 멈추는 게 순리였다. 하지만 이제는 성냥갑과 비슷하거나 그보다 더 작은 심박조율기 덕분에 인간의 수명이 연장되었다(심지어 지금은 비타민 알약 크기만큼 작은 심박조율기도 있다). 심박조율기를 이식받는 환자의 평균 연령은 75세다. 심장 본연의 심박조율기는 75년 또는 그 이상까지 작동하지만, 대다수의 인공 심박조율기는 배터리 지속 기간이 고작 6~10년에 불과해서 교체가 필요하다. 이에 대한 대안으로 과학자들은 이식이 가능한 생물학적 심박조율기 세포를 연구하고 있다.

제22장
심전도란?

1887년 아우구스투스 윌러Augustus Desiré Waller는 애완견 지미의 심장 전기 활동을 측정했다. 심장의 전도 체계에 관한 강의에서 그는 지미의 발을 소금물이 담긴 통에 담근 뒤, 통 자체에 전위계를 연결했다(그림 22.1). 전위계는 움직이는 기차 모형에 고정된 사진건판에 심장박동 이미지를 투사했다. 그 결과 물결 패턴의 그래프가 나타났는데, 그는 이것을 전기기록도electrogram(전기곡선도)라고 불렀다. '심장으로부터 온 전보telegram'라는 뜻이었다. 비록 조악한 수준이기는 했지만, 이는 심장의 전도 체계에 대한 최초의 기록이다.[1]

심장이 뛰는 이유는 심장 근육세포가 리드미컬하게 수축하기 때문이다. 심장에 있는 심박조율 세포가 근육세포로 전기 임펄스를

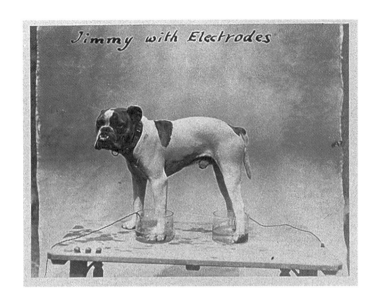

그림 22.1 전극이 부착된 애완견 지미.

보낸다. 여기서 발생하는 전류는 측정할 수 있을 만큼 강하다. 그 결과로 발생한 신호를 움직이는 종이 위에 기록한 것을 심전도 ECG, electrocardiogram라고 한다(요즘에는 컴퓨터 스크린으로 확인하기도 한다). 일반적으로 심전도를 뜻하는 **EKG**는 독일어 '엘렉트로카르디오그람elektrokardiogramm'의 약자다. 엘렉트로Elektro는 그리스어로 '호박琥珀'을 뜻하는 단어에서 유래했는데, 그 당시의 사람들은 호박에 전기와 마찬가지로 끌어당기는 힘이 있다고 믿었다. 카르디오kardio는 그리스어로 '심장'을 의미하는 단어에서,

그람gramm은 '그림'이나 '글'을 가리키는 단어에서 비롯되었다.

'심전도'라는 용어를 최초로 사용한 사람은 빌럼 에인트호번 Willem Einthoven이다. 그는 1902년에 지금 우리가 알고 있는 현대의 심전도와 유사한 '최초의 심전도'를 발표했다. 에인트호번은 심전도상의 '굴곡'과 관련해서 월러가 사용한 용어(A, B, C, D, E)를 쓰고 싶지 않았다. 그래서 대신에 P, Q, R, S, T, U를 사용했고 이 용어 체계가 오늘날까지 이어졌다. 그는 단선 검류계string galvanometer라는 기기를 활용해서 심장 근육의 전기 활동을 정확하게 측정하는 방법을 고안해냈다. 이 심전도 기계에는 길고 매우 가늘고 은으로 코팅된 유리사琉璃絲가 여러 개 달려 있었는데, 이는 심장에서 생성되는 전기를 전달했다.

에인트호번은 가는 유리사를 만들기 위해서 녹인 유리를 화살에 부착한 후 실험실 저편으로 쏘았다. 그러면 유리가 늘어나서 극히 가는 선을 얻을 수 있었다. 그런 다음에는 은으로 코팅한 선을 강력한 자기장 안에 두었다. 전도 작용을 향상하기 위해서 환자의 양팔과 왼쪽 다리를 식염수가 들어 있는 병에 넣고 여기에 선을 연결하면 자석으로 인해서 선이 심장의 전류에 따라 다양한 각도로 구부러졌다. 이러한 전기 변위displacement가 사진 건판에 투사되어 뾰족한 스파이크 모양의 그래프가 만들어졌다. 에인트호번의 초기 심전도 기계는 무게가 270킬로그램이 넘었기에 작동하는 데만 다섯 명의 기사가 필요했다. 또한 전자석의 과열을 방지하기 위해서 계속해서 물로 식혀야만 했다. 오늘날 의사의 진료실에 있는 심전도 기계는 무게가 수백 그램 정도에 불과하며, 오늘날 우리가 흔히 사용하는 스마트 워치에 이르러서는 전혀 무게를 느끼지 못한다.

1905년에 에인트호번은 병원에서 1.5킬로미터 떨어져 있는 자신의 실험실까지 전화 케이블을 통해서 심전도를 전송하기 시작했다. 이는 역사상 최초의 원격 의료인 셈이다! 그는 심전도계 electrocardiograph를 발명한 공로를 인정받아 1924년에 노벨 생리학·의학상을 수상했다. 찰스 다윈의 막내아들인 호레이스 다윈이 이끄는 케임브리지 사이언티픽 컴퍼니는 1930년대까지 상업화된 심전도 기계를 생산 및 판매하던 여러 제조사 중 하나였다.

심장의 전도 체계는 펌프 활동을 극대화할 수 있도록 구성되어 있다. 심장의 주된 페이스메이커는 우심방 상단에 있는 동방결절洞房結節, sinoatrial node이다(그림 22.2). 동방결절은 초당 1~1.5회의 전기 임펄스를 리드미컬하게 전송한다. 전기 임펄스는 일단 우측 심방과 좌측 심방을 통해서 전달되며 심장 근육세포의 수축을 유발한다. 그러면 심방이 혈액을 쥐어짜서 심실로 보낸다. 심방에서 비롯된 전기 신호는 심방과 심실 사이에 있는 또 다른 페이스메이커인 방실결절房室結節, atrioventricular node로 전달된다. 방실결절은 심실에 혈액이 가득 찰 때까지 전기 임펄스를 지연시킨다. 그런 다음에 심실의 심장 근육세포로 전기 임펄스를 전달해서 혈액이

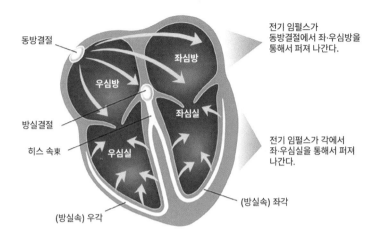

동방결절

좌심방

우심방

방실결절

히스 속束

좌심실

우심실

전기 임펄스가
동방결절에서 좌·우심방을
통해서 퍼져 나간다.

전기 임펄스가 각에서
좌·우심실을 통해서 퍼져
나간다.

(방실속) 좌각

(방실속) 우각

그림 22.2 심장의 전기 전도 체계.
출처: 저작권 ⓒ 2022 UpToDate, Inc.

대동맥과 폐동맥으로 분출될 수 있게 한다.

이제 우리는 심장의 기능을 유지하는 전도 체계가 존재하고 이를 심전도로 기록할 수 있다는 사실을 알게 되었다. 그렇다면 외부에서 전기 자극을 가하면 뛰지 않는 심장을 다시 살릴 수도 있지 않을까? 1775년에 덴마크의 물리학자 니콜레우 아빌드가르 Nickolev Abildgaard는 닭의 머리 양옆에 전극을 부착한 뒤 전하를 가했고, 그 결과 닭이 쓰러져 죽었다. 닭의 몸에 여러 차례 방전해보아도 소용이 없었다. 그런데 전극을 가슴으로 옮겨 연결하자 비로소 효과가 나타났다. 가슴에 전기가 방전되자 닭이 두 발로 다시 일어섰고 비틀거리면서 걸었다. 역사상 최초의 심장 제세동除細動, defibrillation이 탄생하는 순간이었다!

프로이센의 박식가 알렉산더 폰 훔볼트Alexander von Humbolt는 1792년에 죽은 핀치finch(참새과의 작은 새—옮긴이)의 부리와 직장에 은 전극을 삽입한 후 전류를 흘려보내서 소생을 시도해보았다. 새는 눈을 뜨고 날개를 파닥거리더니 몇 분 후에 다시 사망했다. 나중에 훔볼트는 자기 몸에 직접 똑같은 실험을 해보기도 했는데, 썩 좋은 결과를 얻진 못했다.

독일의 의사인 후고 폰 침센Hugo von Ziemssen은 1882년에 한 여성 환자(46세)를 진찰했는데, 과거에 흉부의 종양을 제거해서 심장이 얇은 피부층을 통해서 노출된 상태였다. 그는 심장 표면에 전기 임펄스를 가하면 이 환자의 심장박동을 바꿀 수 있다는 사실을 알게 되었다. 그녀는 비록 전기 자극을 느끼지는 못했지만 심장이 더 빨리 뛰는 것을 알 수 있었다.

심장 전문의인 앨버트 하이먼Albert Hyman은 심장박동이 전기적 현상이라는 사실을 깨달았고, 심장이 멈췄을 때 환자의 흉부와 우심방을 금으로 도금한 바늘로 찔러서 심장에 충격을 가하는 기법을 개발했다. 심장에 점프 시동을 거는 방법이 효과가 있던 것이다! 하이먼이 1932년에 고안한 기기는 그가 '인공 페이스메이커

(심박조율기)'라고 부른 수동 모터에 의해 구동되었으며, 이 용어는 오늘날까지도 널리 쓰이고 있다.

전기 엔지니어였던 윌슨 그레이트배치Wilson Greatbatch는 전도 체계가 고장 난 심장의 심박을 조율할 방법을 생각해냈고 1960년 무렵에는 이식형 심박조율기가 탄생했다. 그 후 1980년에는 미셸 미로브스키Michel Mirowski가 최초의 자동 제세동기를 개발하고 이식했다. 이제 어디에서든 환자에게 충격을 가함으로써 심실빈맥ventricular tachycardia 등 치명적인 부정맥의 위험에서 벗어나게 할 수 있게 되었다.

내가 아는 환자 중에는 취미로 사슴 사냥을 하는 사람이 있다. 하루는 그가 깊은 숲속에서 제세동기의 충격으로 인해서 바닥에 쓰러졌다. 그는 간신히 몸을 일으킨 다음에 트럭까지 걸어가서 몇 킬로미터나 되는 숲길을 지나 운전한 뒤 근처의 병원에 도착했다. 제세동기를 이식한 덕분에 그는 목숨을 구할 수 있었다. 지금도 그는 병원이나 사람들한테서 멀리 떨어진 숲에 자주 가곤 한다.

제23장
혈압이란?

의사들이 그러는데 오늘 아침에는 혈압이 너무 낮아서 이제 신문을 읽어
도 된다는군.

— 로널드 레이건

멕시코 막시밀리안 황제의 시의로 잘 알려진 오스트리아-유대
인 의사 사무엘 지크프리트 칼 리터 폰 바시는 1891년에 혈압계
sphygmomanometer를 발명했다.[1]

그리스어로 스피그머스Sphygmos는 '맥박'을 뜻하고 마노스
manos는 '가는', '드문', 메트론metron은 '측정'을 가리킨다.

혈압은 전신에서 혈액이 동맥의 내부에 가하는 압력이다. 심장
이 뛰면 동맥지를 통해서 혈액을 밀어내려는 압력이 발생한다. 산

소포화도가 높은 혈액을 (각막을 제외한) 인체의 모든 세포에 전달하기 위해서다. 심박 사이에 심장이 이완될 때 동맥혈에 의해 발생하는 압력을 이완기diastolic, 확장기 혈압이라고 한다('분리한다'는 뜻의 그리스어에서 유래했다). 심장이 혈액을 분출할 때 가해지는 압력은 수축기systolic 혈압이라고 부른다('한데 끌어모으다'라는 뜻의 그리스어가 어원이다). 심장박동 1회로 생겨난 압력은 혈액을 9미터나 공중으로 치솟게 할 수 있다.

사람의 정상 혈압은 수축기 혈압 120mmHg 이하, 이완기 혈압 80mmHg 이하로, 120/80으로 표기한다. 개의 혈압은 130/75, 고양이의 혈압은 130/80가 정상이다. 쥐의 혈압은 120/70, 말의 혈압은 110/70, 코끼리의 혈압은 180/120이다. 정상 혈압이 가장 높은 포유동물은 기린이다. 심장과 뇌 사이의 거리가 6피트나 되므로 기린의 혈압은 280/180이다.

미국 성인 인구의 거의 절반, 그리고 세계 인구의 1/4이 고혈압 환자다.[2] 고혈압은 수축기 혈압과 이완기 혈압이 건강한 사람의 적정 혈압 수치인 120/80을 계속해서 초과하는 경우를 말한다. 최초의 징후가 생명을 앗아가는 뇌졸중 또는 심장마비일 수 있으므로 고혈압을 '침묵의 살인자'라고 부르기도 한다. 고혈압의 원인으로는 부모로부터의 유전, 나이, 비만, 흡연, 음주, 염분, 신체활동 부족, 당뇨병, 신장병 등이 있다.

상승한 혈압이 동맥 내벽에 작용하면 시간이 흐름에 따라 그 힘과 마찰로 인해서 손상이 발생한다. 손상된 동맥 내벽에 콜레스테롤이 침착해 죽상경화반atherosclerotic plaque이 형성된다. 장기적으로 고혈압을 치료하지 않고 방치하면 심장마비, 심부전, 뇌졸중, 신부전, 말초동맥질환, 성기능장애 등을 초래할 수 있다.

고혈압이 유발하는 결과에 대해서는 고대인들도 이미 알고 있었다. 고대 이집트, 중국, 인도의 의학 문헌에는 '경맥硬脈과 도약맥' 사례가 언급되어 있다. 이러한 증상을 보이는 환자들은 오래 살지 못했다. 이에 대한 치료법으로는 사혈 또는 거머리의 흡혈 작용을 통해서 압력을 낮추는 방안이 권고되었다.

프랭클린 루스벨트의 사례는 고혈압을 치료하지 않고 방치할 경우 발생할 수 있는 최악의 상황을 전형적으로 보여준다.[3] 1933년에 대통령 임기를 시작할 당시 루스벨트의 혈압은 오늘날의 권고 기준에 따르면 약 140/90mmHg으로 이미 경증 고혈압 증상이 있었다. 1944년 무렵에는 혈압이 200/120mmHg까지 상승했고 심부전 증상이 나타났다. 얄타 회담에서 루스벨트의 혈압은 250/150mmHg이었다. 확연하게 천명음喘鳴音(쌕쌕거리는 호흡음—옮긴이)이 들렸고 라디오 연설에서 문장을 제대로 끝맺지 못했다. 이런 정황은 심부전이 심각한 상태임을 시사했다. 일부 역사가들은 스탈린이 병으로 쇠약해진 루스벨트 대통령을 이용해서 동유럽의 운명을 결정지었다고 믿고 있다. 1945년 4월, 루스벨트는 초상화 제작을 위해 모델로 앉아 있다가 갑자기 평생 처음 경험하는 최악의 두통을 호소하더니 의식을 잃고 쓰러졌다. 마지막으로 측정한 혈압은 350/195mmHg이었고 그는 뇌출혈로 사망했다. 혈관이 파열되어 뇌 안에 출혈이 발생한 것이다. 루스벨트의 입장에서는 안타깝게도, 1950년대에 들어서야 비로소 효과적이고 안전한 최초의 혈압강하제가 시판되었다.

왜 고혈압은 지금도 '본태성本態性, essential' 고혈압으로 불리는 걸까? 심장마비와 뇌졸중 이외에, 혈압의 상승은 대체 어떤 경우에 필수적essential이라는 걸까? 20세기 초의 의사들은 죽상동맥경화증으로 인해서 동맥이 일단 경직되기 시작하면 뇌, 신장 등 핵심 기관에 혈액을 관류하기 위해서는 혈압 상승이 필요하다고 생각했다. 의학계의 거장인 윌리엄 오슬러 경은 1912년에 이렇게 말했다. "추가적인 압력은 필수 불가결하다. 낡고 퇴적물이 쌓인 간선 수로와 잡초가 무성한 수로가 있는 관개 시스템에서처럼 순전히 역학적인 문제다."[4] 이제 우리는 이 주장이 사실이 아님을 잘 알지만, 용어가 바뀔 기미는 아직 보이지 않는다.

고혈압 치료는 그동안 내가 의사로서 직업적인 흥미를 느껴온 분야다. 나는 고혈압의 기저에 있는 메커니즘을 이해하고, 고혈압을 더 잘 치료하는 '고혈압 전문의'가 되기 위한 교육을 받았다. 치료를 시작할 때 내가 맡은 환자들은 하나같이 이렇게 말했다. "몸이 안 좋은 느낌이 들지 않는데요." 내 역할은 고혈압이 심장마비, 심부전 및 뇌졸중에 어떤 영향을 미치는지를 환자들이 이해할 수 있도록 돕는 것이다. 환자들은 우리가 그들의 혈압을 '치료하면' 실제로 얼마나 더 몸이 나아진 기분이 드는지 체험하고는 깜짝 놀라곤 한다. 내가 환자들의 건강 수명을 늘리는 데 조금이나마 기여했다는 생각이 들어서 기쁘다.

혈압을 낮추면 심장마비의 위험이 25퍼센트 감소하고 뇌졸중의 위험은 35퍼센트, 심부전의 위험은 50퍼센트 줄어든다.[5] 그러니 미국 심장 협회가 강조하는 것처럼 평소에 본인의 혈압 수치를 알아두고 중요한 변화를 이루어내기를 바란다!

제24장
심부전이란?

인간의 마음은 애정의 오르막길을 지날 때는 가끔 멈춰서 쉬어간다. 그러나 내리막길에서는 거의 멈추는 법이 없다.

— 오노레 드 발자크, 「고리오 영감」(1835)

어머니의 마음은 깊은 심연과 같아서, 그 밑바닥에는 언제나 용서가 있다.

— 오노레 드 발자크

나폴레옹 보나파르트가 물러난 후 프랑스인들의 삶을 그린 『인간 희극La Comedie Humaine』을 쓴 19세기 프랑스의 소설가이자 극작가인 오노레 드 발자크는 '울혈성 심부전'을 앓았다.[1] '문제가 있는' 심장 때문에 발자크의 몸에는 체액이 축적되었고 다리의 부종이 극심해졌다. 그의 친구인 빅토르 위고(『레미제라블』, 『노트르담의 꼽추』)는 발자크의 다리가 소금에 절인 라드lard(돼지비계를 정제한 반고체 형태의 기름—옮긴이)를 닮았다는 글을 적기도 했다. 의사들은 부종이 심한 다리에서 체액을 빼내려고 늘어난 피부를 통해서 금속으로 된 관을 찔러넣었다. 피부는 이미 봉와직염蜂窩織炎, cellulitis에 걸린 듯했다. 이내 괴저壞疽, gangrene가 발생했고 얼마 지나지 않아 발자크는 51세를 일기로 사망했다.

감염, 화학적 손상, 외상, 혈액 공급 부족 등 무수한 병인病因이 신체 기관에 손상을 입힐 수 있다. 최종적으로 흔히 발생하는 결과는 간부전, 신부전 등 장기 부전이다. 여기서 상황이 악화하면 다발성 장기 부전이 일어나게 된다.

심부전은 어떤 이유에서건 펌프의 순조로운 작동이 중단될 때 발생한다. 가장 흔한 원인으로는 죽상경화성 관상동맥질환 및 이에 따른 심장마비를 들 수 있는데, 알코올 남용, 바이러스 감염, 심장 판막 문제, 일부 화학요법 등 다른 원인도 존재한다(물론 이 밖에도 많은 원인이 있다). 펌프에 문제가 생기면 혈압이 낮아져서 전신의 세포들까지 전달되는 혈류가 감소한다. 산소포화도가 높은 혈액을 계속해서 세포와 조직으로 보내려면 우리 몸은 혈압을 높여야만 한다. 심장박동을 증가시키고 신장이 체액을 보유하게 만드는 호르몬이 분비된다. 혈류량을 늘려서 혈압을 높이기 위해서다. 이런 방법이 일시적으로는 효과가 있지만 점차 체액이 축적되고 조직으로 스며들면서 몸에 '울혈'이 생긴다. 그래서 울혈성 심부전이라는 병명이 붙었다.

결국 우리 몸은 체액으로 가득 차게 되고, 복부와 폐뿐만 아니라 발자크의 사례처럼 다리의 부종이 특히 심각해진다(중력의 영향 때문이다). 이러한 최종 결과를 잠시나마 방지하기 위한 의약품이 그동안 개발되었으나, 심장을 치유하지 않으면 울혈은 계속 진행된다(심장을 치유하는 것이 가능할 때도, 이미 너무 늦어버린 때도 있다).

21세기에는 심부전 증상과 사망을 줄일 수 있는 새로운 치료법이 존재한다. 심실보조장치와 심장 이식은 이제 일상이 되었다. 문제가 생긴 심장에 건강한 세포를 주입해서 근육을 재건하는 방안에 대한 연구가 현재 진행되고 있으며 의사-과학자들은 이종異種 장기 이식xenotransplantation을 연구하고 있다(돼지 등 다른 동물의 심장을 인간에게 이식하는 것이다).

아마도 세상에 알려진 심부전 사례 중에서 가장 오래된 것은 3,500여 년 전 파라오 투트모세 3세의 치세에 살았던 이집트 고관 네비리의 경우일 것이다(기원전 1424년).[2] 1904년에 룩소르 왕비의 계곡의 약탈당한 무덤에서 처음 발견된 네비리의 머리와 각종 신체 기관은 카노푸스의 단지canopic jar(미라를 만들 때 장기 보관에 사용한 단지—옮긴이)에 담겨 있었는데, 이를 분석한 결과 그가 사망 당시에 45세에서 60세였다는 사실을 알 수 있었다. 그의 폐를 검사해보니 폐의 기강氣腔에 체액 축적이 확인되었는데, 이는 폐부종과 심부전을 시사한다.

14세기에 지금 우리가 울혈성 심부전으로 알고 있는 질병인 '수증水症, dropsy'은 사실상 인생의 끝이 임박했다는 것을 의미했다(이 단어는 '물'을 뜻하는 그리스어 하이드롭스hydrops 또는 하이드로hydro에서 파생된 고대 프랑스어 히드롭시에hydropsie에서 유래했다)[3]. 몸이 부은 환자들은 결국 폐에 축적된 체액으로 인해서 익사하거나 부종이 생긴 다리에 감염이 발생해서 죽었다. 심장에 문제가 생긴 것이 원인이라는 사실은 아직 알려지지 않았다.

우선 의사-과학자들은 혈액 순환 및 전신의 각 부분에 혈액을 전달하는 데 있어서 심장이 담당하는 역할이 무엇인지를 이해할 필요가 있었다. 고대 이집트인과 중국인들, 그리고 인도인들이 최초로 그런 의견을 제시했다. 순환 개념은 체내의 혈액을 관리하는 데 있어서 심장이 맡은 역할을 이해하기 위한 첫 단계다. 17세기에야 비로소 자신의 목숨을 걸고 교회의 교리에 반대한 윌리엄 하비가 등장했는데, 그는 펌프로서의 심장이 순환과 관련하여 어떤 역할을 하는지에 대해서 설명했다.

제25장
'관상동맥혈전'이란?

알다시피 예전에 나는 심장을 두근거리게 만드는 사람이었지만 이제는
관상동맥혈전 신세가 되었네.

— 데이비 존스, '몽키스'의 멤버

기원전 6세기의 고대 아유르베다 문헌인 수슈루타 삼히타에는
'심장의 가시hritshoola'라고 적혀 있고 그리스인들은 '심장의 번개'
라고 불렀던 이 질병은 1768년에 윌리엄 헤버든이 최초로 '협심
증angina pectoris'이라는 명칭을 붙였다. 오늘날에는 '관상동맥혈전
이 있다having a coronary'는 표현을 종종 쓴다. 관상冠狀, coronary이
라는 단어는 '왕관'을 뜻하는 라틴어 코로나리우스coronarius에서
유래했다. 관상동맥은 여왕이나 왕의 머리 위에 놓인 왕관처럼 심
장을 에워싸고 있다.

심장 근육에 산소포화도가 높은 혈액을 공급하는 관상동맥은 고대의 폐어肺魚에도 있었다. 관상동맥은 모든 종種의 심장에 산소와 영양분을 공급한다. 포유류와 조류의 관상동맥은 크기가 더 크다. 또한 모든 심장 근육세포로 흘러 들어가는 관상동맥의 촘촘한 분지(세동맥과 모세혈관) 역시 더 크다. 심지어 1억 년 전의 폐어도 관상동맥이 두 개였는데 이는 현대의 인간과 마찬가지다. 관상동맥의 개수를 늘리는 것보다 관상동맥과 그 가지들의 크기를 확대하는 편이 진화하기에 더 수월했다.

좌관상동맥과 우관상동맥은 대동맥판막 바로 위에서 대동맥으로부터 갈라져 나온다. 이 두 개의 동맥은 더 가는 동맥으로 갈라져 심장 근육 전체에 산소와 영양분을 전달한다(그림 25.1). 만약 이 중 어느 한 곳이 동맥경화증(콜레스테롤 플라크)과 혈병으로 폐색되면 그 동맥과 연결된 심장 근육 부위가 괴사하게 된다. 그래서 급성 심근경색Myocardial infarction, MI 또는 '심장마비'에 '관상동맥혈전이 있다'는 표현을 종종 사용하는 것이다. 환자는 흉통과 호흡 곤란을 호소하며, 심실세동 Ventricular fibrillation, Vfib 등 심장 리듬의 위험한 변화로 인해서 돌연사가 발생하기도 한다. 심장마비 환자가 목숨을 건지더라도 빠른 시간 내에 관상동맥을 개통하지 않으면 심장 근육의 해당 부위에 돌이킬 수 없는 반흔조직瘢痕組織, scar tissue이 형성된다. 오늘날 남녀를 막론하고 전 세계 성인 인구의 1/3 이상이 심혈관계 질환, 특히 심장마비로 사망한다. 관

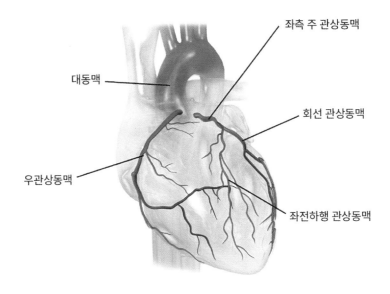

그림 25.1 관상동맥.
출처: BruceBlaus / 위키미디어 공용 / 퍼블릭 도메인

상동맥혈전이 있는 사람이 이렇게 많은 까닭은 무엇일까?

놀라운 것은 1953년에 한국전쟁에서 전사한 젊은 미국 군인들을 부검한 결과 관상동맥에서 상당한 콜레스테롤 플라크 축적이 발견되었다는 점이다.[1] 병사들의 평균 연령은 22세였다. 이러한 사실은 그 이후에 (평균 연령이 26세인) 베트남전쟁의 사상자들[2]과 (중위 연령이 20세인) 젊은 변사자들[3]을 연구한 결과 확증되었다. 그들은 앞길이 창창했던 어린 청년들 아닌가! 이처럼 실제로는 아직 어린 10대 시기부터 얼마든지 관상동맥의 내벽에 지방선조脂肪線條, fatty streak가 형성될 수 있다고 한다. 현대인들의 식습관 때문에 지방선조는 석회화된 콜레스테롤 플라크plaque로 변해서 동맥 내벽에 계속 축적된다. 1912년 의사인 제임스 헤릭은 이러한 현상을 가리켜 '동맥경화'라고 지칭했다.[4] 이 콜레스테롤 플라크는 동맥 내벽에 붙어 있는 화산이 되어서 언젠가 분화할 날이 오기를 기다린다. 플라크의 딱딱한 석회 부분에 금이 가서 그 안에 있는 지방 성분인 콜레스테롤이 혈액 안으로 유출되면, 본래 상처가 났을 때 출혈 과다를 방지하고 우리 몸을 보호하기 위한 인체의 응고 체계가 오작동해서 활성화된다. 흐르는 혈액 안의 혈소판이 급속도로 혈병血餠을 형성하는데, '관상동맥혈전coronary thrombosis'이라고 불리는 이 혈병이 심장마비를 유발한다.

1878년에 애덤 해머라는 의사가 관상동맥혈전을 최초로 발견했다. 그는 어느 환자의 심장이 관상동맥 폐색으로 인해서 멈춘 것 같다고 생각했다. 부검을 해본 결과 젤리 형태의 혈전 응괴 때문에 실제로 관상동맥이 막혀 있었다. 미국의 드와이트 아이젠하워 대통령은 1955년에 골프를 치던 도중에 관상동맥혈전이 발생해서 입원하게 되었다. 문제는 1956년에 그가 재선에 출마했다는 점이었다. 아이젠하워의 주치의들과 참모진은 상황의 심각성을 감추기 위해서 대통령에게 단지 '경미한 관상동맥혈전'이 발생했다고만 공표했다. 대통령은 차에서 내려서 병원까지 문제없이 걸어가는 모습을 일부러 보여주었고 사람들은 그가 괜찮아 보인다고 생각했다. 그 덕분에 아이젠하워는 재선에 성공할 수 있었다.

'관상동맥혈전이 안 생기게 해라don't have a coronary'는 표현은 1960년대에 처음 쓰이기 시작했다. '진정해라' 또는 '심장마비에 걸리지 마라'는 뜻과 같았다.

심장 전문의로 일하면서 가장 긴장되고 동시에 흥분되는 순간은 급성 심근경색 환자가 발생해서 응급실로 호출될 때다. 환자는 대부분 두려움에 떨고 있지만, 사실 나도 환자 생각에 두렵기는 마찬가지다. 얼마 전에는 한 환자가 이렇게 물었다. "저한테 관상동맥혈전이 생겼나요?"

이번 장은 그 환자와 이야기를 나눈 결과물이기도 하다. 아마도 그 환자는 의사인 나와 이야기할 수 있는 게 얼마나 다행스러운 일인지 잘 몰랐을 것이다. 심장마비로 사망하는 사례의 절반이 병원에 도착하기 전에 발생하기 때문이다. 나의 임무는 신속하게 환자들을 안정시키고 혈전이 발생한 관상동맥을 최대한 빨리 개통하는 것이다. 시간이 갈수록 손상은 심해진다.

제26장
성별, 인종, 민족과 심장질환

모든 인간은 유전학적으로 놀라울 만큼 서로 유사하다. 비슷한 부분이 무려 99.9퍼센트에 달한다. 그렇다면 과연 민족이나 인종에 따라 심장질환이 더 걸리거나 덜 걸리기도 할까? 남자가 심장마비로 사망할 확률은 여자보다 더 높을까? 2016년 4월 29일자 TED 강연에서 물리학자 리카르도 사바티니는 인간의 유전 암호 전체를 26만 2천 페이지 또는 175권의 커다란 책에 수록할 수 있다고 언급했다. 이렇게 방대한 분량에서 사람마다 각기 다른 부분은 고작 500페이지에 불과하다. 만약 지적인 외계 생명체가 인간을 찾아낸다면 아마도 우리가 모두 형제자매라고, 심지어 다태아 쌍둥이라고 생각할 가능성이 크다. 우리 인간들이 모두 그렇게 생각할 수 있다면 얼마나 좋을까?

인종과 민족은 사회적 구성물social construct이며 사실상 생물학적이거나 유전학적인 토대는 거의 없다. 하지만 대개 이런 용어들은 피부색, 출생국가 등 뚜렷하게 구분되는 외모의 특징을 공유하며 조상이 아프리카, 아시아 또는 유럽에 기원을 둔 사람들을 가리킬 때 쓰인다. 과연 유전적인 요인으로 인해서 특정한 인종이나 민족이 심장질환에 걸릴까? 다음과 같은 차이들을 고려해보자. 미국의 흑인들은 비 히스패닉계 백인에 비해 고혈압이 더 빨리 발병하거나 심장질환 및 뇌졸중으로 사망할 가능성이 30퍼센트 더 높았다.[1] 아메리카 원주민의 대다수가 심장질환으로 사망하는데, 그중 36퍼센트가 65세 이전에 사망한다.[2] 히스패닉계 미국인과 아시아계 미국인은 비 히스패닉계 백인들보다 당뇨병의 유병률이 현저하게 더 높았다.

유전이 심장질환의 위험에 다소 영향을 줄 수는 있지만 향후 심장마비를 겪게 될 대다수 사람에게는 생활 습관과 환경이 주요 결정요인으로 작용한다. 심장질환은 전 세계 대부분의 인종과 민족집단의 주요 사망원인이다. 그런데 심장질환의 위험에 영향을 주는 잠재적인 유전적 차이가 과연 존재할까? 아니면 여기에 영향을 미치는 다른 요인들이 있을까?

심혈관계 질환은 서양에서 가장 흔한 사망원인이다(가장 예방하기 쉬운 사망원인 중 하나이기도 하다).[3] 아시아, 중앙아메리카 및 남아메리카, 아프리카의 경제적 발전은 생활 습관의 변화와 환경 노출로 이어졌으며, 이와 더불어 심장질환으로 인한 사망자 수가 급증하는 추세다. 심혈관계 질환으로 인한 사망자 수는 매년 전 세계 총 사망자 수의 32%를 차지한다(지난 10년간 17% 증가한 수치다).[4] 비만, 스트레스, 건강에 해로운 생활 습관 등 새로운 위험 요인 전 세계에서 심장 관련 질환이 증가하는 원인으로 작용하고 있다(그림 26.1). 인종과 상관없이 조기 심장마비와 뇌졸중의 80퍼센트는 예방할 수 있다.[5] 따라서 심혈관계 질환의 위험 중 약 20%만이 유전적 요인에 해당한다고 할 수 있다.

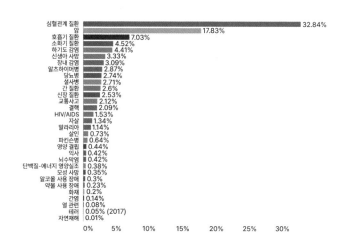

그림 26.1 세계의 주요 사망원인(2019)

출처: Our World in Data 제공.

미국에서 심혈관계 질환은 흑인과 백인의 잠재수명연수 격차 원인의 약 3분의 1을 차지한다. 아마도 흑인이 고혈압에 걸리기 쉬운 유전적 소인이 영향을 미쳤을 것이다. 적도 아프리카에 살던 사람들은 염분에 상대적으로 민감한 유전적 성향을 지니게 되었다는 연구 결과도 있다. 다시 말하면 체내에 더 많은 나트륨을 보유한다는 뜻이다. 그러면 혈액량이 증가하게 되고, 그 결과 혈압이 상승한다. 염분에 민감하면 그만큼 체내에 수분이 보존되므로 뜨겁고 건조한 기후에서는 유리하게 작용할 수 있다. 그러나 여러 세대를 거친 후에 현재 미국에 살고 있는 후손들은 현재의 기후와 식습관에 비해 염분 민감성이 여전히 지나치게 높다. 고혈압의 조기 발병은 뇌졸중이나 심장마비의 조기 발병으로 이어질 수 있다. 이를 토대로 미국의 특정한 인종과 민족은 심장질환의 조기 발생 및 심장질환의 위험성 증가의 원인이 되는 유전적 소인과 (식단, 운동 부족 등) 행동 습관을 모두 갖추고 있다는 결론을 내릴 수도 있다. 그러나 단지 이것만으로는 실제로 심혈관계 질환의 격차를 부추기는 요인이 무엇인지를 설명할 수 없다.

미국과 전 세계에서 여러 인종과 민족의 소수집단 인구는 심혈관계 질환의 진단과 치료와 관련하여 더 많은 장벽에 직면하고 있으며, 그 어려움에 비해 저품질의 치료를 받고 있다. 따라서 백인들에 비해서 열악한 건강 성과를 경험한다.[6] 여러 격차는 소득, 교육 수준, 치료에 대한 접근성 등 다양하고 복합적인 요인들과 연관이 있다. 또한 언어의 차이와 문화적 신념 및 관습도 고품질의 치료에 대한 접근성과 건강 추구 행위health-seeking behavior, 건강 생활 습관에 영향을 미친다.

간단히 말하자면, '결국 유전적 암호보다 집 주소가 심장 건강에 더 영향을 미친다'는 것이다. 한 사람이 사는 동네와, 그 동네가 얼마나 안전한 느낌을 주는지는 운동을 하고 건강한 음식을 섭취하는 능력에 영향을 미칠 수 있다. 저소득층이 모여 사는 동네는 신선한 음식이 메말라버린 사막과 같은 곳일 수도 있다. 이곳에서는 몸에 이롭고 신선한 음식을 구할 수 없으며, 그에 비해 건강에 안 좋은 패스트푸드는 너무도 저렴할 것이다.

이러한 동네에 사는 사람에게 의사가 더욱 건강한 음식을 먹고 산책을 즐기라고 권한다면, 이는 근본적인 환경적 요인 및 이와 관련된 스트레스 요인을 무시한 처방일 것이다. 게다가 동네가 안전하지 않다는 느낌을 충분히 주지 못함으로써 일상에서 스트레스를 겪고, 그에 따라 스트레스 관련 호르몬이 증가할 수도 있다. 건강하지 못한 음식과 스트레스는 모두 심장질환 사건이 증가하는 대표적인 원인으로 알려져 있다. 소수집단에 대한 심장질환의 위험을 평가하고 이에 대처하는 데 있어서, 그들의 일상에 축적되어온 부담에 대한 고려는 다소 지나치게 이루어지지 않았다.

심장질환 비율 및 발병 연령과 관련된 대부분의 차이점, 그리고 당뇨병, 흡연, 비만 등 위험 요인의 파급 증가는 사회경제적 지위, 물리적 환경, 고용 형태, 치료에 대한 접근성, 사회적 지원 등과 관련이 있다. 건강의 사회적 결정요인이 다른 어떤 건강 분야보다도 심혈관계 위험 요인의 상당히 큰 부분을 차지하는 셈이다.

따라서 이러한 격차가 심장질환과 관련된 대다수의 차이점을 초래한 원인인지를 판단하려면 우선 모든 사람에게 고품질의 의료서비스에 대한 접근성을 보장할 필요가 있다. 이는 의료형평성을 실현하는 데 절대적으로 필요한 조건이다. 이 같은 소수집단 구성원들의 건강 증진을 위해서는 문화적으로 세심한 예방적 심장 치료 프로그램과 식품 조달 및 안전 강화가 필요하다. 아울러 의료계의 유색인종 수가 늘어난다면 의료서비스 제공자들의 문화적 역량을 향상하는 데 도움이 될 것이다. 건강 관련 격차에 영향을 미치는 환경적, 유전적 차이점에 관한 연구를 확대하고 실천해야 한다. 다행스러운 것은 미국심장학회American College of Cardiology와 미국심장협회American Heart Association가 이 문제와 성 불평등을 핵심 임무로 삼고 있다는 점이다.[7]

---〜〢〜〢〜------

그동안 미국에서는 남성이 여성보다 심장마비로 사망할 확률이 더 높은 상태가 지속되었다. 그런데 인구가 고령화되면서 그 상태를 여성이 점차 따라잡는 것처럼 보인다. 여성의 심장질환은 남성에 비하면 7~10년 늦게 발생한다.[8] 여성호르몬인 에스트로겐estrogen은 폐경기 이후까지 심장질환을 예방하는 효과가 있다

고 알려져 있다(반대로 생각하면, 성별에 따른 차이는 안드로겐 androgen이 남성에게 미치는 해로운 영향 때문일 수도 있다). 그러나 미국에서 심장질환은 여성의 주요 사망원인이며 1987년 이래로 매년 심장질환으로 사망하는 여성의 수가 남성보다 더 많다.[9]

심장마비가 발생하면 남성은 전형적인 증상인 흉부 압박감을 느끼는 경우가 대부분이다. 반면에 여성은 갑자기 숨이 차거나 소화불량, 새롭거나 극심한 피로, 목, 턱 또는 등의 통증을 느끼는 등 이례적인 증상을 경험하기도 한다. 이 때문에 여성은 치료를 늦게 받는 경우가 종종 발생하며 결과적으로 심장마비 이후의 경과 역시 좋지 않은 편이다. 여성은 남성에 비해 동등하게 치료받지 못하며, 입원 기간은 더 긴 대신 생존자 수가 더 적다. 더 나아가 여성은 처음으로 심장마비를 경험하는 연령대가 일반적으로 더 높으며 남성보다 사망 확률이 50%나 더 높다.

여성은 매년 유방암 사망자보다 심장질환으로 인한 사망자 수가 열 배 더 많다. 그런데도 의사들은 여성에게 남성보다 심장질환의 위험에 대해 언급할 가능성이 더 적다는 것이 연구 결과 밝혀졌다.[10] 따라서 심장질환을 유발하는 주요 위험 요인 두 가지, 즉 당뇨병과 흡연이 남성보다 여성의 심장마비 위험을 더 높인다는 것이 사실임에도, 여성은 가이드라인이 반영된 예방적인 치료를 받을 가능성이 더 낮다.

최근에는 자신의 가계혈통에 대해서 궁금해하는 사람들이 가정용 DNA 검사를 통해서 인종과 민족의 유산을 결정하는 미세한 DNA 변이에 대한 분석을 의뢰하고 있다. 가까운 미래에는 의사-과학자들이 개인의 독특한 DNA를 분석해서 특정 질환에 대한 유전적 소인이나 감수성을 파악할 수 있게 될 것이다. 이와 같은 정보를 확보한다면 우리는 유전적 요인과 환경적 요인이 심장질환의 위험에 영향을 미치는 정도를 더욱 잘 확인할 수 있을 것이다.

제27장
운동선수의 돌연사

심장질환의 문제는 최초의 증상이 종종 치명적이라는 점이다.

— 마이클 펠프스, 미국 올림픽 수영 선수

미국 프로농구NBA 팀인 유타 재즈의 '피스톨' 피트 매러비치, 로 욜라 메리마운트 대학교의 행크 개더스, 보스턴 셀틱스의 레지 루 이스, 마라톤 선수 라이언 셰이를 기억하는가? 모두 뜻밖의 심장 질환으로 운동 경기 중에 비극적으로 세상을 떠난 사람들이다. 미 국에서는 매년 13~25세의 남녀 운동선수 약 75명이 갑작스럽게 사망한다.[1] 전 세계적으로 운동 경기 중의 돌연 심장사는 매년 운 동선수 5만 명 중 한 명 비율로 발생한다.[2] 이러한 사례는 운동 도 중 또는 운동을 마친 직후에 발생한다.

뜻밖의 심장질환을 지니고 태어난 이 선수들은 운동하는 도중에 심장이 갑자기 세동細動, fibrillate /치명적인 심장 리듬으로, 빠르고 불규칙한 심장박동을 초래함하다가 심장박동이 멈춰버린다. 즉시 심폐소생술을 실시하지 않으면 쓰러진 후 수 분 이내에 사망한다. 운동선수의 돌연사와 관련된 선천적 심장질환에는 비후성 심근증(심장 근육이 매우 두꺼움), 관상동맥의 이상(비정상적인 관상동맥의 분지 또는 심장 근육의 관상동맥 경로 이상), 부정맥 유발성 우심실 이형성증 및 긴 QT 증후군(둘 다 치명적인 부정맥에 해당함) 등이 있다.

어린 운동선수를 대상으로 선별 검사를 시행한다면 이와 같은 비극을 예방하는 데 도움이 될 것이다. 나는 '사이먼의 심장Simon's Heart'에서 활동해온 것을 자랑스럽게 생각한다. 사이먼의 심장은 긴 QT 증후군Long QT syndrome으로 인해서 어린 아들을 돌연사로 잃은 필리스 서드먼과 대런 서드먼이 설립한 단체다. 고등학교 운동선수 수천 명에게 심장 선별 검사를 시행하고 운동선수 돌연사에 대한 교육을 제공하고 학교에서 외부형 자동 제세동기automatic external defibrillator, AED를 사용하는 법을 알려주는 등 그동안 다양한 활동을 전개해왔다. 사이먼의 심장은 젊은 운동선수의 돌연사에 관한 정보를 널리 알리고 생명을 살리기 위한 지역 및 국가의 입법 계획에 참여하고 있다.

젊은 운동선수의 돌연사는 드물게 일어나지만 너무나도 가슴 아픈 일이다. 다만 여기서 우리는 대다수 사람에게는 운동이 심장의 건강 상태를 향상하는 데 도움이 된다는 점을 반드시 기억할 필요가 있다. 나는 환자들에게 항상 이렇게 말한다. "심장은 운동으로 단련해야 하는 근육입니다." 규칙적인 유산소운동은 다양한 메커니즘을 통해서 심혈관 건강을 증진한다. 여기에는 혈압 하강, 콜레스테롤 수치 개선, 혈당 조절 향상, 체중 감소, 전신 염증 감소, 정신적인 건강과 행복 증진 등이 포함된다. 운동은 심장과 동맥의 기능을 향상하고 교감신경계를 긍정적으로 조절한다(심장-뇌 연결을 상기해 보기를 바란다).

그렇다면 대체 운동을 얼마나 해야 할까? 오늘날 미국 질병통제센터(CDC)와 미국심장협회의 권고에 따르면 '심장이 세차게 뛰는' 운동을 하루에 30분씩 주 5회 이상, 또는 일주일에 최소한 150분 이상 하는 것이 좋다.[3] 적절한 유산소운동으로는 빠른 걸음으로 걷기, 조깅, 수영, 자전거 타기 등이 있다. 테니스, 농구, 축구 등 스포츠를 즐기는 것도 좋다. 규칙적인 운동은 심장을 보호하는 데 있어 약에 버금갈 만큼 효과가 크다. 규칙적으로 운동을 하면 심장질환의 위험을 최대 50퍼센트까지 줄일 수 있기 때문이다.

제28장
심장이라는 단어

심장heart이라는 단어는 고대 영어의 헤오르테heorte에서 유래했는데, 이 단어의 어원은 게르만 조어祖語의 *hertan-, 인도 유럽 조어의 *kerd-, 그리스어의 카르디아kardia와 라틴어의 cor 또는 cord-까지 거슬러 올라간다. 고대 영어에서 헤오르테heorte는 가슴, 영혼, 정신, 용기, 기억, 지성 등 다양한 의미를 지녔다('심장으로' 배우다learn 'by heart'는 암기한다는 뜻의 숙어다).

 라틴어 cor에서 파생된 '코디얼cordial'은 심장을 자극하는 약강장제을 가리키며 '다정함being cordia'은 심장에서 우러나오는 따뜻하고 친절한 감정을 뜻한다. '기록하다record'는 본래 암기한다는 뜻이었는데, 나중에는 더욱 실질적으로 정보를 저장하는 방법을 의미하게 되었다. '용기courage'는 원래 '마음을 열고 심장에 있는 이야기를 모두 털어놓는다'는 뜻이었는데 나중에는 용감함을 가리키는 뜻으로 보다 한정되었다.

심장heart이라는 단어는 여러 시대를 거치면서 무수히 많은 의미를 지니게 되었다. 우리의 조상들은 심장이 감정을 생성하고 용기를 불어넣고 기억을 보관하며 영혼을 담고 있다고 믿었기 때문이다.

'곁에 없으면 마음이 더 애틋해진다absence makes the heart grow fonder'라는 표현은 기원전 1세기까지 거슬러 올라간다. 고대 로마의 시인 프로페르티우스Sextus Propertius는 다음과 같은 글을 남겼다. "언제나 사랑의 파도는 곁에 없는 연인을 향해서 더욱 세차게 물결치네."

'피 흘리는 심장bleeding heart'은 본디 다른 사람의 불행에 깊은 연민을 표현하는 사람을 가리키는 표현이었다. 이미 14세기에 제프리 초서가 이 표현을 사용한 바 있다. 피 흘리는 심장은 예수의 심장과 관련된 의미를 지니게 되었고 가난한 자들과 병든 자들을 대변하는 예수의 비탄을 뜻하게 되었다.

그런데 20세기에 들어서자 피 흘리는 심장은 '다른 사람의 불행한 사정에 대해서 과도한 동정심을 표현하는 사람'을 지칭하는 경멸적인 표현으로 변했다. 1938년 미국의 저널리스트인 웨스트브

룩 페글러가 최초로 이 표현을 사용하며 루스벨트 정부와 트루먼 정부를 조롱했다. 나중에 조 매카시 상원의원이 공산주의자로 의심받는 사람들을 저격할 때도 이 표현이 사용되었고, 보수 정치인들은 진보 세력의 '피 흘리는 심장'을 비난하기도 했다. 2015년에 잭 켐프Jack Kemp 하원의원이 『연민할 줄 아는 보수주의자가 미국을 변화시키다The Bleeding-Heart Conservative Who Changed America』라는 부제가 붙은 자서전을 출간했고, 이제 이 표현은 누구나 사용할 만큼 보편화되었다. 또한 '피 흘리는 심장'은 금낭화속屬 식물의 이름이기도 하다. 이 식물에는 하트 모양의 꽃이 주렁주렁 매달려 있다.

'마음 깊은 곳으로부터from the bottom of one's heart'라는 표현에 대한 최초의 기록은 1545년의 『공동 기도서Book of Common Prayer』에서 찾아볼 수 있다. "타인이 나에게 저지른 모든 잘못을 마음 깊은 곳으로부터 기꺼이 용서하라"라는 표현은 '가장 진실하게'라는 뜻으로, 심장(마음)의 가장 깊은 부분에 있는 뿌리 깊은 감정을 함축한다. 그 유래는 베르길리우스의 서사시 『아이네이스Aeneid』(기원전 29~19년)까지 거슬러 올라간다.

베르길리우스는 심장이 생각과 감정을 품고 있다고 생각했다. 가장 심원하고 뿌리 깊은 감정들은 심장의 가장 깊은 곳에 깃들어 있었다. 『아이네이스』에는 다음과 같은 구절이 나온다. "그러자 아이네아스는 마음 깊은 곳으로부터 실로 깊은 한숨을 내쉬었다.” 이런 구절도 있다. “그는 이렇게 말했다. 엄중한 근심으로 마음이 고달팠지만 애써 희망찬 표정을 지으며 가슴(심장) 깊은 곳의 고통을 잠재웠다.”

셰익스피어는 ‘마음에 흡족하게to your heart's content’라는 표현을 『헨리 6세—제2부』(1591)와 『베니스의 상인』(1599)에서 처음 사용했다. 『오셀로』(1604)에서는 ‘감정을 숨김없이 드러내다wear your heart on your sleeve’라는 표현을 썼다. 과거에 기사들이 말을 타고 마상창시합을 할 때 숙녀에게서 받은 리본을 팔에 묶은 것에서 유래한 표현이다. 자신의 마음(심장)을 가진 사람을 위해서 결투에 참여한다는 사실을 보여주기 위해서였다.

‘마음을 기쁘게 하다warm the cockles of one's heart’는 누군가에게 만족감을 주고 따스한 감정을 불러일으킨다는 뜻이다. 이 표현은 과학 문헌을 작성할 때 라틴어가 쓰였던 1600년대 중반으로 거슬러 올라간다. 라틴어 코클레 코디스cochleae cordis는 ‘심장의 심실’을 뜻하는데, 여기서 코클레cochleae라는 단어가 ‘새조개cockles’로 변질되었다는 이론이 존재한다. 실수나 농담이었을 수도 있지만 어찌 됐건 그렇게 고착되었다.

또 다른 이유는 쌍각 조개의 일종인 새조개의 생김새가 심장을 닮았기 때문이다. 나는 여기에다 이론을 하나 더 보태고 싶다. 중세 시대 유럽에서는 따뜻한 우유에 넣어서 요리한 새조개를 먹는 것이 흉통을 다스리는 민간요법 중 하나였다. 따라서 새조개를 데우는 행위는 심장을 기쁘게 하는 일이기도 했다.

'가슴에 손을 얹고 맹세하겠다cross my heart and hope to die, stick a needle in my eye'라는 표현은 1800년대 후반에 처음 출현했다. 어떤 것이 사실임을 확언하는 이 맹세는 십자성호를 바탕으로 한 종교적 서약에서 비롯되었다. 가톨릭 집안에서 자란 아이들은 자기가 말한 내용이 사실이라고 맹세할 때 심장 위에 'X' 모양의 십자성호를 긋고 하느님이 계신 하늘을 가리키곤 했다.

심장질환heart disease이라는 표현은 1830년에 처음 등장했다. 심장마비heart attack는 1836년, 심장박동heart beat은 1850년에 각각 처음 쓰였다. 그밖에 진심 어린heartfelt, 마음이 따스해지는 heartwarming, 무거운 마음heavy heart, 심금心琴, heart strings, 간절한 소망heart's desire, 심적 고통heartache, 마음을 두근거리게 만드는 사람heartthrob, 연인sweetheart, 심혈心血, heart and soul 등 그동안 'heart'가 포함된 다양한 표현이 새롭게 등장했다.

'heart'를 활용한 표현은 계속 늘어나고 있다. 심각하게 받아들이다take it to heart, 마음을 다하다with all one's heart, 핵심을 파악하다 get to the heart of something, 마음이 허전하다feel a hole in one's heart, 마음이 바뀌다have a change of heart, 부러워하다eat your heart out, 마음이 너그럽고 친절한have a heart of gold, 마음이 냉정하고 비정한have a heart of stone, 마음 깊이 느끼다feel in one's heart of hearts 등 수많은 예가 있다. 최근에는 모든 식사를 끝장낼 만한 최후의 식사를 가리키는 '접시 위의 심장마비heart attack on a plate'라는 신조어도 등장했다(먹으면 심장마비에 걸릴 만큼 건강에 해로운 칼로리 폭탄에 해당하는 음식을 가리킨다─옮긴이).

제5부

현대의 심장

제29장
계몽과 혁명의 시대

머리의 지혜가 있고, 마음의 지혜가 있다.

— 찰스 디킨스(1854)

17세기 말 무렵에는 심장에 대한 해부학적 지식이 놀라울 만큼 정확한 수준에 이르렀고 윌리엄 하비의 이중 순환폐순환과 체순환 이론이 보편적으로 인정받게 되었다. 과학이 심장에 대한 우리의 관점을 바꾸어놓은 것은 르네상스 시기의 일이었다. 이제 심장은 사실상 감정과 지성이 존재하는 장소도, 영혼이 깃들어 있는 곳도 아니었다. 따라서 의사들과 과학자들은 심장이 단지 기계식 펌프일 뿐이며 영혼 및 감정 측면의 중요성이 없다고 생각하게 되었다. 17세기 중반에서 19세기에 이르기까지 심장과 순환계의 작용, 심장질환의 파악 및 진단과 치료법 등의 이해에 대한 계몽과 혁명이 진전되었는데, 이는 산업 기계화 혁명과 같은 시기에 발생한 일이었다.

1664년 영국의 의사 토머스 윌리스Thomas Willis는 해부학 연구를 통해서 뇌의 특정 부위에 행동과 관련된 기능과 생리학적 기능을 부여했다.[1] 그의 이론은 신경학 분야의 토대가 되었고 지적 능력의 중심으로서 뇌의 위상을 확립했다. 뇌가 다른 모든 기관보다 중요하고 우월한 기관이라는 관념이 점차 견고해졌다. 계몽주의 시대(17~18세기)와 혁명의 시대(18~19세기)에는 심장이 단지 기계화된 펌프에 불과하다는 견해가 득세하기 시작했다.

수천 년간의 추측 끝에 마침내 1661년에 마르첼로 말피기Marcello Malpighi가 동맥지와 정맥지를 연결하는 모세혈관의 존재를 확실히 밝혀냈다.[2] 이탈리아의 과학자인 말피기는 하비가 심장의 펌프 운동과 혈액 순환에 관한 역사적인 연구 결과를 발표한 해에 태어났다. 그는 현미경이라는 새로운 장비를 이용해서 개구리 허파의 동맥과 정맥을 관찰했는데, 모세혈관이 가장 가는 동맥인 세동맥을 가장 가는 정맥인 세정맥으로 연결한다는 사실을 발견했다. 모세혈관의 벽은 세포 1개 두께로 얇았고, 모세혈관은 어디에나 존재했다. 몸에서 모세혈관으로부터 20미크론 이상 떨어져 있는 세포는 하나도 없다(이는 머리카락 직경의 약 1/3에 해당하는 길이다).

리처드 로어Richard Lower는 혈액이 폐를 통해서 순환함으로써 산소를 얻는다는 것을 최초로 이해한 사람이다. 그는 1669년에 개 두 마리의 동맥을 거위 깃털의 촉으로 연결한 최초의 수혈을 시행했다. 나중에 그는 '온순한' 양과 정신적으로 불안정한 사람 사이의 수혈도 시도해 보았다.[3] 아서 코가라는 이 남자는 수혈 실험에 참여하고도 목숨을 보전했고 그 대가로 20실링을 받았는데 술 마시느라 이 돈을 탕진해버렸다. 다만 수혈 후에도 그의 정신 질환은 호전되지 않았고, 수혈 관련 연구는 그 후로 백 년간 별다른 진전이 없었다.

프랑스의 해부학 교수인 레이몽 드 뷰상Raymond de Vieussens 은 1706년에 『심장에 관한 새로운 발견Nouvelles Decouvertes sur le Coeur』을 발표했는데, 이 책에는 심장의 혈관들, 즉 관상동맥과 관상정맥에 대한 해부학적 지식이 상세하게 수록되어 있었다.[4]

그가 1715년에 발표한 「심장의 구조와 자연적인 운동의 원인에 대한 논문Traite Nouveau de la Structure et des Causes du Mouvement Naturel du Coeur」에는 심장을 감싸고 있는 주머니인 심낭과 심장 근섬유의 방향에 관한 내용이 자세하게 설명되어 있다(갈레노스는 1500년 전에 심장 근섬유의 세 가지 방향을 관찰한 바 있다). 또한 뷰상은 심장 판막이 좁아지는 승모판막 협착과 판막에 누출이 발생하는 대동맥판막 역류가 있는 환자들의 임상 표현과 부검 결과를 최초로 기술했다.

이제 심장과 순환계는 의사와 과학자의 영역이 되었다. 그러나 사람들은 여전히 심장질환이 매우 드물게 발생한다고 생각했다. 드니 디드로Denis Diderot와 장 르 롱 달랑베르Jean le Rond d'Alembert 의『백과전서Encyclopedie』(1751)에도 다음과 같이 적혀 있다. "일 반적으로 심장질환은 드물다고 말할 수 있다." 서기 1세기에 대 플리니우스가 "심장은 질병이 다다르지 못하는 유일한 내부 기관 이며 삶의 고통을 늘이지 않는다"라는 글을 남긴 이후로 거의 변 화가 없었던 셈이다.

하지만 혁명의 시대에 접어들면서 이러한 생각이 차츰 바뀌어 갔다. 19세기의 의사들은 흉통이 심장과 관련되어 있으며 목숨을 위협할 만큼 치명적인 증상이라는 사실을 알아내기 시작했다. 흉 통은 인간의 수명이 더 길어짐에 따라 더욱 빈번하게 발생했다. 1800년 이전까지 미국인의 기대 수명은 30년도 채 되지 않았는데 1917년에는 54년까지 증가했다. 비교를 위해서 언급하자면 2019 년에는 79년이었다.[5]

한편 심장 역시 병에 걸릴 수 있는 기관이라는 점이 알려지면서 환상이 깨지기는 했지만, 사랑에 대한 상징으로서의 심장은 문학, 음악 및 일상생활에서 꾸준히 등장했다. 최초의 밸런타인데이 카드 는 1700년대에 등장했는데 여기에는 하트 문양이 그려져 있었다.

영국의 성직자이자 과학자였던 스티븐 헤일스Stephen Hales는 1733년에 다양한 동물의 혈압을 측정했다. 가는 놋쇠관과 유리관을 동맥에 삽입해서 피가 어느 정도의 높이까지 치솟는지를 측정한 것이다. 그는 『정역학 소론 — 동물의 혈액과 혈관에 대한 혈액통계학Haemastaticks 또는 일부 유압수압Hydraulick 및 유체정역학Hydrostatical 실험에 대한 설명』에 최초의 혈압 측정 실험에 관해서 이렇게 적었다.

나는 암말을 산 채로 포박해서 바닥에 눕혔다. 체고體高가 14핸드(말의 체고를 재는 단위로, 1핸드는 4인치에 해당함—옮긴이)에 나이는 14세였다. 기갑withers(말의 어깨뼈 사이에 있는 돌출부—옮긴이)에 누공瘻孔, fistula이 있었고 너무 야위지도, 지나치게 건장하지도 않았다. 나는 말의 복부에서 약 3인치 떨어져 있는 좌측 대퇴부 동맥을 절개한 다음, 내경內徑이 1/6인치인 놋쇠관을 삽입했다. 그리고 여기에 적당한 형태로 준비된 또 다른 놋쇠관을 이용해서 직경이 거의 비슷하고 길이가 9피트(약 2.7미터)인 유리관을 고정시켰다. 그런 다음에 동맥의 결찰을 풀었더니 관 내부의 혈액이 심장의 좌심실 높이를 넘어서 8피트 3인치(약 2.5미터)까지 수직으로 상승했다. 그런데 단번에 최고 높이에 도달한 것은 아니었다… 최고 높이에 다다르자 올라갔다가 맥박이 한 번 뛴 후에 2인치, 3인치, 4인치씩 떨어졌다.

인간의 혈압을 일상적으로 정확하게 측정할 수 있게 된 것은 그로
부터 163년이 지난 후의 일이었다.

심장 소리를 듣는 행위는 최소한 고대 이집트인이 살던 시대까지
거슬러 올라간다. 히포크라테스는 환자의 가슴에 귀를 대고 심장
과 폐의 소리를 식별하는 진찰법direct auscultation, 직접 청진법에 대
해 언급했다.[6] 하루는 그가 죽어가는 환자한테서 '식초가 끓는 것
같은' 소리를 들었다고 이야기했다. 이것은 오늘날 우리가 알고
있는 급성 울혈성 심부전의 전형적인 양상이다. 그로부터 천 년이
넘는 시간이 흐른 후에 하비 역시 직접 청진법을 통해서 심장 소
리를 듣고 '두 갈래의 물줄기가 세차게 흘러서 물을 끌어 올린다'
라고 묘사했다.

환자의 가슴에 귀를 대고 청진하는 관행은 1816년에 르네 라에
네크Rene Theophile Hyacinthe Laennec(1781~1826)가 청진기를 발명
할 때까지 지속되었다.[7] 라에네크는 루브르 궁전의 안뜰을 지나가
다가 우연히 통나무를 가지고 노는 아이들을 보게 되었다. 아이들
은 통나무를 귀에다 대고 반대쪽 끝을 핀으로 긁었다. 그러자 그
소리는 통나무를 통해서 전달되고 증폭되었다. 평생 플루트를 즐
겨 연주할 만큼 음악에 조예가 깊었던 라에네크는 아이들이 노는

모습에서 영감을 받았다. 그는 자신의 논문 「간접 청진에 관하여 *De l'Auscultation Mediate*」(1819)에 다음과 같이 적었다.

1816년에 나는 일반적인 심장질환 증상으로 괴로워하는 젊은 여성 환자를 진찰했다. 그런데 이 환자의 경우에는 고도 비만으로 인해서 타진법 percussion과 손을 이용하는 방식이 거의 효과가 없었다. 환자의 나이와 성별을 고려할 때 앞서 언급한 다른 방법직접 청진법을 채택할 수 없었는데, 음향학에 관해서 잘 알려진 간단한 사실이 갑자기 머릿속에 떠올랐다…한쪽 귀에 나무 막대를 대고 반대쪽 끝부분을 핀으로 긁으면 그 소리가 또렷하게 들린다는 점이었다. 그런 상황이 연상되자마자 나는 종이 여러 장을 원통 모양으로 말아서 한쪽 끝은 심장이 위치한 곳에 대고 다른 한쪽은 내 귀에 대 보았다. 그랬더니 아니나 다를까, 그동안 귀를 직접 대고 들었던 것에 비해서 훨씬 더 분명하고 또렷하게 심장의 움직임을 파악할 수 있었다. 이 사실을 발견하게 되어서 정말 기뻤다.

18세기와 19세기의 의사들과 과학자들은 수증水症을 비롯한 몇몇 심장질환에 대한 치료법을 개발하기 시작했다(특히 다리의 연부조직이 체액의 축적으로 인해서 붓는 병으로, 오늘날에는 울혈성 심부전으로 인한 '부종수종, edema'이라고 부른다). 영국의 의사이자 식물학자인 윌리엄 위더링William Withering(1741~1799)은 수증에 대한 민간요법을 평가해 보았다. 이 민간요법 치료제에는 20종 이상의 허브가 함유되어 있는데 그는 그중에서 디기탈리스여우장갑, foxglove가 유효성분이라고 판단했다. 환자들에게 디기탈리스를 시험 삼아 사용해보았더니 수증과 관련된 부기를 빼는 데 도움이 되었다. 「디기탈리스 및 디기탈리스를 활용한 의학 요법에 관한 보고An Account of the Foxglove and Some of Its Medical Uses」(1785)는 치료적 목적으로 식물을 활용하는 방법을 체계적으로 기술한 첫 번째 문헌이다(이 경우에는 심부전 치료에 사용되었다).

19세기 초입에 접어들자 의사들은 심장에 문제가 생길 수 있고 검진을 통해서 심장질환을 진단할 수 있다는 사실을 서서히 이해하게 되었다. 의사-과학자들은 베일이 벗겨져 본 모습이 드러난 심장과 관련된 질환들을 명명하기 시작했다. 협심증(흉부 또는 심장의 통증), 심내막염(심장 또는 심장 판막의 감염), 심낭염(심낭의 염증), 심근경색(심장마비) 등을 예로 들 수 있다. (그리스어로 동맥을 뜻하는 아르테리아arteria와 경화를 뜻하는 스클리어로시스sklerosis에서 유래한) '동맥경화증arteriosclerosis'이라는 용어는 1833년에 프랑스의 병리학자 장 롭스타인이 최초로 사용했다. 이 단어는 나이가 들면서 동맥의 내벽에 석회화된 지방 침전물이 점점 쌓여서 혈관이 수축하고 딱딱해지는 질병을 가리켰다.

1768년에 윌리엄 헤버든은 런던의 왕립 의학회Royal College of Physicians에 논문을 발표했는데, 격렬한 신체활동 후에 가슴을 짓이기는 듯한 통증을 느끼는 환자에 관한 연구였다.[8] 환자는 휴식을 취하면 통증이 완화된다고 했다. 헤버든은 이 질병을 가리켜 '협심증狹心症, angina pectoris'이라고 했는데, 그리스어로 교살을 뜻하는 앙코네ankhone와 라틴어로 가슴을 뜻하는 펙투스pectus에서 비롯된 표현이었다. 주목할 만한 점은 그가 처음에는 협심증을 오진했다는 것이다. 심장이 아니라 위궤양으로 인해서 그런 증상이 나타난다고 생각했기 때문이다. 다만 그는 증상이 악화하면 환자가 갑자기 의식을 잃고 사망할 수도 있다는 점을 정확히 파악했다.

그 후로 40년이 흐른 후에야 토머스 로더 브런턴 경Thomas Lauder Brunton이 협심증 치료제로 아질산아밀amyl nitrate을 제안했다. 또한 아질산아밀은 시안화물청산가리 중독에 대한 응급처치에 쓰이며 경유에 첨가제로 넣으면 연료의 연소가 촉진된다. 아질산아밀은 흉통을 완화하는 데 효과가 있었다. 동반증상인 지끈거리는 두통을 제외하면 말이다. 나중에 그는 아질산아밀과 유사한 화합물인 니트로글리세린을 시험 삼아 사용해 보았는데, 니트로글리세린이 흉통을 줄이는 데 훨씬 더 효과적이라는 사실을 알게 되었다. 니트로글리세린은 다이너마이트의 유효성분이기도 하다.

1891년에 미국 흑인, 스코틀랜드인, 아일랜드인, 쇼니족Shawnee (북미 원주민의 한 종족—옮긴이) 혈통을 타고난 아프리카의 의사 대니얼 헤일 윌리엄스Daniel Hale Williams는 일리노이주의 쿡 카운티에 프로비던트 병원을 설립했다. 흑인 의사들과 간호사들을 위한 미국 최초의 인종 통합적 시설이었다. 프레더릭 더글러스Frederick Douglass(미국의 노예해방론자—옮긴이)는 덕분에 미국 흑인들이 이미 포화상태인 자선병원들 이외에 치료를 받을 수 있는 선택지가 하나 더 생겼다며 이 병원을 지지하고 옹호했다.

1893년에 윌리엄스는 싸우다가 다친 남성 환자의 가슴에 생긴 자상을 절개했는데, 이때 심장을 세밀하게 관찰할 수 있었고 캣거트catgut,腸線(양이나 말의 창자로 만든 수술용 실—옮긴이) 봉합사로 심장을 감싸고 있는 주머니인 심낭을 봉합할 수 있었다.[9] 심장 수술이 이렇게 탄생한 것이다. 그보다 2년 전에 헨리 달튼이라는 의사가 앨라배마에서 자상을 입은 환자에게 유사한 수술을 시행했지만, 윌리엄스의 논문이 더 먼저 발표되었다. 비록 심장 근육 자체가 아니라 심장을 둘러싸고 있는 심낭에 대한 수술이었지만, 심장 수술의 새로운 시대가 펼쳐지기 시작한 것이다.

심장 자체에 대한 최초의 진정한 수술은 3년 후인 1896년에 이루어졌다. 독일 프랑크푸르트에서 22세의 정원사가 공원을 산책하다가 습격당해 가슴의 심장 부위를 칼에 찔렸고, (수술을 집도한) 루트비히 렌Ludwig Rehn은 그의 심장 안에 손가락을 넣었다.

"손가락의 압력으로 지혈이 되기는 했지만 빠르게 뛰는 심장 때문에 손가락이 자꾸 미끄러졌다. 심장의 수축은 나의 접촉에도 영향을 받지 않았다." 그는 캣거트 봉합사로 심장에 생긴 구멍을 꿰매는 데 성공했다. "첫 번째 봉합이 혈액의 흐름을 막았다. 두 번째 봉합의 배치는 첫 번째 봉합의 견인traction 덕분에 상당히 수월해졌다. 수술용 바늘로 한 땀씩 꿰매는데 심장이 이완기에 정지하는뛰지 않는 모습을 보니 매우 불안했다. 세 번째 봉합 이후에 출혈이 완전히 멎었다. 심장은 한 번 힘겹게 뛰더니 우리가 안도의 한숨을 내쉬자 다시 힘찬 수축을 재개했다."[10]

최초의 심근봉합술心筋縫合術, cardiorrhaphy을 받은 이 환자는 목숨을 건졌고, 이로써 심장 수술 분야가 공식적으로 탄생했다.

방부 처리된 루이 14세의 심장은 프랑스 혁명(1789~1799) 시기에 도난당했고 결과적으로 영국 옥스퍼드셔의 넌햄 저택에 사는 하코트 경Lord Harcourt의 수중에 들어갔다. 1848년의 어느 날, 하코트 경은 만찬 자리에서 호두 크기의 심장을 내빈들에게 자랑하며 보여주었다.

만찬에 참석한 내빈 중에는 웨스트민스터 사원의 주임 사제이자 지질학, 고생물학, 신학 등 폭넓은 분야에 박식한 윌리엄 버클랜드도 있었다. 버클랜드는 생태계를 재구성하는 데 배설물 화석을 활용한 선구자였고, 화석화된 대변을 가리키는 '분석糞石, coprolite'이라는 신조어를 만들었다. 그는 학위복academic gown(졸업식 등 대학의 예식 행사 때 착용하는 가운─옮긴이)을 입은 채 지질학 연구를 하거나 때때로 말 위에 올라타거나 특이한 방식으로 강의하는 등 기행奇行으로 유명했다.

윌리엄 버클랜드의 집에는 산 것과 죽은 것을 막론하고 각종 동물과 광물 표본이 넘쳐났다. 그의 최종 목표는 지구상의 모든 동물을 '먹어보는 것'이었다(이를 가리켜 동물식성zoophagy이라고 부른다). 버클랜드는 손님들에게 퓨마, 악어, 쥐 등 별미(?)를 대접하는 것으로 유명했다. 하코트 경의 만찬 자리에서 루이 14세의 심장을 받아든 버클랜드는 이렇게 외쳤다. "그동안 기이한 음식을 수없이 먹어봤지만, 왕의 심장은 단 한 번도 먹어본 적이 없습니다." 다른 사람이 미처 만류하기도 전에 그는 심장을 입안에 털어넣었다.[11]

아테네의 여인이여, 우리가 헤어지기 전에
오, 나의 심장을 돌려주오!
아니, 심장은 이미 내 가슴을 떠났으니

이제 그대가 보관하고 나머지도 다 가져가오!

떠나기 전에 나는 맹세하오

나의 생명이여, 그대를 사랑하오(Ζωή μου, σᾶς ἀγαπῶ)

— 바이런(1810)

바이런의 친한 친구였던 퍼시 비시 셸리는 불과 29세에 익사 사고로 목숨을 잃었다. (대표작으로는 〈오지만디어스Ozymandias〉, 〈서풍에 부치는 노래 Ode to the West Wind〉가 있다.) 바이런의 시에서 이름을 따온 그의 배 '돈 후앙' 호는 1822년에 풍랑에 휘말렸다. 셸리의 시신은 열흘 후에 발견되었고 주머니에 들어 있던 존 키츠의 시집으로 신원을 파악할 수 있었다. 바닷가에서 장작더미에 불을 붙여 화장했는데 그의 심장은 불에 타지 않았다(이전에 결핵을 앓은 적이 있어서 심장을 둘러싸고 있는 심낭이 석회화되었기 때문이라는 설이 있다).

그의 친구 에드워드 트릴로니는 장작더미에서 심장을 꺼내어 (『프랑켄슈타인』의 작가인) 아내 메리 셸리에게 가져다주었다. 메리는 세상을 떠날 때까지 남편의 심장을 수의에 감싸서 몸에 지니고 다녔다.[12] 메리가 사망한 후에 퍼시 셸리의 심장은 그가 마지막으로 남긴 시 작품 중 하나인 〈아도니스Adonais〉의 책장 속에 고이 싸인 채로 발견되었다. 이 심장은 가족의 품에 남아 있다가 셸리 부부의 아들인 퍼시 플로렌스 셸리가 1889년에 세상을 떠나자 그와 함께 땅에 묻혔다. 퍼시 비시 셸리의 묘비에는 코르 코르디움 *Cor Cordium*마음 깊은 곳에, Heart of Hearts이라는 글귀가 적혀 있다.

제30장
20세기의 심장질환

살다 보면 때로는 이루 말로 표현할 수 없는 성취감이 느껴지는 순간들도 있다. 단어라는 기호들로는 완전히 설명할 수 없다. 그런 순간들이 지니는 의미는 귀로 들을 수 없는 심장의 언어로만 온전하게 나타낼 수 있다.

— 마틴 루터 킹 주니어

최고의 심장을 지닌 사람들의 다정함이 최고의 머리를 지닌 사람들의 신중함을 종종 이길 때도 있다.

— 헨리 필딩

20세기에 접어든 이후에도 심장은 우리의 일상에서 감정과 영혼을 상징하는 뜻으로 쓰였다. 그러나 이제 과학과 의학은 우리의 생각과 열정, 추론이 이루어지는 장소가 뇌라는 점을 분명히 했다. 1871년에 찰스 다윈은 뇌가 "가장 중요한 신체 기관"이라고 언급했다. 그래도 우리는 비유적인 의미에서 심장이 부서질 수 있었다have a broken heart. 여전히 감정을 숨김없이 드러냈고wear our heart on our sleeve, 인생에서 어려운 결정을 내려야 할 때는 마음이 향하는 쪽으로 따라갔다follow our heart.

그런데 한 사람의 심장을 다른 사람에게 이식하는 것이 가능하다면, 영혼은 심장에 깃들어 있을 리가 없었다. 인체와 뇌, 그리고 심장에 대한 우리의 이해 수준이 점차 진화하면서 심장에 대한 우리의 생각도 완전히 달라진 것처럼 보였다. 육체적으로 심장은 단지 펌프에 불과했다. 물론 중요한 역할을 담당하는 펌프이기는 했지만, 적어도 우리의 감정과 양심, 지적 능력과 기억이 담겨 있는 곳은 아니었다.

1900년 미국에서 폐렴은 주요 사망원인 1위를 차지했다. 심장질환은 결핵과 설사 다음으로 4위였다. 그런데 1909년부터 지금까지는 (1918~1920년의 스페인 독감 팬데믹을 제외하면) 심장질환이 미국인의 사망원인 1위를 차지하고 있다.[1] 공중보건과 위생, (항생제 등) 의료의 개선은 감염병으로 인한 사망자 수의 감소로 이어졌다.

이와 동시에 기대 수명도 증가했다. 심장질환과 암 등 만성질환이 주요 사망원인이 되었다. 미국의 흡연율 증가(1900년: 5% 미만→1965년: 42%), 가공식품 및 포화지방 섭취 증가, 차량 이용률 상승에 따른 신체활동 감소 등의 원인으로 인해서 심장질환으로 인한 사망자 수는 점차 증가했고 1950년대와 1960년대에 최고치에 도달했다.[2]

1948년에는 "심장 및 순환기 질환이 국민의 건강을 심각하게 위협하고 있다"라고 선언한 국민심장법National Heart Act이 미국 의회를 통과했다. 이 법안에 서명한 해리 트루먼 대통령은 심장질환을 가리켜 "공공보건 분야의 가장 중대한 난제"라고 말했다. 이 법안에 의거, 국립 보건원 산하에 국립 심장 연구소現 국립 심장 · 폐 · 혈액 연구소, The National Heart, Lung, and Blood Institute가 설립되었다.

일반 국민을 대상으로 한 교육 캠페인을 통해서 흡연율 감소 및 고혈압과 고콜레스테롤이 초래하는 결과에 대한 인식 제고 등의 성과를 이뤄낼 수 있었다. 의사와 과학자들은 더욱 효과적인 심장질환 치료법을 개발해냈다. 심장질환 사망률은 1950~60년대에 정점에 도달한 후에 1958년에서 2010년 사이에는 점차 하락했다 (그림 30.1).[3] 그러나 미국과 전 세계에서 심장질환은 여전히 사망원인 1위 자리를 지키고 있다. 비교하자면 2022년 7월 기준 전 세계에서 코로나바이러스로 숨진 사람은 총 630만 명인 반면, 심혈관계 질환으로 사망한 사람의 수는 2021년 한 해만 하더라도 무려 1,800만 명에 달한다.

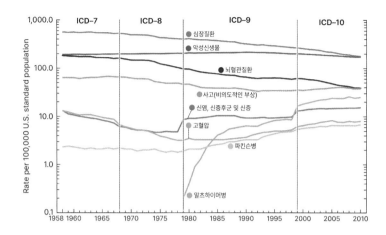

그림 30.1 미국 내 일부 주요 사망원인의 연령 조정 사망률(1958~2010).
ICD는 국제질병분류International Classification of Diseases, WTO (소관의 세계 질병 및
사망통계 분류―옮긴이)를 뜻한다. 원 기호 안의 숫자는 해당 질병의
2010년 주요 사망원인 순위를 가리킨다.
출처: CDC/NCHS, 미국 국가생명통계National Vital Statistics, 사망률.

심장질환 및 그 치료법에 대한 우리의 이해는 20세기에 들어서서
비약적으로 발전했다.[4] 1899년에 시카고의 병리학자 루드빅 헥턴
Ludvig Hektoen은 관상동맥에 축적된 죽상경화반이 심장마비를 유
발한다는 견해를 제시했다.

　1912년에 그의 동료였던 의사 제임스 헤릭James B. Herrick은 기
념비적인 논문 「급성 관상동맥 폐색의 임상적 특징Clinical Features

of Sudden Obstruction of the Coronary Arteries」을 발표했다.헤릭은 동맥 내부에 죽상경화반이 과도하게 축적되어 관상동맥이 결국 막혀버리는 것이 아니라, 죽상경화성 관상동맥에 형성된 혈병blood clot 혈전증, thrombosis이 심장 근육으로 흘러가는 혈류를 급격히 차단하기 때문에 심장마비가 발생한다고 주장했다. 같은 시기에 키이우Kiev(우크라이나의 수도—옮긴이)에서 옵라스트조Obrastzow와 스트라스체스코Straschesko 역시 이런 사실을 발견했다는 점에도 주목할 필요가 있다.[5]

심근경색(MI)의 원인과 관련하여 이처럼 중요한 통찰이 이루어졌지만, 이 가설은 당대의 의학계로부터 약 70년 동안 인정받지 못했다. 1980년에 미국 스포캔Spokane(워싱턴 주의 도시—옮긴이)에 거주하는 의사 마커스 디우드Marcus DeWood가 심장마비 환자 322명에 대한 연구 보고서를 발표했다.

디우드는 심근경색 발생 후 24시간 이내에 환자의 관상동맥에 카테터를 삽입해서 엑스레이를 촬영할 때 조영제를 주입했다. 그는 혈전이 심장마비를 유발한다는 사실을 밝혀냈다. 안타깝게도 그 당시의 심장마비 치료법은 모르핀, 침상에서의 휴식과 기도가 전부였다. 혈전이 용해되지 않으면 혈전 너머에 있는 심장 근육이 괴사했다경색硬塞, infarcted. 그 당시에 풍선혈관성형술balloon angioplasty은 이제 막 개발되어서 아직 보편화되지 않은 상황이었다. 혈전을 부수는 혈전용해제는 1990년대 이후가 되어서야 상용

화되었다.

   독일의 심장 전문의 안드레아스 그뤼엔트치히Andreas Gruentzig는 1977년에 최초로 관상동맥 폐색에 대한 풍선 혈관성형술을 실시했다. 그는 주방에서 만든 풍선을 관상동맥 카테터의 끝부분에 순간접착제Krazy Glue로 붙여서 사용했다. 혈관성형술angioplasty이라는 용어는 그리스어로 '관 또는 그릇'을 뜻하는 안게이온angeion과 '형성된 또는 만들어진'이라는 의미의 플라스토스plastos에서 유래했다. 특히 스텐트가 추가된 이후에 풍선 혈관성형술은 관상동맥 우회술coronary artery bypass graft, CABG／제32장 참조에 대한 비수술적 대안으로서 급속도로 각광받았다(스텐트는 매우 작은 금속 그물망 튜브로, 풍선으로 확장된 동맥이 다시 수축해서 막히는 것을 방지한다).

   1990년 무렵에는 풍선 혈관성형술과 스텐트 시술이 관상동맥 우회술보다 더 많이 시행되었다. 21세기 초반에는 스텐트에 동맥의 반흔조직 형성을 방지하는 약물을 코팅하기 시작했다. 최초로 코팅에 사용한 약물은 세포 분열을 억제하는 항생제인 라파마이신Rapamycin인데 이 물질은 이스터섬의 토양 미생물에서 발견되었다.

   그뤼엔트치히가 풍선을 접착한 카테터로 좁아진 관상동맥을 확장할 수 있었던 것은 그 이전에 누군가 과감하게 인간의 심장에 카테터를 삽입했기 때문이었다. 최초로 인간에게 심장 카테터 삽입술을 실시한 사람은 독일의 의사 베르너 포르스만Werner Forssmann인데, 그 실험 대상은 다름 아닌 자기 자신이었다. 1844년에 프랑스의 생리학자 클로드 베르나르Claude Bernard가 이러한 기법을 개발했는데, 카테터를 이용해서 동물 심장의 압력을 측정했고 '심장 카테터법cardiac catheterization'이라 명명했다.

1929년 프로스만은 동료들의 만류를 무릅쓰고 수술실 간호사였던 게르다 디트젠에게 멸균 의료기구를 가져와서 실험을 도와달라고 요청했다. 간호사는 그가 자기한테 시술을 시행한다면 돕겠다고 말했다. 프로스만은 그러겠다고 대답하고는 수술대 위에 그녀를 고정한 후에 갑자기 자기 팔을 마취하더니 팔꿈치 안쪽의 큰 정맥에 도뇨 카테터를 삽입해서 심장 쪽으로 밀어 넣었다. 그런 다음 간호사를 일으켜 세웠고 두 사람은 엑스레이 부서로 걸어갔다. 여기서 그는 카테터를 더욱 깊숙이 밀어 넣어 우심방까지 도달하게 한 후에 엑스레이를 찍어서 확인했다. 하지만 이 실험으로 프로스만은 사람들의 찬사를 듣기는커녕 심장학계에서 비난과 배척을 받았고 결국 비뇨기과로 가게 되었다.

훗날 뉴욕의 의사-과학자인 안드레 쿠르낭Andre Cournand과 디킨슨 리처즈Dickinson Richards가 세상의 조소 속에 사장되었던 그의 논문을 발굴했고 심장의 압력과 혈류, 심장 내 여러 방의 모습을 기록하기 위해서 심장 카테터법을 발전시켰다. 그 덕분에 프로스만은 27년 후인 1956년에 마침내 노벨상을 받을 수 있었다.

이들의 업적으로 이제 심장에 카테터를 삽입하고 조영제를 주입해서 심장 내 여러 방의 사진을 확인할 수 있게 되었다. 그렇다면 관상동맥 영상은 어떨까? 클리블랜드 클리닉의 프랭크 메이슨 손즈Frank Mason Sones는 인간에 대한 최초의 관상동맥 조영술을 실시했는데 여기에는 우연이 개입했다.

1958년에 손즈는 류머티즘성 심장판막질환을 앓고 있는 26세 남성 환자에게 심장 카테터법을 실시했다. 그는 환자의 좌심실 이미지를 촬영하려고 준비하던 중이었는데 조영제를 주입할 때 갑자기 카테터가 우관상동맥으로 날아가서 꽂혔다. "우리 때문에 환자가 죽었어!" 손즈는 소리쳤다. 하지만 다행히도 멈추었던 환자의 심장이 몇 차례 심한 기침을 한 후에 다시 뛰기 시작했다. 관상동맥 조영술의 시대가 활짝 열린 것이다.

그 후로 카테터, 엑스레이 및 조영제가 개량되면서 관상동맥 조영술은 더욱 안전해졌고 급속도로 전 세계에 퍼져나갔다(그림 30.2). 그다음에는 그뤼엔트치히가 풍선을 부착한 카테터로 막혀있는 관상동맥을 확장함으로써 한 단계 더 발전을 이루어냈다. 물론 대단하고 근사해 보이기는 했지만 어떻게 보면 결국 '배관공' 역할을 했다고 볼 수 있다.

심장은 그 신비한 매력을 잃어버렸다. 심장은 이제 기계에 불과했고 의사들은 배관공처럼 막힌 파이프를 수리해서 다시 펌프가 작동할 수 있게 만들었다. 오늘날 매년 100만 건 이상의 심장 카테터법이 실시되고 있다. '카테터'로 관상동맥질환이 발견되면 환자는 '하루에 아스피린 한 알'을 복용하기 시작한다.

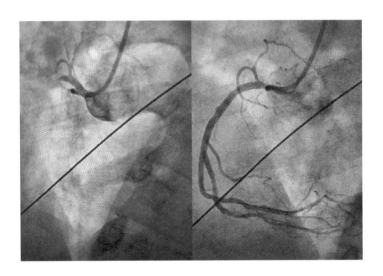

그림 30.2 심장마비 시 우관상동맥의 풍선 혈관성형술 전후의 관상동맥 조영 사진.

출처: 저자 소장 사진.

제31장
아스피린

이 세상의 거의 모든 것은 효과가 없지만 아스피린은 효과가 있다.

— 커트 보니것

설형문자 점토판(기원전 3500년)과 에버스 파피루스(기원전 1550년)에는 고대 수메르인들과 이집트인들이 살리실산salicylic acid이 함유된 버드나무와 도금양머틀, myrtle 잎을 사용해서 동통과 통증을 치료했다는 기록이 남아 있다(라틴어로 샐릭스salix는 버드나무를 가리킨다). 히포크라테스(기원전 400년)는 버드나무 껍질로 만든 차를 해열제로 사용했다. 갈레노스뿐 아니라 중국인들, 미국 원주민들, 아프리카인들도 그 효능을 예찬한 버드나무 껍질은 중세를 지나서 19세기까지 해열제 및 진통제로 쓰였다.[1]

1853년에 샤를 프레데리크 제라르Charles Frederic Gerhardt가 최초로 아세틸살리실산acetylsalicylic acid을 합성했다. 제약·염료 기업인 바이엘은 아세틸살리실산에 '아스피린Aspirin'이라는 이름을 붙여서 1899년에 전 세계에 판매하기 시작했다. 'A'는 아세틸, 'spir'는 스피라에라 울마리아 꽃(살리실산의 천연 원료인 메도우스위트)을 뜻했고 'in'은 당시 약품명에 흔히 쓰이던 접미사였다. 아이러니하게도 "아스피린은 심장에 영향을 주지 않습니다"가 바이엘 사의 첫 번째 광고 문구였다.

그로부터 50년 후, 미국의 의사 로렌스 크레이븐Lawrence Craven은 아스피린을 2년간 복용한 남성 환자 400명이 심장마비에 걸리지 않았다는 사실을 발견했다.[2] 1956년에는 아스피린을 복용한 환자 8천 명의 사례를 기록했는데 이 집단에서도 심장마비에 걸린 이는 없었다. 1974년에 시작된 대규모 실험을 통해서 아스피린이 심장마비와 사망을 예방한다는 사실이 밝혀졌다.

아스피린은 어떻게 심장마비를 예방할까? 병든 관상동맥의 내벽에 있는 죽상경화반에 금이 가서 깨졌을 때 형성되는 혈병이 심장마비를 유발하는데, 아스피린은 이러한 혈액 응고 기제를 방해한다. 그러니 만약 심장마비에 걸렸다는 생각이 들면 일단 응급의료 서비스에 신고하고 나서 아스피린 한 알을 씹어먹어라!

제32장
20세기의 심장 수술

죽어가는 사람에게 심장 이식은 어려운 결정이 아니다…만약 사자한테 쫓겨서 도망가다가 악어가 우글거리는 강기슭에 다다르면 강물로 뛰어들게 될 것이다. 강 건너편까지 헤엄쳐서 갈 수 있다고 확신하면서.

— 크리스티안 바너드(최초로 심장 이식을 시행한 외과 의사)

1896년에 루트비히 렌은 칼에 찔린 심장에 난 구멍에 자기 손가락을 넣었고 캣거트 봉합사로 심장을 꿰매어 붙였다. 그런데 이처럼 놀라운 업적이 탄생한 이후 50년 동안 심장 수술 분야에는 별다른 진전이 없었다. 수술 후에 감염이 발생해서 환자가 생존한 사례가 거의 없었기 때문이다.

1944년 소아 심장학의 창시자이자 심장학 분야의 선구자였던 헬렌 타우시그Helen Taussig가 치명적인 심장 결손이 있는 아이들을 뜻하는 '청색아靑色兒, blue baby'를 구하기 위해 외과 의사 앨프리드 블라록Alfred Blalock, 외과 기술자 비비언 토머스Vivien Thomas와 협력 연구를 진행하면서부터 이 분야가 발달하기 시작했다(심장학 분야의 선구자이자 흑인이었던 토머스는 동물 실험실에서 외과 기술을 개발했고, 아동 환자에 대한 최초의 수술 여러 건이 실시될 당시에 블라록을 도와주었다). 그들은 선천적으로 심장 결손이 있는 아기들을 수술했는데, 이런 행보는 많은 이들에게 큰 반향을 불러일으켰다. 이 수술은 심장 그 자체가 아니라 심장으로 드나드는 큰 동맥과 정맥에서 이루어졌다. 그 결과 타우시그, 토머스, 블라록은 청색아들을 구해냈고 현대 심장 수술 시대의 서막을 열었다.[1]

1940년의 어느 날, 의사 윌프리드 비글로는 동상에 걸린 환자를 진찰했는데, 다른 환자에 비해 심장박동이 현저하게 느려졌다는 것을 알게 되었다. 여기서 아이디어를 얻은 그는 여러 마리의 개를 냉각시킨 후에 심장으로 향하는 혈류를 15분간 차단하는 실험을 해보았다(뇌와 핵심 장기들에 산소가 풍부한 혈액이 공급되지 않으면 6분 이내에 돌이킬 수 없는 손상이 발생할 수 있다). 그 결과 절반 이상이 건강을 회복했다.

비글로를 포함한 다른 사람들의 연구를 바탕으로 존 루이스John Lewis는 월튼 릴러하이C. Walton Lillehei의 도움을 받아서 1952년 처음으로 저체온증을 이용한 '개흉開胸, open-heart' 수술을 성공적으로 실시했다. 그들은 다섯 살 난 여아의 좌심방과 우심방 사이에 있는 구멍심방중격결손을 봉합했고, 이 아이는 목숨을 건질 수 있었다.

개흉 수술의 아버지라고 불리는 릴러하이는 불운한 한 살배기 아이의 생명을 구하기 위해, 좌심실과 우심실 사이에 구멍심실중격결손이 있는 아이의 순환계를 아버지의 순환계와 연결해서 꿰맸다(아버지와 아들의 혈액형은 동일했다). 이 시술을 통해서 아이의 아버지는 실질적으로 심폐기 역할을 했다. 릴러하이는 모체와 태아 사이의 혈액 순환에서 영감을 얻어서 이런 아이디어를 낸 것이다.

그의 초기 실험 중에는 개 두 마리를 마취한 다음 맥주 호스와 우유 펌프를 통해서 순환계를 서로 연결한 사례도 있었다. 이런 방법을 통해서 기포가 유입되지 않은 상태에서 동일한 양의 혈액을 서로 반대 방향으로 보낼 수 있었다. 1954년에 그는 똑같은 맥주 호스와 우유 펌프를 아버지와 아들 사이의 수술에 성공적으로 활용했다.

거의 같은 시기에 존 헤이샴 기번John Heysham Gibbon은 IBM 엔지니어들과 함께 개발한 최초의 심폐기를 이용해서 18세 여성 환자의 커다란 심방중격결손을 성공리에 봉합했다. 이 거대한 기계는 잠시나마 심장과 폐의 기능을 대신 수행했다. 기계는 몸에서 산소가 고갈된 혈액을 제거하고 산소 포화도가 높은 혈액을 펌프

질했다. 그 덕분에 기번은 30분 동안 환자의 심장에 나 있는 커다란 구멍을 성공리에 수리할 수 있었다.

심장 수술의 명칭이 '개흉 수술'이라는 점은 상당히 흥미롭다. 외과 의사들다운 순전히 기계론적인 발상이 드러나기 때문이다. 비유적인 뜻으로 '마음이 열려 있는 사람'은 자신의 가장 깊은 생각과 비밀, 감정을 기꺼이 공유하는 사람이다. 이제 우리는 육체적으로도 은유적으로도 열린 마음심장을 지닐 수 있지만 그 의미는 서로 전혀 다르다. 하나는 근육 펌프의 가장 깊은 부분을 가리키고 다른 하나는 우리 영혼의 가장 깊은 부분을 뜻한다.

1960년에 심장외과 전문의 앨버트 스타Albert Starr와 (수압식 나무 박피기를 발명한) 엔지니어 로웰 에드워즈Lowell Edwards는 심장에 이식된 최초의 인공 장치인 '스타-에드워즈 판막Starr-Edwards valve'을 개발했다. 케이지 안에 플라스틱 공이 들어 있어서 혈류에 따라 이리저리 움직일 수 있는 간단한 구조였지만 확실히 효과는 있었다.

그 이후에 1970년대에는 올로프 비요크Olov Bjork가 (변기 덮개를 닮은) 틸팅 디스크tilting disk 판막을 개발했다. 1960년대 후반부터는 돼지의 심장 판막이나 송아지의 심낭 조직으로 만든 생체인공판막bioprosthetic valve, 조직판막이 쓰이기도 했다. 이제는 수술 없이도 카테터를 이용한 삽입을 통해서 심장 판막을 교체할 수 있다. 간단한 시술이라서 환자는 다음 날 바로 퇴원할 수 있다!

1967년에 심장 우회술의 선구자인 아르헨티나의 외과 의사 르네 파발로로Rene Favaloro는 클리브랜드 클리닉에서 근무했다. 그는 환자의 다리에 있는 건강한 정맥의 일부를 떼어내서 관상동맥이 폐색된 부분의 위아래에 이식하는 데 성공했다. 혈관이 막힌 부분을 효과적으로 '우회bypass'하기 때문에 관상동맥 우회술Coronary Artery Bypass Grafting, CABG이라고 명명하게 되었다(보통 줄여서 '캐비지'로 발음한다).

데이비드 레터맨, 버트 레이놀즈, 빌 클린턴은 모두 '지퍼 클럽' 소속이다. 관상동맥 우회술을 받으면 흉부의 중앙에 흉터가 남기 때문에 이런 이름이 붙여지게 되었다. 데이비드 레터맨은 수술을 앞둔 레지스 필빈에 대해서 다음과 같은 한 마디를 남겼다. "가슴이 쩍 갈라진 바닷가재lobster 신세가 되겠네요." 오늘날 전 세계에서 매년 80만 건 이상의 관상동맥 우회술이 시행되고 있다.

1967년 12월 3일, 남아프리카공화국의 케이프타운에서 크리스티안 바너드Christiaan Barnard는 교통사고로 사망한 25세 여성의 건강한 심장을 적출한 뒤, 심부전으로 죽어가던 55세 환자인 루이스 워시칸스키의 흉부에 이식했다. 다섯 시간에 걸친 수술이 끝나고 이식한 심장에 전기 충격을 가해서 심장이 뛰게 했다. 이러한 이식 수술은 효과적이었다. 워시칸스키는 깨어난 후에 말을 할 수 있었고 얼마 지나지 않아 걸을 수 있었다. 다만 성공적이었던 처음과 달리 18일 후 워시칸스키는 폐렴으로 인해 사망했다. 이 수술이 전 세계의 신문에 대서특필되자 바너드는 하룻밤 사이에 스타가 되었고 얼마 후에는 소피아 로렌과 데이트를 하기도 했다.

안타깝게도 1970년대 이전까지 대부분의 심장 이식은 비극적인 결과로 끝났다. 환자들의 몸이 새로 이식된 기관을 거부했기 때문이다. 바너드는 최초로 심장 이식을 시행하는 데 흥미를 보였을 뿐, 심장 이식의 최고 권위자가 되는 데는 별로 관심이 없는 듯했다. 외과 의사들은 1954년에 3년 차 수술 레지던트로 릴러하이를 도왔고 크리스티안 바너드의 스승이기도 한 노먼 셤웨이Norman Shumway의 연구 덕분에 이식 거부 반응을 최소화하는 방법을 배울 수 있었다.

셤웨이는 혈액형이 중요하게 작용한다는 사실을 깨달았다. 또한 노르웨이 숲의 토양에서 발견된 균류에서 분리한 사이클로스포린cyclosporine이라는 신약은 면역체계를 손상하지 않으면서도 기관의 거부 반응을 억제했다. 현재 전 세계에서 매년 8천 건 이상의 심장 이식이 이루어지고 있다.[2] 이제 심장 이식의 유일한 문제는 수술이 필요한 사람에 비해 기증자의 심장이 충분하지 않다는 점이다. 심장 이식 수혜자 중에서 가장 오래 산 사람은 기증자 심장을 공여받은 후 35년 이상 생존했다.

이제 우리는 우리의 감정과 기억, 생각이 뇌에 있다고 생각한다. 그러므로 한 사람의 심장을 다른 사람에게 이식해도 큰 문제를 느끼지 않는다. 물론 일반적으로, 심장 이식은 아무런 문제가 없다.

다만 앞서 서문에 언급한 클레어 실비아 같은 사람도 간혹 나타났다. 47세의 전직 무용수인 실비아는 심장 및 폐 이식 수술을 받았는데, 오토바이 사고로 숨진 18세 남자의 심장을 이식받게 되었다. 그 후로 실비아는 생전에 이 청년이 하던 행동들을 하게 되었고 그의 가족이 이 사실을 확인해 주었다.

장기를 이식받은 환자가 장기 기증자의 성격 특성을 물려받은 다른 사례 역시 여러 문헌을 통해서 찾아볼 수 있다. 이러한 점을 고려할 때 과연 심장이 단지 펌프에 불과한가에 대한 의문은 제기될 수밖에 없다. (영혼이든 감정이든 뭐라고 이름을 붙이건 간에) 정녕 우리 일부가 심장에 깃들어 있고 심장과 함께 이동하는 걸까? 최소한 어떤 사람들은 상징적인 의미에서 그렇다고 믿고 있다. 최근 뉴스에 보도된 일화 중 하나로, 돌아가신 후에 심장을 기증한 아버지를 둔 신부의 이야기가 있었다. 신부의 결혼식 날, 아버지의 심장을 이식받은 남자가 아버지 대신 신부의 곁을 함께 걸었다고 한다.

한편 윤리적, 종교적 관점에서 더욱 판단하기 어려운 사례도 있다. 1984년에 외과 의사 레너드 베일리Leonard Bailey는 개코원숭이의 심장을 생후 12일 된 여아('베이비 페이Baby Fae')에게 이식했다. 이 아기에게는 좌심형성부전증후군hypoplastic left heart syndrome이라는 치명적인 선천적 심장 결손이 있었다. 개코원숭이의 심장을 이식받은 베이비 페이는 3주간 생존했다. 앞서 1964년에는 미시시피의 외과 의사 제임스 하디James Hardy가 죽어가는 남자에게 침팬지의 심장을 이식했고 이 심장은 90분간 뛰었다. 돼지와 양의 심장을 이식하려는 시도는 현재까지는 완전한 성공을 거두지 못했다. 서로 다른 종種의 장기를 이식하는 이종 장기 이식에 관한 연구는 계속 진행되고 있다. 특히 인간에 대한 기증자 심장으로서 지금까지 가장 큰 잠재력을 보여준 돼지 심장이 활발히 연구되고 있다.

다른 사람의 심장을 우리 몸에 이식하는 것은 개인의 정체성에 대한 우리의 믿음을 시험할 수도 있다. 그런데 다른 동물의 심장을 우리 몸에 이식하는 것은 사뭇 다른 문제들을 제기한다. 그렇기는 하지만 조지 오웰은 『동물 농장』(1946)에 이렇게 적었다. "그들은 돼지에서 인간으로, 인간에서 돼지로, 다시 돼지에서 인간으로 시선을 옮겼다. 그러나 이미 누가 인간이고 누가 돼지인지 분간할 수 없었다."

나는 아버지가 심장질환으로 세상을 떠나게 되리라는 사실을 알고 있었다. 그래서 아버지를 위해서 심장을 만들어내려고 애썼다.

— 로버트 자르빅(최초로 인공 심장을 발명한 사람)

매년 8천 명의 환자들이 심장 이식을 받고 있다. 그런데 만약 심장을 구할 수만 있다면 그보다 열 배는 더 많은 사람이 혜택을 누릴 수 있을 것이다. 오늘날 기증자 심장은 상당히 부족한 실정이다. 따라서 지난 반세기 동안 기계 장치로 인간의 심장을 대체하려는 시도는 의사-과학자들의 거대한 야심이었다. 『오즈의 마법사』의 양철 나무꾼과 정확히 반대되는 개념이라고 생각하면 된다. 그런데 이종 장기 이식처럼, 로봇 심장을 지닌 사람은 과연 '인정을 보여줄 수 있을까have a heart'?

1969년에 덴튼 쿨리Denton Cooley는 최초로 완전한 인공 심장 이식에 성공했다. 다만 이는 온전한 심장을 이식하기 위한 임시적인 중간 단계였고 3일 후에 제거했다. 당시 또 다른 심장 전문의 마이클 드베이키Michael DeBakey도 완전한 인공 심장을 개발하기 위한 연구를 진행하고 있었다. 쿨리는 드베이키의 조수 한 명을 통해서 그의 인공 심장 중 하나를 얻어낸 덕분에 최초로 인공 심장을 이식할 수 있었다. 그는 『라이프Life』라는 잡지와의 인터뷰에서 이렇게 말했다. "나는 심장이 단지 펌프라고 생각합니다. 뇌의 지시를 받는 부하라고 할 수 있죠. 뇌가 사라지면 심장은 실직 상태가 됩니다. 그러면 반드시 다른 일자리를 찾아주어야 합니다."

이 인용문을 보면 20세기의 의사들과 과학자들이 뇌와 비교할 때 심장을 어떻게 생각했는지를 명확하게 알 수 있다. 뇌는 내가 어떤 사람인지를 정의했다. 반면에 심장은 그저 얼마든지 교체할 수 있는 '펌프'에 불과했다.

1982년 윌렘 드브리스Willem DeVries는 로버트 자르빅Robert Jarvick
이 고안한 최초의 '영구적인' 인공 심장을 은퇴한 치과의사 바니
클라크에게 이식했다. 위중한 울혈성 심부전을 앓고 있던 클라크
는 그 나이와 심각한 기종氣腫, emphysema 때문에 심장 이식에 적
합한 후보자가 아니었다. 한편, 클라크가 기계 심장을 이식받은
후에 그의 아내는 의사들에게 이렇게 물었다. "그이가 여전히 나
를 사랑할 수 있을까요?"

클라크는 외부에 설치된 (사실상 공기를 동력으로 하는 기계 펌
프인) 공기압축기neumatic compressor에 연결된 상태로 120일을 더
살았다. 그리고 두 번째 이식 수혜자인 빌 슈뢰더는 620일간 생존
했다. 인공 심장에 관한 연구는 지금도 계속 진행되고 있다. 현재
나와 있는 프로토타입 중에는 3D 프린팅 기술을 활용해서 실리
콘으로 제작한 부드러운 인공 심장도 있다. 지금까지 기계 심장을
이식받은 수혜자 중에서 가장 길게 생존한 사람의 기록은 약 5년
이다.

비록 고장난 심장을 완전히 대체할 수 있는 인공 심장은 제한적
이지만(2021년 기준 전 세계의 이식 건수가 2천 건 미만이었음),

문제가 있는 심장을 지원하는 작은 펌프인 심실보조장치ventricular assist device, VAD의 이식은 지금도 빈번하게 이루어지고 있다.

1966년에 마이클 드베이키가 최초의 심실보조장치를 37세 여성 환자에게 이식했는데, 이 보조장치는 10일 후에 심장 이식이 성공적으로 이루어질 때까지 사용되었다. 심실보조장치는 심장의 심실 옆에 이식하는 보조장치로, 비록 충분하진 않지만 그래도 여전히 기능하고 있는 심장 근육의 혈액 순환을 돕는다. 드베이키의 최초 활용 사례에서처럼 이식을 위한 중간 단계로 활용할 수 있는데, 이때는 환자 본인의 심장이 회복할 때까지 일시적으로 지원하는 것이다.

또는 환자가 이식에 적합한 후보가 아닌 경우 '궁극destination' 치료나 영구적인 해결책으로 사용할 수 있다. 이제 심실보조장치는 말기 심부전 환자들에게 목숨을 구할 수 있는 선택적인 방안이 되었다. 심실보조장치를 이식받은 환자 중에서 14년 이상을 생존한 사례도 있다.

20세기에 의학과 기술이 발달하면서 심장마비와 심부전의 기저에 있는 기제가 명확하게 밝혀졌다. 많은 사람에게 심장마비는 이제 더 이상 사형선고가 아니라 단지 사소한 문제에 불과하게 되었다. 중재시술적interventional 심장 전문의들은 막혀 있는 관상동맥을 개방해서 심장 근육을 살려낼 수 있게 되었고, 심장 외과의들은 막혀버린 다수의 동맥을 우회하며 손상된 판막을 교체하거나, 심지어 완전히 새로운 심장을 이식할 수 있게 되었다. 그런데도 심장질환은 여전히 전 세계의 사망원인 1위를 차지하고 있다. 이 같은 상황을 바꾸기 위해서는 대체 무엇이 필요할까?

제33장
현대의 심장

언젠가 죽는다는 사실을 기억하는 것은, 뭔가 잃을 것이 있다는 생각의 굴레에서 벗어날 수 있는 내가 아는 최선의 방법이다. 우리는 이미 벌거벗었다. 그러니 마음(심장)을 따르지 않을 이유가 없다.

— 스티브 잡스

나는 결코 심장마비에 걸리지 않을 것이다. 굳이 말하자면 상대방에게 심장마비를 주는 쪽이다.

— 조지 스타인브레너, 미국의 사업가로 80세에 심장마비로 사망함

요즘 사람들은 심장에 감정이 깃들어 있다는 것을 믿지 않을지도 모르지만, 오늘날 심장에 함축된 상징적 의미는 여전히 널리 통용되고 있다. 공원을 산책하다 보면 연인들이 나무에 새겨놓은 하트

모양이 자주 눈에 들어온다. 하트는 밸런타인데이마다, 러브레터와 이모티콘마다 항상 등장하며 심지어 내 딸의 서명에도 들어 있다.

우리의 영혼이 심장에 깃들어 있는 것은 아닐지도 모르지만, 여전히 우리가 살아가기 위해서는 심장이 꼭 필요하다. 전 세계 인구의 1/3이 심혈관계 질환으로 사망할 것이며, 이처럼 심혈관계 질환으로 인한 사망자 수는 모든 암을 다 합한 것보다 더 많다. 미국에서는 36초당 한 명씩 심장마비로 사망한다. 매년 심혈관계 질환으로 인한 사망자 수가 70만 명에 달하며 3,630억 달러의 비용이 발생한다. 심장질환은 어린이들이 가장 흔히 겪는 선천적 질환이다.[1]

사람들이 이런 사실들을 깨닫게 되면서 심장학은 20세기에 혁신의 선봉에 서 있는 분야가 되었고, 21세기에는 그 사실이 더욱 공고해졌다. 관상동맥 조영술, 관상동맥 우회술, 카테터 기반의 관상동맥 풍선 혈관성형술과 스텐트, 페이스메이커, 제세동기, 심장 보조장치, 심장 이식, 기계 인공 심장 등이 20세기에 개발되었다. 흡연, 고혈압, 콜레스테롤 등 심장 위험도를 높이는 요인들에 대한 예방적 건강 조치는 심장질환으로 인한 사망자 수를 줄이는 데 도움이 되었다(미국인들의 절반이 위에서 언급한 심장 위험도를 높이는 세 가지 요인 중 최소한 한 가지를 가지고 있다). 심혈관계 질환의 발생률은 1960년대 이래로 현저하게 감소했지만, 여전히 사망원인 1위의 자리를 지키고 있다.

영국 과학자들이 심장질환에 맞서 싸우는 데 도움이 되는 슈퍼 브로콜리를 개발했다고 한다. 심장질환에 맞서 싸우고 싶다면 사람들이 실제로 먹을 만한 음식을 개발하는 게 더 낫지 않을까? 예를 들어 슈퍼 글레이즈드 도넛처럼.

— 제이 레노, 미국의 코미디언

최근에 하트 모양은 또 다른 의미, 즉 건강의 상징으로도 쓰이고 있다. 심지어 일하다가 문득 출출해서 꺼내 뜯은 시리얼에서도 하트를 발견할 수 있다(그림 33.1). 하트 모양으로 된 통곡물 귀리 시리얼은 내가 '심장 건강에 좋은' 음식을 먹고 있음을 알려준다. 식당의 메뉴판을 살펴볼 때 우리는 어떤 표시를 보고 건강에 좋은 요리라는 것을 알 수 있을까?

비행기에 탑승하거나 학교 복도를 걸어가다 보면 하트 안에 번개 표시가 그려진 기호를 종종 볼 수 있다(그림 33.2). 다들 알다시피 '외부형 자동제세동기AED가 여기 있음'을 알려주는 표시다.

내가 근무하는 병원의 완화치료palliative care(말기 환자의 고통 완화를 위한 치료—옮긴이) 사무실에는 창문 가득 하트 모양이 붙어 있다(그림 33.3). 이를 보고 있자면 마치 다채로운 빛깔의 수많은 하트가

그림 33.1 '심장 건강에 좋은' 아침 식사.

출처: 저자 소장 사진

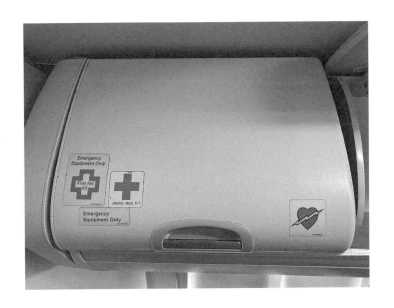

그림 33.2 하트 안에 번개 표시가 그려진 기호는
외부형 자동제세동기(AED)의 위치를 알려준다.
출처: 저자 소장 사진.

하늘로 둥실둥실 떠올라 창문 밖으로 날아가는 것만 같다. 여기서
하트는 건강, 희망, 감사, 사랑을 상징한다.

사우스웨스트항공의 승객이라면 사우스웨스트 특유의 줄무늬
가 그려진 하트 조형물을 한 번쯤 본 적이 있을 것이다. 이 하트는
'사우스웨스트항공에서 일하는 사람들의 마음'을 상징한다(그림
33.4). 사우스웨스트항공의 안내 책자에 따르면 하트는 회사의 핵

그림 33.3 완화치료 병동 사무실 창문의 모습

출처: 저자 소장 사진.

심 가치인 황금률('남에게 대접받고자 하는 대로 남을 대접하라')
의 준수에 바탕을 둔 '섬기는 자의 마음the Servant's Heart'을 나타낸다.

현대 의학으로 인해서 우리는 심장이 그저 신체 기관 중 하나일
뿐이며 감정과 이성이 없는, 그리고 가장 흔히 인간을 사망으로
이끄는 기관이라고 생각하게 되었다. 과거 여러 고대 문화권에서
처럼 다른 기관들을 다스리는 지배자로서의 중요성은 잃었지만,
심장의 상징적인 힘은 현대에 남아 계속 이어지고 있다. 하트 모

그림 33.4 사우스웨스트항공의 하트와 온 마음을 다하는 서비스
출처: 저자 소장 사진.

양은 여전히 사랑과 로맨스를 상징하며 건강, 생명, 헌신, 봉사 등 다른 여러 가치를 뜻하게 되었다.

우리는 비유적으로 '마음이 부서진다'는 표현을 사용하지만, 갑작스러운 강렬한 감정이 실제로 심장을 '부숴버릴break' 수 있다는 사실에는 정작 인색하다. 어쩌면 감정은 지금 우리가 생각하는 것보다 더욱 심장과 밀접하게 연관되어 있는지도 모른다. 여러 연구에 따르면, 심장은 생각보다 우리 신체 건강에 많은 영향을 미친다. 최근의 데이터를 살펴보면 뇌와 심장 사이에 상당한 의사소통이 이루어진다는 것을 알 수 있다. 이것이 바로 **심장-뇌 연결**이다.

제34장
상심 증후군

여호와는 마음이 상한 자를 가까이하시고 충심으로 통회하는 자를 구원하시는도다.

— 시편 34장 18절(히브리 성서 및 기독교 성서)

마음이 부서지는 경험을 계속 하고 나면 비로소 마음이 열린다.

— 루미(1207~1273)

마음은 부서지라고 만들어진 것이다.

— 오스카 와일드(1854~1900)

마음을 굽힐 수 있는 자는 복이 있나니 그들의 마음은 결코 부서지지 않으리라.

— 알베르 카뮈(1913~1960)

심장은 언제까지나 엉뚱하고 제멋대로일 거야. 부서지지 않는 심장을 만들지 않는 한.

—『오즈의 마법사』의 양철 나무꾼

산산이 부서지고 또 부서지고도 여전히 살아 있는 인간의 심장보다 과연 더 강한 것이 있을까?

— 루피 카우르(1992년생)

여기 적은 인용구들은 인류의 역사에 걸쳐서 '부서진 심장'이라는 비유가 문학, 철학 및 종교에서 반복적으로 사용되었다는 사실을 보여준다. 이 중에는 3천 년 전까지 거슬러 올라가는 것도 있다. 오늘날에도 누군가의 심장을 부서지게 한다는 개념은 가장 잘 알려져 있고 널리 쓰이는 비유 중 하나다. 그런데 강렬한 감정이 진짜로 심장을 부서지게 할 수 있을까? 그 답은 '예스'다.

호랑이에게 쫓기는 사람의 몸에는 다양한 변화가 발생한다. 이것을 가리켜 투쟁-도피 반응이라고 부른다. 뇌에 있는 편도체가 몸에 뛰어서 도망가라는 신호를 보낸다. 이 신호는 부신으로 전달되고 부신수질에서 아드레날린이 분비된다. 아드레날린은 곧바로 심장의 페이스메이커 세포에 도달해서 심박수를 높인다. 또한 심근세포가 더 많은 칼슘을 흡수해서 더 강하게 수축할 수 있게 한다. 그러면 산소포화도가 높은 혈액이 다리 근육에 공급되어 뛸 수 있게 된다. 그런데 간혹 우리 몸의 스트레스 체계가 통제 불능으로 날뛰어 심장에 손상을 입힐 수 있다. 이러한 경우에 스트레스성 심장마비가 발생한다.

스트레스와 연관된 심장마비는 '상심broken heart' 또는 타코츠보takotsubo 증후군이라고 부르기도 한다. 타코츠보たこつぼ, 蛸壺는 일본어로 '문어 항아리'라는 뜻이다. 이 병은 1990년에 처음 언급되었는데, 일본의 의사들은 갑자기 극심한 감정적 고통이나 스트레스를 겪은 후에 심장마비에 걸린 환자들에 주목했다. 환자 대다수는 여성이었다.[1] 이 환자들은 심장기능장애로 인해서 좌심실의 모양이 병목이 좁고 아래쪽은 폭이 넓은 문어 항아리처럼 변했다(그림 34.1).[2] 이들은 흉통, 심장 효소 상승, 심전도의 변화, 심장의 국소 벽운동이상wall motion abnormality 등 심장마비의 전형적인 증상을 보였다. 그런데 심장 카테터법을 실시해보았더니 관상동맥에서 죽상경화성 질환이 발견되지 않았다.

대다수의 상심 증후군 사례에서는 심장 기능이 회복된다. 타코츠보 심장의 비정상적인 형태는 정상 심장 근육의 아드레날린 수용체 분포를 반영한 것이다. 그런데 스트레스성 심장마비가 왜 발생하는지 그 원인은 정확히 알려지지 않았다. 아드레날린 분비량이 갑자기 대폭 증가하면 심장 세포에 손상이 발생할 수 있다.[3] 1994년 캘리포니아 노스리지 지진과 1995년 일본 고베 지진에 관한 연구 결과에 따르면 지진이 발생한 날의 심장마비 발생률은 전년도의 같은 날에 비해 훨씬 더 높았다고 한다.[4] 또한 월드컵 경기의 승부차기나 슈퍼볼 당시 및 직후에 스트레스성 심장마비 발생 건수가 급증한다.

갑자기 강렬한 감정을 느끼거나 극심한 스트레스를 받으면 심장이 말 그대로 '부서질' 수 있다. 다행히 대부분의 경우에는 부서

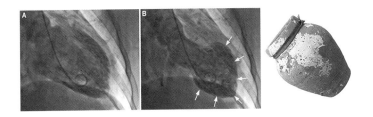

그림 34.1 타코츠보 증후군 환자의 좌심실 조영 사진.
좌측은 이완기말end-diastolic의 모습이다. 우측은 수축기말end-systolic의 모습인데,
좌심실 심저부의 운동과다hyperkinesis 현상 및 중간 부분과
심첨부의 운동저하akinesis 현상(하얀 화살표)을 확인할 수 있다.
이러한 형태는 우측 끝 사진에 있는
일본의 전통적인 문어잡이 덫(타코츠보) 모양을 닮았다.
출처: R. Diaz-Navarro, British Journal of Cardiology 28 (2021): 30-34.

진 심장이 회복되고 환자가 살아난다. 19세기 영국의 시인 바이런은 "심장은 부서지겠지만 상심한 자는 계속 살아가리"라는 글을 남겼다. 상심 증후군처럼 비유적인 의미에서의 심장과 생물학적인 심장이 이토록 긴밀하게 교차하는 질병은 아마 없을 것이다.

평생을 함께 살아온 부부는 수개월 내에 둘 다 사망하는 경우가 많다. 조니 캐시와 준 카터 캐시는 4개월 차이로 세상을 떠났다. 상을 당한 후에 남겨진 배우자도 잇따라 죽음을 맞이하는 이유는 슬픔에서 비롯된 극심한 신체적 스트레스와 상심 때문이라는 것이다.[5]

  내가 지금까지 이 분야에서 일하면서 가장 슬펐던 순간은 순환기내과 펠로였던 시절에 겪었던 일이다. 병실 밖으로 나와서 환자와 60여 년을 해로한 남편에게 그의 아내가 숨을 거뒀다는 사실을 알려야만 했다. 의료진과 마찬가지로 남편 역시 아내가 살아나지 못할 것이라는 사실을 알고 있었다. 그러나 내가 사망 소식을 전하자 그의 얼굴은 극심한 괴로움과 두려움으로 무너져내렸다. 그는 고개를 들어 나를 바라보더니 이렇게 물었다. "아내 없이 내가 어찌 살까요?" 비통해하던 그 눈빛이 아직도 잊히지 않고 가슴이 아프다. 그는 내 어깨에 의지했고 답을 찾아 헤매듯이 나를 계속 바라보았다. 나는 아담한 체구를 지닌 그를 두 팔로 안아주었고 우리는 그날 한참을 같이 울었다. 그는 5개월 후에 호스피스 치료를 받다가 세상을 떠났다.

우리는 모든 과학적 지식을 알고 심장이 단지 펌프에 불과하다고 생각하고 있지만, 이런 사례들은 심장의 감정과 관련된 부분과 생리학적인 부분이 하나로 합쳐지는 순간들을 설명하는 것 같다. 16세기의 해부학자 가브리엘 팔로피오Gabriele Falloppio는 이렇게 말했다. "심장(마음)이 부서진 사람은 살 수 없다."

우리가 뇌에서 느끼는 감정은 심장에서 반향을 불러일으키며, 그 결과로 심장의 반응이 표현되어 신체적 감각이 발생하는 것이다. 심장과 뇌 사이의 상호의존성, 즉 심장-뇌 연결은 우리의 건강에 지극히 중요하다. 그래서 인류는 뜨겁게 고동치며 우리가 살아 있음을 뜻하는 이 기관에 감정과 이성적 추론, 그리고 영혼을 수천 년간 의탁하게 된 것이다.

고대인들은 행복한 심장이 행복한 몸과 건강하게 장수하는 삶을 뜻한다고 가르쳤다. 현대 과학과 의학은 우리의 조상이 한때 우리가 생각했던 것보다 훨씬 통찰력이 깊었다는 가설을 제시하고 있다. 지난 500년 동안 의사들과 과학자들이 우리에게 믿도록 한 것에 비해서 우리의 감정과 신체의 건강과 행복에 심장이 담당하는 역할이 훨씬 더 크고 중요할지도 모른다. 뇌가 심장에 지시를 내리는 만큼, 심장도 뇌에 말을 건네고 있을 것이다. 이러한 심장-뇌 연결은 우리의 전반적인 건강에 핵심적인 역할을 담당한다.

제35장
심장-뇌 연결

> 그런데도 나는 내 심장박동 소리가 더 이상 머릿속에 울려 퍼지지 않는
> 순간을 상상해 보려고 애썼다.
>
> — 알베르 카뮈

많은 아시아 언어에서 동일하게 쓰이는 고대 한자('心')는 심장을 뜻하기도 하고 마음을 뜻하기도 한다. 고대인들은 이 두 가지가 서로 연결되어 있다고 믿었는데, 최근의 연구 결과에 따르면 우리 선조들의 생각이 그리 잘못되지는 않았던 것 같다. 현대 의학에서는 마음이 뇌에서 비롯된다고 하지만 과학자들은 심장-뇌 연결이라는 개념이 실제로 존재한다는 사실을 입증하고 있다.

주지하다시피 흡연, 고혈압, 고콜레스테롤 및 당뇨병은 심장질환에 대한 주요 위험 요인이다. 우리는 심장마비와 심부전을 줄이

기 위해서 위에서 나열한 전통적인 위험 요인들에 주의를 기울이고 이에 대처하기 위해 노력한다. 그런데 최근 연구에 따르면 우리가 심장질환에 대한 또 다른 주요 위험 요인인 감정적 스트레스를 무시하고 있다는 주장이 제기되고 있다. 수천 년간 심장과 감정의 연관성이 존재했는데도 우리는 감정이 심장 건강에 미치는 잠재적 영향을 그동안 잊고 있었다.

　(우울증, 불안, 분노/적의 등) 심리사회적 · 정신적 스트레스와 (심장질환, 암 등) 만성 질환의 진행이 서로 연관되어 있다는 사실을 뒷받침하는 증거가 점차 늘어나고 있다.[1] 우리는 지진이 발생하거나 사랑하는 사람을 갑자기 잃는 등 급성 스트레스 요인이 심장마비를 유발할 수 있다는 것을 알고 있다. 이제 우리는 업무 스트레스, 결혼 스트레스, 경제적 스트레스 등 만성 스트레스 요인도 심혈관 사건cardiovascular event 증가와 연관되어 있다는 것을 점차 깨닫고 있다.

　만성 스트레스는 흡연, 폭음 및 알코올 남용, 식사요법 실천 미흡, 신체활동 부족, 의학 치료요법 준수 미흡 등 부정적인 행동을 초래할 수 있고 이 모든 요인이 심장에 안 좋은 영향을 미친다. 그러나 만성 스트레스는 교감신경계, 코르티솔 수치 상승, 염증 및 혈관의 이상 기능에 부정적인 영향을 미칠 수 있다. 이 모든 것들은 심혈관계 질환을 중재하는 요인으로 잘 알려져 있다. 이제 우리는 심리사회적 · 정신적 스트레스가 심장마비의 원인이 될 수도 있고 결과가 될 수도 있다는 사실을 알게 되었다.

대규모 국제 연구인 '인터하트INTERHEART'는 52개국 약 2만 5천 명을 대상으로 만성 스트레스 요인과 심장마비 발생률의 연관성을 조사했다.[2] 연령, 성별, 지역 및 흡연 여부에 대한 조정을 거친 이후에 직장이나 가정에서 '영구적인 스트레스'를 받는다고 응답한 사람들은 심장마비에 걸릴 위험이 2.1배 더 높았다. 데이터를 살펴보면 스트레스 관리가 향후의 심장 사건cardiac event을 줄일 수 있다는 것을 알 수 있다. 요가, 명상, 음악, 웃음 등 긍정적인 감정의 고양을 겨냥한 기법들은 만성 스트레스가 신체에 미치는 부정적인 영향을 뒤집을 수 있다.[3] 또한 혈압을 개선하고 우울증을 완화할 수 있다. 안타깝게도 심리사회적·정신적 스트레스 요인이 심장에 미치는 영향은 전통적인 심장 위험 요인들과 함께 고려되지 않는 경우가 종종 있다.

1990년대까지 우리는 뇌가 일방적으로 심장에 지시를 내린다고 배웠다. 하지만 오늘날 새로운 연구 분야인 심장신경학neurocardiology은 심장과 뇌 사이의 다이내믹한 양방향 대화가 두 기관의 기능에 끊임없이 영향을 미친다는 사실을 밝혀내고 있다.[4] 심장에는 4만여 개의 감각 뉴런으로 이루어진 고유의 신경계가

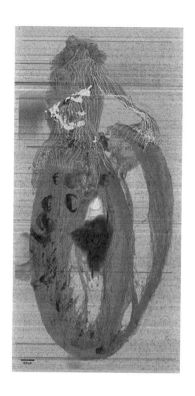

그림 35.1 쥐 심장 절편의 상단 근처에 있는 심장의 '뇌' 클러스터를 이루는
신경 세포(하얀색). 혈관이 심장으로 들어오고 나가는 부위 근처다.
출처: S. Achanta et al., iScience 23, no. 6 (June 2020):101140.

존재한다. 이는 심장이 감지하고 조절하며 기억할 수 있게 해주는
'작은 뇌'라고 할 수 있다.[5] 심장은 미주신경을 통해서 최소한 뇌
가 심장에 보내는 것만큼 많은 신경 신호를 뇌에 전달한다. 심장
고유의 신경계에서 보낸 신호는 연수, 시상하부, 시상, 대뇌피질

및 뇌의 감정 중추인 편도체 등 감정과 관련된 다양한 뇌 부위의 기능에 영향을 미친다. 필라델피아 토머스제퍼슨대학교의 과학자들은 최근에 나이프-에지 스캐닝 현미경 검사를 활용해서 쥐 심장의 3D 모델을 만들었다(그림 35.1). 그들은 심장에 고유한 신경계, 즉 '작은 뇌'가 있다는 것을 시각적으로 보여주었다.[6]

또한 심장은 호르몬과 신경전달물질의 분비를 통해서 뇌에 영향을 미칠 수 있다. 심장에서 만들어지는 옥시토신('사랑의 호르몬') 농도는 뇌에서 만들어지는 양과 동일한 범위 내에 있다. 옥시토신은 인지, 관용, 신뢰, 우정 및 유대관계에 영향을 미친다. 더 나아가 심장은 리드미컬한 전자기에너지를 통해서 뇌에 영향을 미친다.[7] 심장은 우리 몸에서 가장 강력한 전자기에너지 발전기 역할을 한다(심장에는 자체적인 전도 체계가 있다는 점을 기억하라). 이는 뇌에 비해서 60배나 더 강력하다.

심장이 뇌에 부정적인 영향을 미치는 사례는 공황 장애가 있는 사람들한테서 확인할 수 있다. 연구에 따르면 공황 장애의 심리적 양상은 종종 본인이 자각하지 못하는 심장 부정맥에 의해 발생한다. 평상시의 안정된 기준선 리듬 패턴과 비교할 때 심장에서 뇌로 전달되는 신호 패턴에 갑자기 현저한 변화가 발생하면 불안과 공황을 유발할 수 있다. 심장의 부정맥을 진단하고 치료하면 공황 장애 증상이 개선되는 경우가 많다.

수행 장애performance anxiety가 있는 사람들에게는 베타 차단beta blocke라는 약을 통해 신경을 진정시키는 방법이 흔히 권해진다. 베타 차단제는 심박수와 혈압을 높이는 아드레날린이 심장에 미치는 영향을 차단한다. 뇌는 수행을 앞두면 즉시 불안해지는 상황을 예상한다. 그런데 심장이 약물로 유발된 신호불안 반응이 없음를 보내면 뇌는 심장의 지시를 수용하고 불안해지려는 필요를 잠재운다.

명상, 마음챙김 등 심장의 리듬과 기능을 조절하는 일관성coherence 방법은 호흡, 혈압 등 몸의 다른 체계와 동기화해서 뇌의 통증 영역에 긍정적인 영향을 미칠 수 있다. 연민, 감사 등 긍정적인 감정은 심장 리듬을 보다 일관성 있고 조화롭게 만들어준다. 이러한 정보가 뇌로 전달되어 '마음 상태'가 나아지게 만드는 것이다. 그러므로 심장의 리드미컬한 박동 패턴은 감정의 상태를 반영할 뿐만 아니라 우리의 감정 경험을 판단하는 데도 나름의 역할을 한다. 연구에 따르면 심장 리듬의 패턴과 안정성이 더 높은 뇌 중추들에 영향을 미치며 관심, 동기 부여, 고통 인식, 감정 처리 등 심리적 요인에 영향을 끼친다.

더 나아가 자료를 살펴보면 우리의 심장은 주변 사람들의 심장을 동조화entrain한다는 점을 알 수 있다. 음악을 통해서 감정 상태를 개선할 수 있음은 여러 차례 이미 증명된 바 있다. 따라서 합창단이 노래할 때 모든 단원의 심장 리듬이 동기화된다는 것도 그리

놀랍지 않다.[8]

1890년에 미국 심리학의 아버지라고 불리는 윌리엄 제임스 William James가 '감정은 우리 몸의 생리학적 감각에 붙이는 이름'이라는 견해를 제시했다.[9]

심장이 세차게 뛰기 시작하면 이러한 신체적 감각이 '두려움'이라는 감정을 불러일으킨다. 처음에는 무서워하지 않는데 심장이 점점 세게 빨리 뛰기 시작하면서 무서움을 느낀다. 최근에 연구자들은 제임스의 이론을 뒷받침하는 근거를 찾아냈다. 기능성 뇌 영상functional neuroimaging 기법을 활용하면 심장박동을 포함해서 내부 감각을 처리하는 뇌 영역(전측섬엽, anterior insula)이 감정 처리와 관련하여 역시 중요하다는 사실을 알 수 있다.

내수용성 감각interoception은 다른 내부 감각과 더불어 자신의 심장박동을 느끼는 능력을 말한다. 반대로 외수용성 감각 exteroception은 시각, 청각 등을 통해서 외부 세계에서 들어오는 신호를 가리킨다. 내수용성 감각이 발달해서 정확성이 높은 사람들, 즉 자신의 심장박동을 더 잘 감지할 수 있는 사람들이 더 강렬한 감정을 경험한다는 연구 결과가 등장하고 있다. 내수용성 감각이 발달한 사람들은 뇌의 전측섬엽이 더 많이 활성화된다. 자신의 심장박동을 더 잘 감지하고 내수용성 감각의 정확성을 높일 수 있도록 훈련하는 일은 불안을 완화하고 공황 발작을 줄이는 방안으로 연구되고 있다.[10]

이처럼 심장-뇌 연결에 관한 새로운 연구는 심장에 대한 고대인들의 믿음, 그리고 현대의 문화적 관점과 더욱 일치하는 과학적 전환의 시작이 될지도 모른다. 이제 사람들은 심장이 단지 펌프에 불과하다고 생각하지 않는다. 심장은 감정의 활력에 영향을 미치며 뇌와 함께 우리의 정신적, 영적, 신체적 건강을 유지하는 역할을 수행한다. 심장은 우리가 감정을 경험하고 결정을 내리는 방식에 상당한 영향을 미치는 것이다.

제36장
미래의 심장

기술과 교양의 교차점이 우리의 마음을 노래하게 한다.

— 스티브 잡스

21세기에는 심장질환의 예방 및 깨어진 심장의 수리와 관련해서 과연 어떤 일들이 일어나고 있을까? 이제 '개인 맞춤의료'의 시대가 도래하고 있다. 현실적으로 부담이 가능한 비용으로 한 사람의 전체 게놈, 즉 유전자 집합 전부를 검사하거나 심장질환, 특정 암, 감염병 등에 대한 질병 감수성을 파악할 수 있다.[1]

유전체 의학genomic medicin은 개인별 DNA 배열 형태의 특이성을 고려한다. 유전자 구성의 차이는 앞으로 어떤 질병에 걸릴 위험이 있는지, 또한 질병에 가장 반응성이 높은 약품은 무엇인지를 좌우할 수 있다. 게놈 스크리닝을 통해서 심장질환에 걸릴 위험이 있는 사람들을 파악하고 이들에게 심장마비나 심부전이 발생하기 훨씬 전에 1차 예방치료를 제공할 수 있다.

이처럼 향후 심장질환에 걸릴 위험을 파악하는 유전자 검사가 발달하면 유전자 정보를 반영한 개인 맞춤 예방과 치료 또는 스마트 치료가 가능해질 것이다. 일례로 미시간대학교 메디컬 센터의 외과 의사들은 29세 여성 환자의 간에 유전자 변형 세포를 투입했다. 이 환자에게는 간이 혈액에서 LDL 콜레스테롤을 제거하는 활동을 저해하는 유전적 결함이 있었다. 콜레스테롤 입자가 관상동맥의 내벽으로 이동하면 죽상경화반이 생성된다.[2] 그녀는 16세 때 심장마비를 겪은 적이 있었다. 새로운 세포 덕분에 간이 혈액에서 LDL 콜레스테롤을 더 잘 제거할 수 있게 되었고, 앞으로 심장마비에 걸릴 위험도 잠재적으로 감소했다.

심장마비가 발생하는 최악의 순간은 제스처 게임을 하는 도중이다.

— 드미트리 마틴, 배우 겸 각본가

손상된 심장이 새것처럼 수리될 수 있을까? 우리는 은유적인 표현으로 '부서진 심장을 고친다'고들 말하지만, 실제로 환자가 심장마비를 겪고 나면 심장 근육세포가 괴사한 자리에 반흔조직이 남는다. 도롱뇽과는 달리 인간은 심장 근육을 재생할 수 없다. 그런데 최근 런던 킹스칼리지의 연구진은 유전자 치료를 통해서 심장마비 이후에 인간의 심장 세포를 재생할 수 있다는 것을 밝혀냈다. 이들은 실험으로 심장마비를 유도한 후에 돼지의 심장에 소량의 유전물질(인간 마이크로RNA-199)을 주입했다(돼지의 심장은 인간의 심장과 상당히 유사하다).[3] 한 달 후에 확인해 보니 심장 근육량과 기능이 현저하게 향상된 것을 알 수 있었다. 이와 유사한 유전자 치료법은 가까운 미래에 심장마비를 겪거나 화학 요법 또는 감염으로 인해서 심장에 손상을 입은 사람들이 심장 근육을 재생할 수 있도록 지원할 것이다.

최근에 의사-과학자들은 환자의 줄기세포를 채취하고 심장마비가 발생한 이후의 반흔조직에 주입해서, 이 조직을 살아 있는 심장 근육으로 변화시키는 시술을 개발해냈다.[4] 줄기세포는 성인의 체내에 있는 세포로 뇌세포, 근육세포 등 다양한 세포 형태로 변화해서 인체를 치료할 수 있는 세포를 뜻한다.

심장마비 생존자들을 대상으로 한 임상 시험 결과, 심장마비 이후 3개월 안에 새로운 심장 근육이 재생되어 경색부의 크기가 감소한 것을 확인할 수 있었다. 이는 환자의 골수에서 채취한 줄기세포를 실험실에서 인공적으로 증식시킨 후에 심장의 상처 부위에 주입해서 손상을 치료하는 시술법이다. 가까운 미래에는 기계식 심실보조장치가 심각한 급성 심부전 환자들을 지원하는 중간 단계의 가교가 되어줄 수 있을 것이다. 주입된 줄기세포가 손상된 심장 근육을 대체할 때까지 환자들이 손상된 심장으로도 생존할 수 있도록 돕는 것이다.

이제 3D 프린팅 기술을 활용하면 인간 줄기세포에서 비롯된 심근세포, 민무늬근세포, 내피세포 등 다양한 인간 세포를 출력 해 상도 1미크론의 스캐폴드Scaffold에 심어서 심장 조직을 키워낼 수 있다(머리카락의 직경이 70미크론이다[5]). 스캐폴드 위의 세포들이 조직화되어 동시에 박동하는 심장 조직이 생성된다. 연구진은 최근에 심장마비를 겪은 생쥐의 심장에 이 세포들을 배치했고, 그랬더니 실험실에서 키워낸 근육 덕분에 심장 기능이 개선되었다. 심장은 심장마비 이후에 새로운 근육세포를 만들어낼 수 없으므로, 이러한 기법은 심장 사건 이후에 심부전을 줄이는 데 획기적인 치료법이 될 것이다.

그렇다면 돼지 심장을 비롯해서 이미 존재하는 전체 심장을 스캐폴드로 활용해서 완전히 새로운 심장을 키워내는 방법을 시도한다면 어떨까?[6]

3D 아키텍처와 혈관분포를 보존한 상태로 인간 또는 돼지의 전체 심장을 화학적으로 탈세포화decellularize하는 방안에 대한 연구가 진행되고 있다. 이것을 구조적으로 완전한 탈세포 세포외 매트릭스decellularized extracellular matrix, dCEM라고 부른다.[7]

이론상으로 심장의 혈관과 판막은 그대로 유지한 채로 환자의 심근세포를 뼈대(스캐폴드)에서 키워내는 것이다. 언젠가 이러한 기술을 통해서 심장이 손상된 환자들에게 완전한 개인맞춤형 심장을 키워낼 수 있게 될 것이다.

3D 프린팅 기술의 발달 덕분에 의사-과학자들은 환자 개개인에게 꼭 들어맞는 맞춤형 심장 판막을 만들어낼 수 있을 것이다. 태어날 때부터 환자의 판막이 손상되어 심각한 누출이 발생하거나 강직도가 높은 경우에 완벽하게 적합한 대체 심장을 만들어서 이식할 수 있다.

손상된 심장 근육을 재건하는 대신에 심장마비를 예방하는 데 초점을 맞춘 유망한 연구가 현재 진행되고 있다. 이는 1차 예방에 해당하며, 이미 심장마비를 겪은 사람에게 심장마비가 재발하는 것을 방지하는 2차 예방과는 다르다. 앞으로 심장질환에 걸릴 위험이 큰 사람들에게 1차 예방 '백신'을 제공할 수 있다면 어떨까?

최근에 사용 승인을 받은 인클리시란inclisiran이 이러한 사례에 해당한다. 인클리시란은 콜레스테롤을 생성하는 간세포에 장기적인 RNA 간섭(유전자 차단) 효과를 발휘하는 신약이다.[8] 아직 어린 나이인 10대에 심장질환이 발병하는 가족성 고콜레스테롤혈증familial hypercholesterolemia 환자들은 연 2회만 이 약을 먹으면 된다.

더 좋은 소식은 영장류를 대상으로 한 연구 결과, 크리스퍼 DNA 유전자 가위base editor를 단 1회만 주입해도 평생 간의 콜레스테롤 생성을 줄일 수 있다는 것이다. 단 1회 투약으로 고콜레스테롤혈증과 심장질환을 치료할 수 있는 유전자 편집 약품이다.[9]

크리스퍼CRISPR는 '일정한 간격을 두고 분포하는 짧은 회문回文 구조 반복서열clustered regularly interspaced short palindromic repeats'을 뜻한다. 크리스퍼를 프로그래밍해서 유전 암호의 특정 구간을 표적으로 삼아서 정확한 위치에서 DNA를 편집할 수 있다.

한편 표적 치료법을 위한 세포 크기의 나노봇도 개발되고 있다.[10] 미래에 심장학 분야에서 나노봇을 활용하는 예로는 나노 버블Nano bubble을 이용한 카테터 장치의 개발이 있다. 나노 버블을 통해서 나노봇이 관상동맥의 혈전을 관통하게 함으로써 혈전용해제가 신속하게 침투할 수 있도록 돕고 심장마비로 인한 손상을 최소화하는 것이다.

가까운 미래에는 생물학적 페이스메이커가 현재 이식되고 있는 전자 장치를 대체할 수 있을 것이다.[11] 생물학적 페이스메이커는 심장에 이식되거나 주입되어 전기 자극을 발생시키는 세포나 유전자를 뜻한다. 원래 심장에 있는 페이스메이커 세포와 유사한 기능을 하는 것이다.

심장의 핵심 페이스메이커인 동방결절이 작동을 중단하면 심장박동이 느려져서 혈액 순환을 지원하기에 불충분해진다. 이때 수술을 통해서 전자 페이스메이커를 환자에게 이식하면 심장박동이 빨라지고 혈액 순환이 개선된다. 이에 대한 생물학적 대안으로, 작동 중인 심근세포를 동방결절의 대용물代用物로 변화시키는 유전자 전달 기법이 현재 개발되고 있다. 환자 본인의 심근세포로 페이스메이커를 생성할 수도 있다. 물론 전자 페이스메이커도 점점 작아지고 더욱 발달하고 있지만, 생물학적 페이스메이커는 문제가 생긴 심장에 대한 치료법을 확대할 수 있을 것이다.

이종 심장 이식은 지금까지 현실화하지 않은 상태다.[12]

2016년에 미국 국립 보건원의 연구진은 유전공학적으로 만든 돼지 심장을 이식받은 개코원숭이가 3년간 생존 상태라고 보고했다. 신문에 대서특필될 만큼 놀라운 이야기지만 이러한 연구에는 중대한 시사점이 존재한다. 매년 전 세계에서 수백만 명의 환자들이 이식에 필요한 인간 기증자 심장의 부족으로 사망한다. 과학자들은 다른 동물의 심장을 대안으로 연구하고 있다. 인간에게 동물의 심장을 이식하는 것이 부자연스럽고 비정상적이라고 비판하는 사람들도 있지만, 그 대안은 '사망'이라는 점을 기억할 필요가 있다.

인간 대 인간 심장 이식이 최초로 실시되었을 때는 윤리적인 문제가 적극적으로 제기되었다. 그러나 이제는 흔한 일이 되었고 매년 전 세계에서 8천여 건의 인간 심장 이식이 이루어지고 있다.

언젠가 고집 센 돼지의 심장 대신에 충직한 개의 심장을 이식받는다면 연인을 더욱 사랑할 수 있을지를 두고 논쟁할 날이 도래할 것이다.

인간의 심장을 이식하기에 적합한 대상은 아니었던 57세 남성 환자 데이비드 베넷은 돼지 심장을 이식받는 데 성공한 최초의 인간이 되었다. 의료진은 그의 몸에서 격렬한 면역 거부 반응이 발생하는 것을 방지하기 위해서 돼지 심장의 유전자 10개를 변형했고, 베넷은 두 달간 생존했다. 대안적인 이식 공급원으로서 돼지 심장에 대한 유전자 편집 연구는 지금도 계속 진행 중이다.

비非개흉closed-chest 심장 수술이라고도 불리는 로봇 심장 수술은 흉부의 매우 작은 절개 부위를 통해서 소형 로봇이 조종하는 수술 도구를 삽입하는 방식으로 실시된다. 현재의 개흉 수술법은 외과 의사가 말 그대로 흉골을 쪼개서 '흉부에 금이 가는crack the chest' 방식이기 때문에 환자의 가슴에는 '지퍼' 모양의 흉터가 남게 된다.[13]

로봇을 활용한 기법의 사용이 확산하면 외과 의사들이 최소 침습적 심장 수술을 시행할 수 있다. 이 수술법을 다빈치 수술이라고 부르기도 하는데, 일반적으로 이러한 수술에 쓰이는 로봇을 제조하는 기업명을 붙인 것이다. 레오나르도 다빈치가 이 이야기를 듣는다면 과연 무슨 생각을 할까? 다빈치 수술을 통해서 의사는 환자의 심장 판막 및 심장의 구멍을 수리하고 심장 종양을 제거할 수 있으며, 결과적으로 환자의 수술 성과가 개선되고 회복 기간이 짧아지며 입원 기간이 줄어든다.

　미국에서 심각한 유행병 수준인 비만 문제와 의학의 발달에 따른 수명 증가로 인해서 심장질환의 유병률과 치료 비용은 향후 20년간 대폭 증가할 것으로 예상된다. 사람들이 건강에 해로운 생활 습관을 바꾸지 않는다면 이러한 상황이 불가피할 것이다. 향후의 심혈관계에 관한 연구에는 심장질환의 위험을 일찍 파악하고 미래의 심장 사건을 예방하는 치료법을 개발하는 방안이 포함될 것이다. 게다가 고장 난 심장을 수리하거나 교체하는 방법과 신체적, 정서적으로 심장을 더 잘 보호할 수 있도록 심장-뇌 연결에 관한 연구 역시 이루어지리라.

집필 후기

수천 명이 머리를 조아리며 기도하는 것보다 한 번의 행동으로 한 사람의
마음을 기쁘게 하는 것이 더 낫다.

— 마하트마 간디

좋은 머리에 선한 마음은 언제나 강력한 조합이다.

— 넬슨 만델라

마음은 네가 얼마나 사랑하는지가 아니라 다른 사람들한테서 네가 얼마
나 사랑을 받는지에 따라서 판단된다.

— 『오즈의 마법사』

무엇이 우리의 생명력을 지니고 있을까? 우리는 어떻게 사랑할
까? 선악을 분별하는 능력을 기르는 우리의 영성은 대체 어디에
존재할까? 인류는 2,000년 동안 이러한 질문들에 매료되어 있었
다. 이 책에서 나는 철학, 예술, 과학의 측면에서 시대와 문명을 가
로질러 심장에 대한 호기심을 계속 탐구해보았다. 인류의 문화사
및 종교사에서 특별한 위치를 차지하는 심장은 그동안 사랑과 열
정, 고통과 괴로움 등 인간의 근본적인 감정들의 중심에서 박동하
는 힘이었다. 심장은 영혼과 양심이 깃들어 있는 장소였고 심지어

우리의 이성도 심장의 기능으로 여겨지던 때가 있었다.

인류가 최초로 자신의 생각을 기록한 이래, 대다수 문명은 심장이 인체에서 가장 중요한 기관이라고 생각했다. 여러 사회에서 심장은 우리 몸의 지배자이자 힘의 원천으로 오늘날 뇌의 위상만큼이나 높이 떠받들어졌다. 수천 년 동안 사람들은 오직 심장을 통해서만 신과 교감할 수 있다고 믿었다. 심장은 점차 사랑, 경건한 신앙심, 정절, 용기, 우정과 로맨스를 상징하게 되었다.

오늘날 우리는 뇌가 심장의 기능을 포함해서 우리 몸 전체를 다스린다고 믿는다. 심장은 뇌에서 보내는 신호에 가장 먼저 반응하는 기관이며, 뇌는 심장에서 나오는 혈액 순환의 영향을 가장 먼저 받는 기관이다. 만약 그렇지 않았다면 우리는 갑자기 일어서야 할 때마다 기절했을 것이다. 우리가 뇌에서 느끼는 감정은 심장에서 반향을 불러일으키며, 그 결과로 심장의 반응이 표현되어 신체적 감각이 발생하는 것이다. 이러한 상호의존성 때문에 우리 몸에서 영혼이 어디에 존재하는가에 관해서 사람들이 수천 년간 논쟁을 거듭해왔다. 여전히 우리는 뇌를 생각할 때, 살아 있음을 알리듯 끊임없이 고동치는 따뜻한 기관이 아니라 차가운 회색 물질 덩어리를 떠올린다.

과학과 의학은 현대의 심장 개념을 형성했다. 윌리엄 하비가 심장이 단지 혈액 순환을 위한 펌프라는 사실을 발견하면서, 사상가들은 그저 생존에 필요한 인체 기관 중 하나로 심장의 지위를 격

하했다. 그 결과 심장은 이제 더 이상 우리 존재의 중심이 아니라 단지 인체의 세포에 산소가 함유된 혈액을 전달하는 근육에 불과해지는 듯했다. 그러나 나는 여전히 환자가 사망하여 법적 사망 시각을 선언해야 할 때, 환자가 뇌사에 빠진 시각이 아니라 환자의 심장박동이 멈춘 시각을 확인한다. 산부인과 의사는 임신한 여성에게 태아의 심장박동을 처음으로 들려줌으로써 새 생명의 시작을 알린다.

물론 오늘날 다른 사람에게 심장을 이식하는 행위는 흔한 일이 되었다. 윤리적으로 한 사람의 몸에서 뛰고 있는 심장을 단지 펌프에 불과한 기관으로 생각하여 다른 사람에게 이식할 수 있다는 사실 자체가, 우리가 얼마나 심장으로부터 멀어졌는지를 단적으로 증명한다. 고대 이집트인들이나 중세 기독교인들이 과연 심장이 이식되는 상황을 상상이나 했을까?

이러한 시점에서 심장-뇌 연결에 관한 새로운 연구는 과학적 전환의 시작이 될 수 있다. 고대 선조들의 역사적 믿음과 현대의 문화적 관점에 더욱 부합하는 방향으로, 심장은 이제 단순한 펌프가 아니라 우리의 정신적, 영적, 신체적 건강을 보장하는 감정 활력의 일부로서 새삼 인정받고 있다. 연구에 따르면 심장 리듬의 패턴과 안정성은 더 높은 뇌 중추들에 영향을 미치며 관심, 동기 부여, 고통 인식, 감정 처리 등 심리적 요인에 영향을 미친다.

심장은 여전히 인류의 문화적 도상학에서 핵심적인 역할을 차지하고 있다. 심장은 우리 인간이 지닌 가장 소중한 것, 사랑에 대한 영원한 은유이다. 심장은 우리의 일상생활에서 가장 상징적이고 널리 쓰이는 기호다. 하트 모양은 행복과 건강을 의미한다. 우리가 알고 느끼는 것도 심장 덕분이다. 현대인들은 마치 두 개의 심장이 있는 것처럼 행동한다. 우리를 살아 숨 쉬게 해주는 생리학적 심장과 우리의 감정, 욕망, 용기, 그리고 타인과의 관계를 나타내는 상징적인 의미에서의 심장이 있다. 우리의 심장은 여전히 우리의 중심이다.

소중한 시간을 할애해서 흥미로운 심장의 역사가 담겨 있는 이 책을 읽어주신 독자들께 '가슴 깊이' 감사의 마음을 전하고 싶다. 마지막으로 내가 정말 좋아하는 프랑스의 철학자이자 수학자인 블레즈 파스칼의 명언을 남긴다. "심장은 나름의 이유가 있다. 그 이유를 이성은 알지 못한다."(『팡세Pensees』, 1658)

내 생각에 파스칼의 말은 이런 뜻인 것 같다. '우리는 어떤 것이 사실인지 알고, 논리적이고 이성적인 추론을 통해서가 아닌, 온 마음으로 믿었기 때문에 이 사실들을 알게 되었다.'

미주

서문

1 .William Harvey, Exercitationes de Generatione Animalium (On Animal Generation), 1651, from Exercise 52.

2 Rollin McCraty, Mike Atkinson, Dana Tomasino, and Raymond Trevor Bradley, "The Coherent Heart: Heart-Brain Interactions, Psychophysio-logical Coherence, and the Emergence of System-Wide Order," Integral

3 3. Ross Toro, Leading Causes of Death in the US: 1900-Present (Infographic), July 1, 2012, https://www.livescience.com/21213-leading-causes-of-death-in-the-u-s-since-1900-infographic.html

4 Irene Fernández-Ruiz, "Breakthrough in Heart Xenotransplantation,"
Nature Reviews Cardiology 16, no. 2 (February 2019): 69.

5 Moo-Sik Lee, Andreas J. Flammer, Lilach O. Lerman, and Amir Lerman, "Personalized Medicine in Cardiovascular Diseases," Korean Circulation Journal 42, no. 9 (September 2012): 583-91

제1장

1 N. K. Sanders, The Epic of Gilgamesh (London: Penguin, 1972).

2 Stephanie Dalley, Myths from Mesopotamia: Creation, the

Flood, Gilgamesh, .and Others (Oxford: Oxford University Press, 1989)

3   Spell 30, Book of the Dead, Papyrus of Ani, 1240 BCE. In Raymond Oliver Faulkner, The Ancient Egyptian Book of the Dead (London: British Museum Press, 2010).

4   John F. Nunn, Ancient Egyptian Medicine (London: British Museum Press, 1996).

5   Kaoru Sakatani, "Concept of Mind and Brain in Traditional Chinese Medicine," Data Science Journal 6 (Suppl., 2007): S220-24.

6   Guan Zhong, Guanzi, chapter 36, "Techniques of the Heart," in Xiang Liu and W Allyn Rickett, Guanzi: Political, Economic, and Philosophical Essays from Early China (Princeton, NJ: Princeton University Press. 1985).

7   Huainanzi IX and XX, in Liu An, King of Huinan, The Huainanzi: A Guide to the Theory and Practice of Government in Early Han China, ed. and trans. John S. Major, Sarah A. Queen, Andrew Seth Meyer, and Harold D. Roth (New York: Columbia University Press, 2010).

8   Li Yuheng, Unfolding the Mat with Enlightening Words (Tuipeng Wuyu), Ming Dynasty, 1570, https://

classicalchinesemedicine.org/heart-selected-readings

9   Li Ting, A Primer of Medicine (Yixue Rumen), 1575, https://classicalchinesemedicine.org/heart-selected-readings.

10   K. Chimin Wong and Wu Lien-Teh, History of Chinese Medicine: Being a Chronicle of Medical Happenings in China from Ancient Times to the Present Period, 2nd ed. (Shanghai, China: National Quarantine Service, 1936 and reprinted by Taipei, Taiwan: Southern Materials Center), 35.

11   Kishor Patwardhan, "The History of the Discovery of Blood Circulation: Unrecognized Contributions of Ayurveda Masters," Advances in Physiology Education 36, no. 2 (2012): 77-82

제2장

1   Amentet Neferet, Ancient Egyptian Dictionary, accessed December 2021, https://seshkemet.weebly.com/dictionary.html.

2   Kaoru Sakatani, "Concept of Mind and Brain in Traditional Chinese Medicine," Data Science Journal 6 (Suppl., 2007): S220-24.

3   V. Jayaram, "The Meaning and Significance of Heart in Hinduism," 2019, https://www.hinduwebsite.com/hinduism/essays/the-meaning-and-significance-of-heart-in-hinduism.asp.

4 4. C. R. S. Harris, The Heart and Vascular System in Ancient Greek Medicine: From Alcmaeon to Galen (Oxford: Oxford University Press, 1973).

5 Harris, The Heart and Vascular System in Ancient Greek Medicine.

제3장

1 Kenneth G. Zysk, Religious Medicine: The History and Evolution of Indian Medicine (London: Transaction, 1993).

2 Marjorie O'Rourke Boyle, Cultural Anatomies of the Heart in Aristotle, Augustine, Aquinas, Calvin, and Harvey (London: Palgrave Macmillan, 2018).

제4장

1 Kenneth G. Zysk, Religious Medicine: The History and Evolution of Indian Medicine (London: Transaction, 1993).

2 C. R. S. Harris, The Heart and Vascular System in Ancient Greek Medicine: From Alcmaeon to Galen (Oxford: Oxford University Press, 1973).

3 Helen King, Greek and Roman Medicine (Bristol: Bristol

Classical Press, 2001)

제5장

1　C. R. S. Harris, The Heart and Vascular System in Ancient Greek Medicine: From Alcmaeon to Galen (Oxford: Oxford University Press, 1973).

2　Marjorie O'Rourke Boyle, Cultural Anatomies of the Heart in Aristotle, Augustine, Aquinas, Calvin, and Harvey (London: Palgrave Macmillan, 2018).

3　Celsus, Prooemium: De Medicina, Book 1, ed. W. G. Spencer (Cambridge, MA: Harvard University Press, 1971).

4　Harris, The Heart and Vascular System in Ancient Greek Medicine, 271.

5　Helen King, Greek and Roman Medicine (London: Bristol Classical Press, 2001).

6　Harris, The Heart and Vascular System in Ancient Greek Medicine, 271.

7　Galen, On the Affected Parts, V:1,2.

제6장

1　Adel H. Allam, Randall C. Thompson, L. Samuel Wann, Michael I.

Miyamoto, and Gregory S. Thomas, "Computed Tomographic Assessment of Atherosclerosis in Ancient Egyptian Mummies," JAMA 302, no. 19 (November 2009): 2091-94.

2 Randall C. Thompson, Adel H. Allam, Guido P. Lombardi, L. Samuel Wann, M. Linda Sutherland, James D. Sutherland, Muhammad Al-Tohamy Soliman, Bruno Frohlich, David T. Mininberg, Janet M. Monge, Clide M. Vallodolid, Samantha L. Cox, Gomaa Abd el-Maksoud, Ibrahim Badr, Michael I. Miyamoto, Abd el-Halim Nur el-din, Jagat Narula, Caleb E. Finch, and Gregory S. Thomas, "Atherosclerosis Across 4000 Years of Human History: The Horus Study of Four Ancient Populations," Lancet 381, no. 9873 (2013): 1211-22.

3 Andreas Keller, Angela Graefen, Markus Ball, Mark Matzas, Valesca

Boisguerin, Frank Maixner, Petra Leidinger, Christina Backes, Rabab Khairat, Michael Forster, Björn Stade, Andre Franke, Jens Mayer, Jessica Spangler, Stephen McLaughlin, Minita Shah, Clarence Lee, Timothy T. Harkins, Alexander Sartori, Andres Moreno-Estrada, Brenna Henn, Martin Sikora, Ornella Semino, Jacques Chiaroni, Siiri Roostsi, Natalie M. Myres, Vicente M. Cabrera, Peter A. Underhill, Carlos D. Bustamante, Eduard Egarter

Vigl, Marco Samadelli, Giovanna Cipollini, Jan Haas, Hugo Katus, Brian D. O'Connor, Marc R. J. Carlson, Benjamin Meder, Nikolaus Blin, Eckart Meese, Carsten M. Pusch, and Albert Zink, "New Insights Into the Tyrolean Iceman's Origin and Phenotype as Inferred by Whole-Genome Sequencing," Nature Communications 3 (February 2012): 698.

제7장

1   Heather Webb, The Medieval Heart (New Haven, CT: Yale University Press, 2010).

2   Piero Camporesi, The Incorruptible Flesh: Bodily Mutation and Mortification in Religion and Folklore, trans. Tania Croft-Murray (New York: Cambridge University Press, 1988).

3   . Camporesi, The Incorruptible Flesh, 5.

4   Bertrand Mafart, "Post-Mortem Ablation of the Heart: A Medieval Funerary Practice. A Case Observed at the Cemetery of Ganagobie Priory in the French Department of Alpes De Haute Provence," International Journal of Osteoarchaeology 14, no. 1 (2004): 67-73.

5   Katie Barclay, "Dervorgilla of Galloway (abt 1214-abt 1288)," Women's History Network, August 15, 2010, https://

womenshistorynetwork.org/dervorgilla-of-galloway-abt-1214-abt-1288/.

6 . Marjorie O'Rourke Boyle, "Aquinas's Natural Heart," Early Science and Medicine 18, no. 3 (2013): 266-90.

제8장

1 Hawa Edriss, Brittany N. Rosales, Connie Nugent, Christian Conrad, and Kenneth Nugent, "Islamic Medicine in the Middle Ages," American Journal of the Medical Sciences 354, no. 3 (September 2017): 223-29.

2 André Silva Ranhel and Evandro Tinoco Mesquita, "The Middle Ages Contributions to Cardiovascular Medicine," Brazilian Journal of Cardiovascular Surgery 31, no. 2 (April 2016): 163-70.

3 Rachel Hajar, "Al-Razi: Physician for All Seasons," Heart Views 6, no. 1 (2005): 39-43.

4 Hajar, "Al-Razi: Physician for All Seasons," 41.

제9장

1 Snorre Sturlason, Heimskringla—The Norse King Sagas (Redditch, UK: Read Books, 2011).

제10장

1 . Michael D. Coe and Rex Koontz, Mexico: From the Olmecs to the Aztecs(London: Thames and Hudson, 2008).

2 James Maffie, "Aztec Philosophy," Internet Encyclopedia of Philosophy, April 3, 2022, https://iep.utm.edu/aztec-philosophy/.

3 . Molly H. Bassett, The Fate of Earthly Things: Aztec Gods and God-Bodies(Austin: University of Texas Press, 1980).

4 Gabriel Prieto, John W. Verano, Nicolas Goepfert, Douglas Kennett, Jeffrey Quilter, Steven LeBlanc, Lars Fehren-Schmitz, Jannine Forst, Mellisa Lund, Brittany Dement, Elise Dufour, Olivier Tombret, Melina Calmon, Davette Gadison, and Khrystyne Tschinkel, "A Mass 10. AMERICAN HEART SACRIFICEn 262 nSacrifice of Children and Camelids at the Huanchaquito-Las Llamas Site, Moche Valley, Peru," PLoS One 14, no. 3 (2019): e0211691.

5 Bernal Diaz Del Castillo, The True History of the Conquest of New Spain(London: Penguin Classics, 2003), 104.

6 Haverford College, Intro to Environmental Anthropology Class, The Gwich'in People: Caribou Protectors, December 2021, https://anthro281.netlify.app.

제11장

1   William W. E. Slights, "The Narrative Heart of the Renaissance," Renaissance and Reformation 26, no. 1 (2002): 5-23.

2   Marco Cambiaghi and Heidi Hausse, "Leonardo da Vinci and His Study of the Heart," European Heart Journal 40, no. 23 (2019): 1823-26.

3   Mark E. Silverman, "Andreas Vesalius and de Humani Corporis Fabrica," Clinical Cardiology 14 (1991): 276-79.

제12장

1   Thomas Fuchs, Mechanization of the Heart: Harvey and Descartes (Rochester, NY: University of Rochester Press, 2001).

2   William Harvey, Exercitatio Anatomica de Motu Cordis et Sanguinis in Animalibus, chap. 13.

3   William Harvey, Lectures on the Whole of Anatomy, 92.

4   William Harvey, Exercitationes de Generatione Animalium (On Animal Generation) (1651), Exercise 52.

5   W. Bruce Fye, "Profiles in Cardiology: René Descartes," Clinical Cardiology 26, no. 1 (2003): 49-51

6   Descartes, Traité de l'homine (Treatise on Man), 1664.

제13장

1 Pierre Vinken, "How the Heart Was Held in Medieval Art," Lancet 358, no. 9299 (2001): 2155-57.

2 Adi Kalin, "Frau Minne hat sich gut gehalten," NZZ, November 25, 2009, https://www.nzz.ch/frau_minne_hat_sich_gut_gehalten-ld.930946?.

3 Gordon Bendersky, "The Olmec Heart Effigy: Earliest Image of the Human Heart," Perspectives in Biology and Medicine 40, no. 3 (Spring 1997): 348-61.

제14장

1 William W. E. Slights, "The Narrative Heart of the Renaissance," Renaissance and Reformation 26, no. 1 (2002): 5-23

제15장

1 Coding in Tune, "Most Used Words in Lyrics by Genre," April 2018, https://codingintune.com/2018/04/09/statistics-most-used-words-in-lyrics-by-genre/.

제16장

1 Ambrosius Aurelius Theodosius Macrobius, Seven Books

of the Saturnalia, accessed April 2022, https://www.loc.gov/item/2021667911/.

2   T. Christian Miller, "A History of the Purple Heart," NPR, September 2010, https://www.npr.org/templates/story/story.php?storyId=129711544.

제18장

1   Xiaoya Ma, Peiyun Cong, Xianguang Hou, Gregory D. Edgecombe, and Nicholas J. Strausfeld, "An Exceptionally Preserved Arthropod Cardiovascular System from the Early Cambrian," Nature Communications 5 (2014): 3560.

2   Brandon Specktor, "Evolution Turned This Fish Into a 'Penis with a Heart.' Here's How," Live Science, August 3, 2020, https://www.livescience.com/anglerfish-fusion-sex-immune-system.html.

3   Jeremy B. Swann, Stephen J. Holland, Malte Petersen, Theodore W. Pietsch, and Thomas Boehm, "The Immunogenetics of Sexual Parasitism," Science 369, no. 6511 (2020): 1608-15

제21장

1   W. Bruce Fye, "A History of the Origin, Evolution, and Impact of

Electrocardiography," American Journal of Cardiology 73, no. 13 (1994): 937-49.

제22장

1 O. Aquilina, "A Brief History of Cardiac Pacing," Images in Paediatriic Cardiology 8, no. 2 (April-June 2006):17-81.

제23장

1 Nature Editors, "Samuel Siegfried Karl von Basch (1837-1905)," Nature140 (1937): 393-94.

2 World Health Organization, "Hypertension," August 25, 2021, https://

www.who.int/news-room/fact-sheets/detail/hypertension.

3 Timothy Bishop and Vincent M. Figueredo, "Hypertensive Therapy: Attacking the Renin-Angiotensin System," Western Journal of Medicine175, no. 2 (August 2001): 119-24.

4 William Osler, "An Address on High Blood Pressure: Its Associations, Advantages, and Disadvantages: Delivered at the Glasgow Southern Medical Society," British Medical Journal 2, no. 2705 (November 2, 1912): 1173-77.

5 G. Antonakoudis, L. Poulimenos, K. Kifnidis, C. Zouras, and H.

Antonakoudis, "Blood Pressure Control and Cardiovascular Risk Reduction," Hippokratia 11, no. 3 (July 2007): 114-19.

제24장

1 A. Perciaccante, M. A. Riva, A. Coralli, P. Charlier, and R. Bianucci, "The Death of Balzac (1799-1850) and the Treatment of Heart Failure During the Nineteenth Century," Journal of Cardiac Failure 22, no. 11 (2016): 930-33.

2 Raffaella Bianucci, Robert D. Loynes, M. Linda Sutherland, Rudy Lallo, Gemma L. Kay, Philippe Froesch, Mark J. Pallen, Philippe Charlier, and Andreas G. Nerlich, "Forensic Analysis Reveals Acute Decompensation of Chronic Heart Failure in a 3500-Year-Old Egyptian Dignitary," Journal of Forensic Sciences 61, no. 5 (September 2016): 1378-81.

3 Roberto Ferrari, Cristina Balla, and Alessandro Fucili, "Heart Failure: An Historical Perspective," European Heart Journal Supplements 18 (Suppl. G, 2016): G3-G10.

제25장

1 W. F. Enos, R. H. Holmes, and J. Beyer, "Coronary Disease Among United States Soldiers Killed in Action in Korea:

Preliminary Report," JAMA 152, no. 12 (1953):1090-93.

2   J. J. McNamara, M. A. Molot, J. F. Stremple, and R. T. Cutting, "Coronary Artery Disease in Combat Casualties in Vietnam," JAMA 216, no. 7 (1971):1185-87

3   Manoel E. S. Modelli, Aurea S. Cherulli, Lenora Gandolfi, and Riccardo Pratesi, "Atherosclerosis in Young Brazilians Suffering Violent Deaths: A Pathological Study," BMC Research Notes 4 (2011): 531.

4   James B. Herrick, "Clinical Features of Sudden Obstruction of the Coronary Arteries," JAMA 59 (1912): 2015-20.

제26장

1   U.S. Department of Health and Human Services Office of Minority Health, "Heart Disease and African Americans," January 31, 2022, https://minorityhealth.hhs.gov/omh/browse. aspx?lvl=4&lvlid=19.

2   Centers for Disease Control, "Disparities in Premature Deaths from Heart Disease," February 19, 2004, https://www.cdc.gov/ mmwr/preview/mmwrhtml/mm5306a2.htm.

3   World Health Organization, "The Top 10 Causes of Death," December 2020, https://www.who.int/news-room/fact-sheets/

detail/the-top-10-causes-of-death.

4   World Health Organization, "Cardiovascular Disease," June 2021, https://www.who.int/news-room/fact-sheets/detail/cardiovascular-diseases-(cvds).

5   . Centers for Disease Control and Prevention, "Preventing 1 Million Heart Attacks and Strokes," September 6, 2018, https://www.cdc.gov/vitalsigns/million-hearts/.

6   American Heart Association, "Championing Health Equity for All," April 2022, https://www.heart.org/en/about-us/2024-health-equity-impact-goal.

7   American Heart Association, "Championing Health Equity for All"; American College of Cardiology, "Cover Story | Health Disparities and Social Determinants of Health: Time for Action," June 11, 2020, https://bluetoad.com/publication/?m=14537&i=664 103&p=1&ver=html5.

8   A. H. E. M. Maas and Y. E. A. Appelman, "Gender Differences in Coronary Heart Disease," Netherlands Heart Journal 18, no. 12 (December 2010): 598-602.

9   Alan S. Go, Dariush Mozaffarian, Véronique L. Roger, Emelia J. Benjamin, Jarett D. Berry, William B. Borden, Dawn M. Bravata, Shifan Dai, Earl S. Ford, Caroline S. Fox, Sheila Franco, Heather

J. Fullerton, Cathleen Gillespie, Susan M. Hailpern, John A. Heit, Virginia J. Howard, Mark D. Huffman, Brett M. Kissela, Steven J. Kittner, Daniel T. Lackland, Judith H. Lichtman, Lynda D. Lisabeth, David Magid, Gregory M. Marcus, Ariane Marelli, David B. Matchar, Darren K. McGuire, Emile R. Mohler, Claudia S. Moy, Michael E. Mussolino, Graham Nichol, Nina P. Paynter, Pamela J. Schreiner, Paul D. Sorlie, Joel Stein, Tanya N. Turan, Salim S. Virani, Nathan D. Wong, Daniel Woo, and Melanie B. Turner, "Heart Disease and Stroke Statistics—2013 Update: A Report from the American Heart Association," Circulation 127, no. 1 (January 2013): e6-e245.

10   American Heart Association, "The Facts About Women and Heart Disease," April 2022, https://www.goredforwomen.org/en/about-heart-disease-in-women/facts.

제27장

1   Michael S. Emery and Richard J. Kovacs, "Sudden Cardiac Death in Athletes," JACC Heart Failure 6, no. 1 (2018): 30-40.

2   Meagan M. Wasfy, Adolph M. Hutter, and Rory B. Weiner, "Sudden Cardiac Death in Athletes," Methodist Debakey Cardiovascular Journal 12, no. 2 (2016): 76-80.

3   American Heart Association, "Recommendations for Physical

Activity in Adults and Kids," last reviewed April 18, 2018, https://
www.goredforwomen.org/en/healthy-living/fitness/fitness-
basics/aha-recs-for-physical-activity-in-adults.

제29장

1   Luis-Alfonso Arráez-Aybar, Pedro Navia-Álvarez, Talia Fuentes-
Redondo, and José-L Bueno-López, "Thomas Willis, a Pioneer in
Translational Research in Anatomy (on the 350th Anniversary of
Cerebri Anatome)," Journal of Anatomy 226, no. 3 (March 2015):
289-300.

2   John B. West, "Marcello Malpighi and the Discovery of
the Pulmonary Capillaries and Alveoli," American Journal of
Physiology, Lung Cellular and Molecular Physiology 304, no. 6
(2013): L383-90.

3   Edmund King, "Arthur Coga's Blood Transfusion (1667)," Public
Domain Review, April 15, 2014, https://publicdomainreview.org/
collection/arthur-coga-s-blood-transfusion-1667.

4   Marios Loukas, Pamela Clarke, R. Shane Tubbs, and Theodoros
Kapos, "Raymond de Vieussens," Anatomical Science International
82, no. 4 (2007): 233-36.

5   Max Roser, Esteban Ortiz-Ospina, and Hannah Ritchie, "Life

Expectancy," Our World in Data, last revised October 2019, https://ourworldindata.org/life-expectancy.

6　Maria Rosa Montinari and Sergio Minelli, "The First 200 Years of Cardiac Auscultation and Future Perspectives," Journal of Multidisciplinary Healthcare 12 (2109): 183-89.

7　Ariel Roguin, "Rene Theophile Hyacinthe Laënnec (1781-1826): The Man Behind the Stethoscope," Clinical Medicine and Research 4, no. 3 (2006): 230-35.

8　William Heberden, "Some Account of a Disorder of the Breast," Medical Transactions. The Royal College of London 2 (1772): 59-67.

9　Although the name "catgut" implies the use of guts from cats, the word is derived from kitgut, the string used on a fiddle or "kit." The first known absorbable catgut sutures were made from intestines of sheep or cows. They were being used as medical sutures as early as the third century by Galen in Rome. Today catgut has largely been replaced by absorbable synthetic polymers.

10　L. Rehn, "Ueber penetrierende Herzwunden und Herznaht," Arch Klin Chir 55, no. 315 (1897): 315-29.

11　Paul, "Door 23: The Heart of a King," Geological Society of

London (blog), December 23, 2014, https://blog.geolsoc.org.
uk/2014/12/23/the-heart-of-a-king/.

12 Stacey Conradt, "Mary Shelley's Favorite Keepsake: Her
Dead Husband's Heart," Mental Floss, July 8, 2015, https://www.
mentalfloss.com/article/65624/mary-shelleys-favorite-keepsake-
her-dead-husbands-heart.

제30장

1 Ross Toro, Leading Causes of Death in the US: 1900-Present
(Infographic), July 1, 2012, https://www.livescience.com/21213-
leading-causes-of-death-in-the-u-s-since-1900-infographic.
html.

2 World Health Organization, "Cardiovascular Diseases," June
2021, https://www.who.int/news-room/fact-sheets/detail/
cardiovascular-diseases-(cvds).

3 Toro, "Leading Causes of Death in the US."

4 Rachel Hajar, "Coronary Heart Disease: From Mummies to 21st
Century," Heart Views 18, no. 2 (2017): 68-74.

5 W. P. Obrastzow and N. D. Staschesko, "Zur Kenntnissder
Thrombose der Coronararterien des Herzens," Zeitschrift für
klinische Medizin 71 (1910): 12.

제31장

1 Dawn Connelly, "A History of Aspirin," Pharmaceutical Journal, September 2014, https://pharmaceutical-journal.com/article/infographics/a-history-of-aspirin.

2 Jonathan Miner and Adam Hoffhines, "The Discovery of Aspirin's Antithrombotic Effects," Texas Heart Journal 34, no. 2 (2007): 179-86.

제32장

1 Lawrence H. Cohn, "Fifty Years of Open-Heart Surgery," Circulation107, no. 17 (2003): 2168-70; C. W. Lillehei, "The Society Lecture. European Society for Cardiovascular Surgery Meeting, Montpellier, France, September 1992. The Birth of Open-Heart Surgery: Then the Golden Years," Cardiovascular Surgery 2, no. 3 (1994): 308-17.

2 Global Observatory on Donation and Transplantation, "Total Heart," April 3, 2022, http://www.transplant-observatory.org/data-charts-and-tables/chart/.

제33장

1 Centers for Disease Control and Prevention, "Heart Disease

Facts," February 7, 2022, https://www.cdc.gov/heartdisease/facts.htm.

제34장

1 A. Tofield, "Hikaru Sato and Takotsubo Cardiomyopathy," European Heart Journal 37, no. 37 (October 2016): 2812.

2 Rienzi Díaz-Navarro, "Takotsubo Syndrome: The Broken-Heart Syndrome," British Journal of Cardiology 28 (2021): 30-34.

3 Mahek Shah, Pradhum Ram, Kevin Bryan U. Lo, Natee Sirinvaravong, Brijesh Patel, Byomesh Tripathi, Shantanu Patil, and Vincent M. Figueredo, "Etiologies, Predictors, and Economic Impact of Readmission Within 1 Month Among Patients with Takotsubo Cardiomyopathy," Clinical Cardiology 41, no. 7 (July 2018): 916-23.

4 Vincent M. Figueredo, "The Time Has Come for Physicians to Take Notice: The Impact of Psychosocial Stressors on the Heart," American Journal of Medicine 122, no. 8 (2009): 704-12.

5 Dean Burnett, "Why Elderly Couples Often Die Together: The Science of Broken Hearts," Guardian, January 9, 2015, https://www.theguardian.com/lifeandstyle/shortcuts/2015/jan/09/why-elderly-couples-die-together-science-broken-hearts

제35장

1 Vincent M. Figueredo, "The Time Has Come for Physicians to Take Notice: The Impact of Psychosocial Stressors on the Heart," American Journal of Medicine 122, no. 8 (2009): 704-12.

2 Annika Rosengren, Steven Hawken, Stephanie Ounpuu, Karen Sliwa, Mohammad Zubaid, Wael A. Almahmeed, Kathleen Ngu Blackett, Chitr Sitthi-amorn, Hiroshi Sato, Salim Yusuf, and INTERHEART investigators, "Association of Psychosocial Risk Factors with Risk of Acute Myocardial Infarction in 11,119 Cases and 13,648 Controls from 52 Countries (the INTERHEART Study): Case-Control Study," Lancet364, no. 9438 (2004): 953-62.

3 Michael Miller, "Emotional Rescue: The Heart-Brain Connection," Cerebrum (May 2019): cer-05-19.

4 Rollin McCraty, Mike Atkinson, Dana Tomasino, and Raymond Trevor Bradley, "The Coherent Heart: Heart-Brain Interactions, Psychophysiological Coherence, and the Emergence of System-Wide Order," Integral Review 5, no. 2 (December 2009): 10-115; Tara Chand, Meng Li, Hamidreza Jamalabadi, Gerd Wagner, Anton Lord, Sarah Alizadeh, 35. THE HEART-BRAIN CONNECTIONn 270 nLena V. Danyeli, Luisa Herrmann, Martin Walter, and Zumrut D.

Sen, "Heart Rate Variability as an Index of Differential Brain Dynamics at Rest and After Acute Stress Induction," Frontiers in Neuroscience14 (July 2020): 645; Sarah Garfinkel, "It's an Intriguing World That Is Opening Up," The Psychologist 32 (January 2019): 38-41; Fred Shaffer, Rollin McCraty, and Christopher L. Zerr, "A Healthy Heart Is Not a Metronome: An Integrative Review of the Heart's Anatomy and Heart Rate Variability," Frontiers in Psychology 5 (2014): 1040.

5 Ali M. Alshami, "Pain: Is It All in the Brain or the Heart?," Current Pain and Headache Reports 23, no. 12 (November 2019): 88.

6 Sirisha Achanta, Jonathan Gorky, Clara Leung, Alison Moss, Shaina Robbins, Leonard Eisenman, Jin Chen, Susan Tappan, Maci Heal, Navid Farahani, Todd Huffman, Steve England, Zixi (Jack) Cheng, Rajanikanth Vadigepalli, and James S. Schwaber, "A Comprehensive Integrated Anatomical and Molecular Atlas of Rat Intrinsic Cardiac Nervous System," iScience 23, no. 6 (June 2020): 101140.

7 7. L. Z. Song, G. E. Schwartz, and L. G. Russek, "Heart-Focused Attention and Heart-Brain Synchronization: Energetic and Physiological Mechanisms," Alternative Therapies in Health and

Medicine 4, no. 5 (September 1998): 44-52, 54-60, 6.

8 Björn Vickhoff, Helge Malmgren, Rickard Aström, Gunnar Nyberg, Seth-Reino Ekström, Mathias Engwall, Johan Snygg, Michael Nilsson, and Rebecka Jörnsten, "Music Structure Determines Heart Rate Variability of Singers," Frontiers in Psychology 4 (July 2013): 334; Apit Hemakom, Katarzyna Powezka, Valentin Goverdovsky, Usman Jaffer, and Danilo P. Mandic, "Quantifying Team Cooperation Through Intrinsic Multi-Scale Measures: Respiratory and Cardiac Synchronization in Choir Singers and Surgical Teams," Royal Society Open Access 4, no. 12 (November 2017): 170853.

9 Julian F. Thayer and Richard D. Lane, "Claude Bernard and the HeartBrain Connection: Further Elaboration of a Model of Neurovisceral Integration," Neuroscience & Biobehavioral Reviews 33, no. 2 (2009): 81-88; William James, The Principles of Psychology (New York: Henry Holt, 1890).

10 Hugo D. Critchley and Sarah N. Garfinkel, "Interoception and Emotion," Current Opinion in Psychology 17 (April 2017): 7-14.

제36장

1 Moo-Sik Lee, Andreas J. Flammer, Lilach O. Lerman, and

Amir Lerman, "Personalized Medicine in Cardiovascular Diseases," Korean Circulation Journal 42, no. 9 (2012): 583-91; F. Randy Vogenberg, Carol Isaacson Barash, and Michael Pursel, "Personalized Medicine: Part 1: Evolution and Development Into Theranostics," Pharmacy and Therapeutics 35, no. 10 (2010): 565-67

2　M. Grossman, S. E. Raper, K. Kozarsky, E. A. Stein, J. F. Engelhardt, D. Muller, P. J. Lupien, and J. M. Wilson, "Successful Ex Vivo Gene Therapy Directed to Liver in a Patient with Familial Hypercholesterolaemia," Nature Genetics 6, no. 4 (1994): 335-41.

3　K. Gabisonia G. Prosdocimo, G. D. Aquaro, L. Carlucci, L. Zentilin, I. Secco, H. Ali, L. Braga, N. Gorgodze, F. Bernini, S. Burchielli, C. Collesi, L. Zandonà, G. Sinagra, M. Piacenti, S. Zacchigna, R. Bussani, F. A. Recchia, and M. Giacca, "MicroRNA Therapy Stimulates Uncontrolled Cardiac Repair After Myocardial Infarction in Pigs," Nature 569, no. 7756 (2019): 418-22.

4　Akon Higuchi, Nien-Ju Ku, Yeh-Chia Tseng, Chih-Hsien Pan, Hsing-Fen Li, S. Suresh Kumar, Qing-Dong Ling, Yung Chang, Abdullah A. Alarfaj, Murugan A. Munusamy, Giovanni Benelli, and Kadarkarai Muruga, "Stem Cell Therapies for Myocardial Infarction in Clinical Trials: Bioengineering =and Biomaterial Aspects,"

Laboratory Investigation 97 (2017): 1167-79.

5   Shixing Huang, Yang Yang, Qi Yang, Qiang Zhao, and Xiaofeng Ye, "Engineered Circulatory Scaffolds for Building Cardiac Tissue," Journal of Thoracic Disease 10 (Suppl. 20; 2018): S2312-28.

6   Brendan Maher, "Tissue Engineering: How to Build a Heart," Nature499 (2013): 20-22.

7   Laura Iop, Eleonora Dal Sasso, Roberta Menabò, Fabio Di Lisa, and Gino Gerosa, "The Rapidly Evolving Concept of Whole Heart Engineering." Stem Cells International (2017): 8920940.

8   Frederick J. Raal, David Kallend, Kausik K. Ray, Traci Turner, Wolfgang Koenig, R. Scott Wright, Peter L. J. Wijngaard, Danielle Curcio, Mark J. Jaros, Lawrence A. Leiter, John J. P. Kastelein, and ORION-9 Investigators, "Inclisiran for the Treatment of Heterozygous Familial Hypercholesterolemia," New England Journal of Medicine 382, no. 16 (2020): 1520-30.

9   . Kiran Musunuru, Alexandra C. Chadwick, Taiji Mizoguchi, Sara P. Garcia, Jamie E. DeNizio, Caroline W. Reiss, Kui Wang, Sowmya Iyer, Chaitali Dutta, Victoria Clendaniel, Michael Amaonye, Aaron Beach, Kathleen Berth, Souvik Biswas, Maurine C. Braun, Huei-Mei Chen, Thomas V. Colace, John D. Ganey, Soumyashree A. Gangopadhyay, Ryan Garrity, Lisa N. Kasiewicz, Jennifer Lavoie,

James A. Madsen, Yuri Matsumoto, Anne Marie Mazzola, Yusuf S. Nasrullah, Joseph Nneji, Huilan Ren, Athul Sanjeev, Madeleine Shay, Mary R. Stahley, Steven H. Y. Fan, Ying K. Tam, Nicole M. Gaudelli, Giuseppe Ciaramella, Leslie E. Stolz, Padma Malyala, Christopher J. Cheng, Kallanthottathil G. Rajeev, Ellen Rohde, Andrew M. Bellinger, and Sekar Kathiresan, "In Vivo CRISPR Base Editing of PCSK9 Durably Lowers Cholesterol in Primates," Nature 593, no. 7859 (2021): 429-34.

10　U. Kei Cheang and Min Jun Kim, "Self-Assembly of Robotic Micro- and Nanoswimmers Using Magnetic Nanoparticles," Journal of Nanoparticle Research 17 (2015): 145; Jiangfan Yu, Ben Wang, Xingzhou Du, Qianqian Wang, and Li Zhang, "Ultra-Extensible Ribbon-Like Magnetic Microswarm," Nature Communications 9, no. 1 (2018): 3260.

11　Eugenio Cingolani, Joshua I. Goldhaber, and Eduardo Marbán, "NextGeneration Pacemakers: From Small Devices to Biological Pacemakers," Nature Reviews Cardiology 15, no. 3 (2018): 139-50.

12　2. Irene Fernández-Ruiz, "Breakthrough in Heart Xenotransplantation," Nature Reviews Cardiology 16, no. 2 (February 2019): 69; Martha Längin Tanja Mayr, Bruno Reichart, Sebastian Michel, Stefan Buchholz, Sonja Guethoff, Alexey

Dashkevich, Andrea Baehr, Stephanie Egerer, Andreas Bauer, Maks Mihalj, Alessandro Panelli, Lara Issl, Jiawei Ying, Ann Kathrin Fresch, Ines Buttgereit, Maren Mokelke, Julia Radan, Fabian Werner, Isabelle Lutzmann, Stig Steen, Trygve Sjöberg, Audrius Paskevicius, Liao Qiuming, Riccardo Sfriso, Robert Rieben, Maik Dahlhoff, Barbara Kessler, Elisabeth Kemter, Mayulko Kurome, Valeri Zakhartchenko, Katharina Klett, Rabea Kingel, Christian Kupatt, Almuth Falkenau, Simone Reu, Reinhrad Ellgass, Rudolf Herzog, Uli Binder, Günter Wich, Arne Skerra, David Ayares, Alexander Kind, Uwe Schönmann. Franz-Josef Kaup, Christain Hagl, Eckhard Wolf, Nikolai Klymuk, Paolo Brenner, and Jan-Michael Abicht, "Consistent Success in Life-Supporting Porcine Cardiac Xenotransplantation," Nature 564, no. 7736 (2018): 430-33

13   Matteo Pettinari, Emiliano Navarra, Philippe Noirhomme, and Herbert Gutermann, "The State of Robotic Cardiac Surgery in Europe," Annals of Cardiothoracic Surgery 6, no. 1 (2017): 1-8.

신비한 심장의 역사

초판 1쇄 발행 2024년 7월 31일

지은이 빈센트 M. 피게레도
옮긴이 최경은
발행인 박상진
편 집 김민준
마케팅 박근령
관 리 황지원
디자인 투에스북디자인, 정지현

펴낸곳 진성북스
등 록 2011년 9월 23일
주 소 서울시 강남구 삼성동 143-23, 어반포레스트삼성 1301호
전 화 02)3452-7762
팩 스 02)3452-7751
홈페이지 www.jinsungbooks.com
이메일 jinsungbooks@naver.com

ISBN 978-89-97743-31-5   03900

진성북스
도서목록

사람이 가진 무한한 잠재력을 키워가는 **진성북스**는
지혜로운 삶에 나침반이 되는 양서를 만듭니다.

나의 잠재력을 찾는 생각의 비밀코트

지혜의 심리학
10주년 기념판

김경일 지음
340쪽 | 값 18,500원

10주년 기념판으로 새롭게 만나는 '인지심리학의 지혜'!

지난 10년간의 감사와 진심을 담은 『지혜의 심리학 10주년 기념판』! 수많은 자기계발서를 읽고도 목표를 이루지 못한 사람들의 필독서로써, 모든 결과의 시작점에 있는 원인(Why)을 주목했다. 이 책을 읽고 생각의 원리를 올바로 이해하고 활용함으로써 누구라도 통찰을 통해 행복한 삶을 사는 지혜를 얻을 수 있을 것이다.

● OtvN <어쩌다 어른> 특강 출연
● KBS 1TV 아침마당<목요특강> "지혜의 심리학" 특강 출연
● 2014년 중국 수출 계약 | 포스코 CEO 추천 도서
● YTN사이언스 <과학, 책을 만나다> "지혜의 심리학" 특강 출연

포스트 코로나 시대의 행복

적정한 삶

김경일 지음 | 360쪽 | 값 16,500원

우리의 삶은 앞으로 어떤 방향으로 나아가게 될까? 인지심리학자인 저자는 이번 팬데믹 사태를 접하면서 수없이 받아온 질문에 대한 답을 이번 저서를 통해 말하고 있다. 앞으로 인류는 '극대화된 삶'에서 '적정한 삶'으로 갈 것이라고. 낙관적인 예측이 아닌 엄숙한 선언이다. 행복의 척도가 바뀔 것이며 개인의 개성이 존중되는 시대가 온다. 타인이 이야기하는 'want'가 아니라 내가 진짜 좋아하는 'like'를 발견하며 만족감이 스마트해지는 사회가 다가온다. 인간의 수명은 길어졌고 적정한 만족감을 느끼지 못하는 인간은 결국 길 잃은 삶을 살게 될 것이라고 말이다.

젊음을 오래 유지하는 자율신경건강법

안티에이징 시크릿

정이안 지음
264쪽 | 값 15,800원

자율신경을 지키면 노화를 늦출 수 있다!

25년 넘게 5만 명이 넘는 환자를 진료해 온 정이안 원장이 제안하는, 노화를 늦추고 건강하게 사는 자율신경건강법이 담긴 책. 남녀를 불문하고 체내에 호르몬이 줄어들기 시작하는 35세부터 노화가 시작된다. 저자는 식습관과 생활 습관, 치료법 등 자율신경의 균형을 유지하는 다양한 한의학적 지식을 제공함으로써, 언제라도 '몸속 건강'을 지키며 젊게 살 수 있는 비결을 알려준다.

정신과 의사가 알려주는 감정 컨트롤술

마음을 치유하는
7가지 비결

가바사와 시온 지음 | 송소정 옮김 | 268쪽
값 15,000원

일본의 저명한 정신과 의사이자 베스트셀러 작가, 유튜브 채널 구독자 35만 명을 거느린 유명 유튜버이기도 한 가바사와 시온이 소개하는, 환자와 가족, 간병인을 위한 '병을 낫게 하는 감정 처방전'이다. 이 책에서 저자는 정신의학, 심리학, 뇌과학 등 여러 의학 분야를 망라하여 긍정적인 감정에는 치유의 힘이 있음을 설득력 있게 제시한다.

독일의 DNA를 밝히는 단 하나의 책!

세상에서 가장 짧은
독일사

제임스 호즈 지음 | 박상진 옮김
428쪽 | 값 23,000원

냉철한 역사가의 시선으로 그려낸 '진짜 독일의 역사'를 만나다!

『세상에서 가장 짧은 독일사』는 역사가이자 베스트셀러 소설가인 저자가 가장 최초의 독일인이라 불리는 고대 게르만의 부족부터 로마, 프랑크 왕국과 신성로마제국, 프로이센, 그리고 독일 제국과 동독, 서독을 거쳐 오늘날 유럽 연합을 주도하는 독일에 이르기까지 모든 독일의 역사를 특유의 독특한 관점으로 단 한 권에 엮어낸 책이다.

● 영국 선데이 타임즈 논픽션 베스트셀러
● 세계 20개 언어로 번역

감정은 인간을 어떻게 지배하는가

감정의 역사

롭 보디스 지음 | 민지현 옮김 | 356쪽 |
값 16,500원

이 책은 몸짓이나 손짓과 같은 제스처, 즉 정서적이고 경험에 의해 말하지 않는 것들을 설득력 있게 설명한다. 우리가 느끼는 시간과 공간의 순간에 마음과 몸이 존재하는 역동적인 산물이라고 주장하면서, 생물학적, 인류학적, 사회 문화적 요소를 통합하는 진보적인 접근 방식을 사용하여 전 세계의 정서적 만남과 개인 경험의 변화를 설명한다. 감정의 역사를 연구하는 최고 학자 중 한 명으로, 독자들은 정서적 삶에 대한 그의 서사적 탐구에 매혹당하고, 감동받을 것이다.

하버드 경영대학원 마이클 포터의 성공전략 지침서

당신의 경쟁전략은 무엇인가?

조안 마그레타 지음 | 김언수, 김주권, 박상진 옮김
368쪽 | 값 22,000원

이 책은 방대하고 주요한 마이클 포터의 이론과 생각을 한 권으로 정리했다. <하버드 비즈니스리뷰> 편집장 출신인 조안 마그레타(Joan Magretta)는 마이클 포터와의 협력으로 포터교수의 아이디어를 업데이트하고, 이론을 증명하기 위해 생생하고 명확한 사례들을 알기 쉽게 설명한다. 전략경영과 경쟁전략의 핵심을 단기간에 마스터하기 위한 사람들의 필독서이다.

● 전략의 대가, 마이클 포터 이론의 결정판
● 아마존 전략분야 베스트 셀러
● 일반인과 대학생을 위한 전략경영 필독서

**비즈니스 성공의 불변법칙
경영의 멘탈모델을 배운다!**

퍼스널 MBA
10주년 기념 증보판

조시 카우프만 지음 | 박상진, 이상호 옮김
832쪽 | 값 35,000원

"MASTER THE ART OF BUSINESS"

비즈니스 스쿨에 발을 들여놓지 않고도 자신이 원하는 시간과 적은 비용으로 비즈니스 지식을 획기적으로 높이는 방법을 가르쳐 주고 있다. 실제 비즈니스의 운영, 개인의 생산성 극대화, 그리고 성과를 높이는 스킬을 배울 수 있다. 이 책을 통해 경영학을 마스터하고 상위 0.01%에 속하는 부자가 되는 길을 따라가 보자.

● 아마존 경영 & 리더십 트레이닝 분야 1위
● 미국, 일본, 중국 베스트 셀러
● 전 세계 100만 부 이상 판매

한국기업, 글로벌 최강 만들기 프로젝트 1

넥스트 이노베이션

김언수, 김봉선, 조준호 지음 | 396쪽 |
값 18,000원

넥스트 이노베이션은 혁신의 본질, 혁신의 유형, 각종 혁신의 사례들, 다양한 혁신을 일으키기 위한 약간의 방법론들, 혁신을 위한 조직 환경과 디자인, 혁신과 관련해 개인이 할 수 있는 것들, 향후의 혁신 방향 및 그와 관련된 정부의 정책의 역할까지 폭넓게 논의한다. 이 책을 통해 조직 내에서 혁신에 관한 공통의 언어를 생성하고, 새로운 혁신 프로젝트에 맞는 구체적인 도구와 프로세스를 활용하는 방법을 개발하기 바란다. 나아가 여러 혁신 성공 및 실패 사례를 통해 다양하고 창의적인 혁신 아이디어를 얻고 실행에 옮긴다면 분명 좋은 성과를 얻을 수 있으리라 믿는다.

인간에게 영감을 불어넣는 '숨'의 역사
호흡

에드거 윌리엄스 지음
황선영 옮김
396쪽 | 값 22,000원

호흡 생리학자가 엮어낸 호흡에 관한 거의 모든 지식!

우리 삶에 호흡이 왜 중요할까? 그건 바로 생존이 달려있기 때문이다. 지금까지 건강한 호흡 방법, 명상을 위한 호흡법처럼 건강으로 호흡을 설명하는 책들은 많았다. 하지만 호흡 자체의 본질적 질문에 답하는 책은 없었다. 저자는 "인간은 왜 지금과 같은 방식으로 숨을 쉬게 되었는가?"라는 질문에서 시작한다. 평생 호흡을 연구해 온 오늘날 현대인이 호흡을 할 수 있기까지의 전 과정을 인류역사, 인물, 사건, 기술, 문학작품을 통해서 생생하게 일러준다.

과학책에서 들었을 법한 산소 발견 이야기는 물론, 인종차별의 증거로 잘못 활용된 폐활량계, 제1차 세계대전에서 수많은 사상자를 남긴 유독가스, 오늘날에도 우리를 괴롭히는 다양한 호흡 장애와 몸과 마음을 지키는 요가의 호흡법 등, 이 책은 미처 세기도 어려운 호흡에 관한 거의 모든 지식을 총망라하며 읽는 이의 지성을 자극하고도 남는다. 인간에게 숨은 생명의 시작이면서 끝이고, 삶에 대한 풍부한 스토리를 내포하고 있다.

저자는 "평생 탐구해 온 단 하나의 물음이 '인간은 왜 지금과 같은 방식으로 숨을 쉬게 되었는가'에 대한 해답을 이 책에서 찾아보고자" 했다고 밝힌다. 하지만 호흡이라는 하나의 주제로 엮인 이 책을 통해 알 수 있는 것이 비단 호흡의 비밀만은 아니다.

우리는 수개월 동안 호흡 없이 뱃속에서 지내던 아이의 첫울음으로 이루 말할 수 없는 감동을 느끼게 된다. 또한 인체에 대한 이해와 산소호흡기의 탄생 등 눈부신 발전을 이룩한 현대 의학의 이면에 숨은 수많은 연구자의 성공과 실패담을 읽으며 그 노고를 깨닫게 된다. 호흡이라는 주제로 얽히고설킨 깊고 넓은 지식의 생태계 속에서 여러분은 인류의 번영과 고뇌, 무수한 학자들의 성공과 실패, 그리고 삶과 죽음이 녹아든 지혜를 선물 받을 것이다.

새로운 리더십을 위한 지혜의 심리학
이끌지 말고 따르게 하라

김경일 지음
328쪽 | 값 15,000원

이 책은 '훌륭한 리더', '존경받는 리더', '사랑받는 리더'가 되고 싶어하는 모든 사람들을 위한 책이다. 요즘 사회에서는 존경보다 질책을 더 많이 받는 리더들의 모습을 쉽게 볼 수 있다. 저자는 리더십의 원형이 되는 인지심리학을 바탕으로 바람직한 리더의 모습을 하나씩 밝혀준다. 현재 리더의 위치에 있는 사람뿐만 아니라, 앞으로 리더가 되기 위해 노력하고 있는 사람이라면 인지심리학의 새로운 접근에 공감하게 될 것이다. 존경받는 리더로서 조직을 성공시키고, 나아가 자신의 삶에서도 승리하기를 원하는 사람들에게 필독을 권한다.

- OtvN <어쩌다 어른> 특강 출연
- 예스24 리더십 분야 베스트 셀러
- 국립중앙도서관 사서 추천 도서

UN 선정, 미래 경영의 17가지 과제
지속가능발전목표란 무엇인가?

딜로이트 컨설팅 엮음 | 배정희, 최동건 옮김
360쪽 | 값 17,500원

지속가능발전목표(SDGs)는 세계 193개국으로 구성된 UN에서 2030년까지 달성해야 할 사회과제 해결을 목표로 설정됐으며, 2015년 채택 후 순식간에 전 세계로 퍼졌다. SDGs의 큰 특징 중 하나는 공공, 사회, 개인(기업)의 세 부문에 걸쳐 널리
파급되고 있다는 점이다. 그러나 SDGs가 세계를 향해 던지는 근본적인 질문에 대해서는 사실 충분한 이해와 침투가 이뤄지지 않고 있다. SDGs는 단순한 외부 규범이 아니다. 단순한 자본시장의 요구도 아니다. 단지 신규사업이나 혁신의 한 종류도
아니다. SDGs는 과거 수십 년에 걸쳐 글로벌 자본주의 속에서 면면이 구축되어온 현대 기업경영 모델의 근간을 뒤흔드는 변화(진화)에 대한 요구다. 이러한 경영 모델의 진화가 바로 이 책의 주요 테마다.

기초가 탄탄한 글의 힘
실용 글쓰기 정석

황성근 지음 | 252쪽 | 값 13,500원

글쓰기는 인간의 기본 능력이자 자신의 능력을 발휘하는 핵심적인 도구이다. 이 책에서는 기본 원리와 구성, 나아가 활용 수준까지 글쓰기의 모든 것을 다루고 있다. 이 책은 지금까지 자주 언급되고 무조건적으로 수용되던 기존 글쓰기의 이론을 아예 무시했다. 실제 글쓰기를 할 때 반드시 필요하고 알아두어야 하는 내용들만 담았다. 소설 읽듯 하면 바로 이해되고 그 과정에서 원리를 터득할 수 있도록 심혈을 기울인 책이다. 글쓰기에 대한 깊은 고민에 빠진 채 그 방법을 찾지 못해 방황하고 있는 사람들에게 필독하길 권한다.

상위 7% 우등생 부부의 9가지 비결
사랑의 완성 결혼을 다시 생각하다

그레고리 팝캑 지음
민지현 옮김 | 396쪽 | 값 16,500원

결혼 상담 치료사인 저자는 특별한 부부들이 서로를 대하는 방식이 다른 모든 부부관계에도 도움이 된다고 알려준다. 이 책은 저자 자신의 결혼생활 이야기를 비롯해 상담치료 사례와 이에 대한 분석, 자가진단용 설문, 훈련 과제 및 지침 등으로 구성되어 있다. 이 내용들은 오랜 결혼 관련 연구논문으로 지속적으로 뒷받침되고 있으며 효과가 입증된 것들이다. 이 책을 통해 독자들은 무엇이 결혼생활에 부정적으로 작용하며, 긍정적인 변화를 위해 어떤 노력을 해야 하는지 배울 수 있다.

앞서 가는 사람들의 두뇌 습관
스마트 싱킹

아트 마크먼 지음 | 박상진 옮김
352쪽 | 값 17,000원

숨어 있던 창의성의 비밀을 밝힌다!
인간의 마음이 어떻게 작동하는지 설명하고, 스마트해지는데 필요한 완벽한 종류의 연습을 하도록 도와준다. 고품질 지식의 습득과 문제 해결을 위해 생각의 원리를 제시하는 인지 심리학의 결정판이다! 고등학생이든, 과학자든, 미래의 비즈니스 리더든, 또는 회사의 CEO든 스마트 싱킹을 하고자 하는 누구에게나 이 책은 유용하리라 생각한다.

- 조선일보 등 주요 15개 언론사의 추천
- KBS TV, CBS방영 및 추천

나의 경력을 빛나게 하는 인지심리학
커리어 하이어

아트 마크먼 지음 | 박상진 옮김 | 340쪽
값 17,000원

이 책은 세계 최초로 인지과학 연구 결과를 곳곳에 배치해 '취업-업무 성과-이직'으로 이어지는 경력 경로 전 과정을 새로운 시각에서 조명했다. 또한, 저자인 아트 마크먼 교수가 미국 텍사스 주립대의 '조직의 인재 육성(HDO)'이라는 석사학위 프로그램을 직접 개설하고 책임자까지 맡으면서 '경력 관리'에 대한 이론과 실무를 직접 익혔다. 따라서 탄탄한 이론과 직장에서 바로 적용할 수 있는 실용성까지 갖추고 있다. 특히 2부에서 소개하는 성공적인 직장생활의 4가지 방법들은 이 책의 백미라고 볼 수 있다.

나와 당신을 되돌아보는, 지혜의 심리학

어쩌면 우리가 거꾸로 해왔던 것들

김경일 지음 | 272쪽 | 값 15,000원

저자는 이 책에서 수십 년 동안 심리학을 공부해오면서 사람들로부터 가장 많은 공감을 받은 필자의 말과 글을 모아 엮었다. 수많은 독자와 청중들이 '아! 맞아. 내가 그랬었지'라며 지지했던 내용들이다. 다양한 사람들이 공감한 내용들의 방점은 이렇다. 안타깝게도 세상을 살아가는 우리 대부분은 '거꾸로' 하고 있는지도 모른다. 이 책은 지금까지 일상에서 거꾸로 해온 것을 반대로, 즉 우리가 '거꾸로 해왔던 수많은 말과 행동들'을 조금이라도 제자리로 되돌아보려는 노력의 산물이다. 이런 지혜를 터득하고 심리학을 생활 속에서 실천하길 바란다.

고혈압, 당뇨, 고지혈증, 골관절염...
큰 병을 차단하는 의사의 특별한 건강관리법

몸의 경고

박제선 지음 | 336쪽 | 값 16,000원

현대의학은 이제 수명 연장을 넘어, 삶의 질도 함께 고려하는 상황으로 바뀌고 있다. 삶의 '길이'는 현대의료시스템에서 잘 챙겨주지만, '삶의 질'까지 보장받기에는 아직 갈 길이 멀다. 삶의 질을 높이려면 개인이 스스로 해야 할 일이 있다. 진료현장의 의사가 개인의 세세한 건강을 모두 신경 쓰기에는 역부족이다. 이 책은 아파서 병원을 찾기 전에 스스로 '예방'할 수 있는 영양요법과 식이요법에 초점 을 맞추고 있다. 병원에 가기 두렵거나 귀찮은 사람, 이미 질환을 앓고 있지만 심각성을 깨닫지 못하는 사람들에게 가정의학과 전문의가 질병 예방 길잡이를 제공하는 좋은 책이다.

질병의 근본 원인을 밝히고
남다른 예방법을 제시한다

의사들의 120세 건강 비결은 따로 있다

마이클 그레거 지음 | 홍영준, 강태진 옮김
❶ 질병원인 치유편 | 564쪽 | 값 22,000원
❷ 질병예방 음식편 | 340쪽 | 값 15,000원

미국 최고의 영양 관련 웹사이트인 http://NutritionFacts.org를 운영 중인 세계적인 영양전문가이자 내과의사가 과학적인 증거로 치명적인 질병으로 사망하는 원인을 규명하고 병을 예방하고 치유하는 식습관에 대해 집대성한 책이다. 저자는 영양과 생활방식의 조정이 처방약, 항암제, 수술보다 더 효과적일 수 있다고 강조한다. 우수한 건강서로서 모든 가정의 구성원들이 함께 읽고 실천하면 좋은 '가정건강지킴이'로서 손색이 없다.

● 아마존 식품건강분야 1위　　● 출간 전 8개국 판권계약

성공적인 인수합병의 가이드라인

시너지 솔루션

마크 서로워,
제프리 웨이런스 지음
김동규 옮김
456쪽 | 값 25,000원

"왜 최고의 기업은 최악의 선택을 하는가?"

유력 경제 주간지 『비즈니스위크Businessweek』의 기사에 따르면 주요 인수합병 거래의 65%가 결국 인수기업의 주가가 무참히 무너지는 결과로 이어졌다. 그럼에도 M&A는 여전히 기업의 가치와 미래 경쟁력을 단기간 내에 끌어올릴 수 있는 매우 유용하며 쉽게 대체할 수 없는 성장 및 발전 수단이다. 그렇다면 수많은 시너지 함정과 실수를 넘어 성공적인 인수합병을 위해서는 과연 무엇이 필요할까? 그 모든 해답이 이 책, 『시너지 솔루션』에 담겨 있다.

두 저자는 1995년부터 2018년까지 24년 동안 발표된 2,500건을 상회하는 1억 달러 이상 규모의 거래를 분석했으며, 이를 통해 인수 거래 발표 시 나타나는 주식 시장의 반응이 매우 중요하며, 이렇게 긍정적인 방향으로 시작한 거래가 부정적인 반응을 얻은 뒤 변화 없이 지속된 거래에 비해 압도적인 성과를 거두게 됨을 알게 되었다. 이러한 결과를 통해 제대로 된 인수 거래의 중요성을 재확인한 두 저자는 올바른 M&A 전략을 세우고 이를 계획대로 실행할 수 있도록 M&A의 '엔드 투 엔드 솔루션'을 제시한다. 준비된 인수기업이 되어 함정을 피할 수 있는 인수전략을 개발하고 실행하는 법은 물론, 프리미엄을 치르는 데 따르는 성과 약속을 전달하는 법, 약속한 시너지를 실제로 구현하는 법, 변화를 관리하고 새로운 문화를 구축하는 법, 그리고 장기적 주주 가치를 창출하고 유지하는 법을 모두 한 권에 책에 담음으로써, M&A의 성공률을 높이고 기업과 주주 모두에게 도움이 될 수 있도록 하였다. 『시너지 솔루션』이 제시하는 통합적인 관점을 따라간다면 머지않아 최적의 시기에 샴페인을 터뜨리며 축배를 드는 자신을 보게 될 것이다.

회사를 살리는 영업 AtoZ
세일즈 마스터

이장석 지음 | 396쪽 | 값 17,500원

영업은 모든 비즈니스의 꽃이다. 오늘날 경영학의 눈부신 발전과 성과에도 불구하고, 영업관리는 여전히 비과학적인 분야로 남아있다. 영업이 한 개인의 개인기나 합법과 불법을 넘나드는 묘기의 수준에 남겨두는 한, 기업의 지속적 발전은 한계에 부딪히기 마련이다. 이제 편법이 아닌 정석에 관심을 쏟을 때다. 본질을 망각한 채 결과에 올인하는 영업직원과 눈앞의 성과만으로 모든 것을 평가하려는 기형적인 조직문화는 사라져야 한다. 이 책은 영업의 획기적인 리엔지니어링을 위한 AtoZ를 제시한다. 디지털과 인공지능 시대에 더 인정받는 영업직원과 리더를 위한 필살기다.

언제까지 질병으로 고통받을 것인가?
난치병 치유의 길

앤서니 윌리엄 지음 | 박용준 옮김
468쪽 | 값 22,000원

이 책은 현대의학으로는 치료가 불가능한 질병으로 고통 받는 수많은 사람들에게 새로운 치료법을 소개한다. 저자는 사람들이 무엇으로 고통받고, 어떻게 그들의 건강을 관리할 수 있는지에 대한 영성의 목소리를 들었다. 현대 의학으로는 설명할 수 없는 질병이나 몸의 비정상적인 상태의 근본 원인을 밝혀주고 있다. 당신이 원인불명의 증상으로 고생하고 있다면 이 책은 필요한 해답을 제공해 줄 것이다.

● 아마존 건강분야 베스트 셀러 1위

유능한 리더는 직원의 회복력부터 관리한다
스트레스 받지 않는 사람은 무엇이 다른가

데릭 로저, 닉 페트리 지음
김주리 옮김 | 308쪽 | 값 15,000원

이 책은 흔한 스트레스 관리에 관한 책이 아니다. 휴식을 취하는 방법에 관한 책도 아니다. 인생의 급류에 휩쓸리지 않고 어려움을 헤쳐 나갈 수 있는 능력인 회복력을 강화하여 삶을 주체적으로 사는 법에 관한 명저다. 엄청난 무게의 힘든 상황에서도 감정적 반응을 재설계하도록 하고, 스트레스 증가 외에는 아무런 도움이 되지 않는 자기 패배적 사고 방식을 깨는 방법을 제시한다. 깨어난 순간부터 자신의 태도를 재조정하는데 도움이 되는 사례별 연구와 극복 기술을 소개한다.

기후의 역사와 인류의 생존
시그널

벤저민 리버만, 엘리자베스 고든 지음
은종환 옮김 | 440쪽 | 값 18,500원

이 책은 인류의 역사를 기후변화의 관점에서 풀어내고 있다. 인류의 발전과 기후의 상호작용을 흥미 있게 조명한다. 인류 문화의 탄생부터 현재에 이르기까지 역사의 중요한 지점을 기후의 망원경으로 관찰하고 해석한다. 당시의 기후조건이 필연적으로 만들어낸 여러 사회적인 변화를 파악한다. 결코 간단하지 않으면서도 흥미진진한, 그리고 현대인들이 심각하게 다뤄야 할 이 주제에 대해 탐구를 시작하고자 하는 독자에게 이 책이 좋은 길잡이가 되리라 기대해본다.

세계 초일류 기업이 벤치마킹한 성공전략 5단계
승리의 경영전략

AG 래플리, 로저마틴 지음
김주권, 박광태, 박상진 옮김
352쪽 | 값 18,500원

전략경영의 살아있는 메뉴얼

가장 유명한 경영 사상가 두 사람이 전략이란 무엇을 위한 것이고, 어떻게 생각해야 하며, 왜 필요하고, 어떻게 실천해야 할지 구체적으로 설명한다. 이들은 100년 동안 세계 기업회생역사에서 가장 성공적이라고 평가받고 있을 뿐 아니라, 직접 성취한 P&G의 사례를 들어 전략의 핵심을 강조하고 있다.

● 경영대가 50인(Thinkers 50)이 선정한 2014 최고의 책
● 탁월한 경영자와 최고의 경영 사상가의 역작
● 월스트리스 저널 베스트 셀러

언어를 넘어 문화와 예술을 관통하는 수사학의 힘
현대 수사학

요아힘 크나페 지음
김종영, 홍설영 옮김 | 480쪽 | 값 25,000원

이 책의 목표는 인문학, 문화, 예술, 미디어 등 여러 분야에 수사학을 접목시킬 현대 수사학이론을 마련하는 것이다. 수사학은 본래 언어적 형태의 소통을 연구하는 학문이라서 기초이론의 개발도 이 점에 주력하였다. 그 결과 언어적 소통의 관점에서 수사학의 역사를 개관하고 정치수사학을 다루는 서적은 꽤 많지만, 수사학 이론을 현대적인 관점에서 새롭고 포괄적으로 다룬 연구는 눈에 띄지 않는다. 이 책은 수사학이 단순히 언어적 행동에만 국한하지 않고, '소통이 있는 모든 곳에 수사학도 있다'는 가정에서 출발한다. 이를 토대로 크나페 교수는 현대 수사학 이론을 체계적으로 개발하고, 문학, 음악, 이미지, 영화 등 실용적인 영역에서 수사학적 분석이 어떻게 가능한지를 총체적으로 보여준다.

당신은 어떤 말을 하고 있나요?

백 마디 불통의 말, 한 마디 소통의 말

김종영 지음
248쪽 | 값 13,500원

리더십의 핵심은 소통능력이다. 소통을 체계적으로 연구하는 학문이 바로 수사학이다. 이 책은 우선 사람을 움직이는 힘, 수사학을 집중 조명한다. 그리고 소통의 능력을 필요로 하는 우리 사회의 리더들에게 꼭 필요한 수사적 리더십의 원리를 제공한다. 더 나아가서 수사학의 원리를 실제 생활에 어떻게 적용할 수 있는지 일러준다. 독자는 행복한 말하기와 아름다운 소통을 체험할 것이다.

● SK텔레콤 사보 <Inside M> 인터뷰
● MBC 라디오 <라디오 북 클럽> 출연
● 매일 경제, 이코노믹리뷰, 경향신문 소개
● 대통령 취임 2주년 기념식 특별연설

탁월한 전략이 미래를 창조한다

경쟁을 초월하여 영원한 승자로 가는 지름길

리치 호워드 지음 | 박상진 옮김
300쪽 | 값 17,000원

이 책은 혁신과 영감을 통해 자신들의 경험과 지식을 탁월한 전략으로 바꾸려는 리더들에게 실질적인 프레임워크를 제공해준다. 저자는 탁월한 전략을 위해서는 새로운 통찰을 결합하고 독자적인 경쟁 전략을 세우고 헌신을 이끌어내는 것이 중요하다고 강조한다. 나아가 연구 내용과 실제 사례, 사고 모델, 핵심 개념에 대한 명쾌한 설명을 통해 탁월한 전략가가 되는 데 필요한 핵심 스킬을 만드는 과정을 제시해준다.

● 조선비즈, 매경이코노미 추천도서
● 저자 전략분야 뉴욕타임즈 베스트 셀러

신제품 개발 바이블

대담한 혁신상품은 어떻게 만들어지는가?

로버트 쿠퍼 지음 | 류강석, 박상진, 신동영 옮김
648쪽 | 값 28,000원

오늘날 비즈니스 환경에서 진정한 혁신과 신제품개발은 중요한 도전과제이다. 하지만 대부분의 기업들에게 야심적인 혁신은 보이지 않는다. 이 책의 저자는 제품혁신의 핵심성공 요인이자 세계최고의 제품개발 프로세스인 스테이지-게이트(Stage-Gate)에 대해 강조한다. 아울러 올바른 프로젝트 선택 방법과 스테이지-게이트 프로세스를 활용한 신제품개발 성공 방법에 대해서도 밝히고 있다. 신제품은 기업번영의 핵심이다. 이러한 방법을 배우고 기업의 실적과 시장 점유율을 높이는 대담한 혁신을 성취하는 것은 담당자, 관리자, 경영자의 마지노선이다.

10만 독자가 선택한 국내 최고의 인지심리학 교양서

지혜의 심리학
10주년 기념판

김경일 지음
340쪽 | 값 18,500원

10주년 기념판으로 새롭게 만나는 '인지심리학의 지혜'!

생각에 관해서 인간은 여전히 이기적이고 이중적이다. 깊은 생각을 외면하면서도 자신의 생각과 인생에 있어서 근본적인 변화를 애타게 원하기 때문이다. 하지만 과연 몇이나 자기계발서를 읽고 자신의 생각에 근본적인 변화와 개선을 가질 수 있었을까? 불편하지만 진실은 '결코 없다'이다. 우리에게 필요한 것은 '어떻게' 그 이상, '왜'이다. '왜'라고 생각하면 '왜냐하면'이라는 답이 태어나고, 이는 다시금 더 이전의 원인에 대한 질문인 또 다른 '왜'와 그에 따른 '왜냐하면'들을 낳는다.

우리는 살아가면서 다양한 어려움에 봉착하게 된다. 이때 우리는 지금까지 살아오면서 쌓았던 다양한 How들만 가지고는 이해할 수도 해결할 수도 없는 어려움들에 자주 직면하게 된다. 따라서 이 How들을 이해하고 연결해 줄 수 있는 Why에 대한 대답을 지녀야만 한다. 『지혜의 심리학』은 바로 이 점을 우리에게 알려주어 왔다. 이 책은 '이런 이유가 있다'로 우리의 관심을 발전시켜 왔다. 그리고 그 이유들이 도대체 '왜' 그렇게 자리 잡고 있으며 왜 그렇게 고집스럽게 우리의 생각 깊은 곳에서 힘을 발휘하는지에 대하여 눈을 뜨게 해주었다.

그동안 『지혜의 심리학』은 국내 최고의 인지심리학자인 김경일 교수가 생각의 원리에 대해 직접 연구한 내용을 바탕으로 명쾌한 논리로 수많은 독자들을 지혜로운 인지심리학의 세계로 안내해 왔다. 그리고 앞으로도, 새로운 독자들에게 참된 도전과 성취에 대한 자신감을 건네주기에 더할 나위 없는 지혜를 선사할 것이다.

● OtvN <어쩌다 어른> 특강 출연
● 2014년 중국 수출 계약 | 포스코 CEO 추천 도서

노자, 궁극의 리더십을 말하다
2020 대한민국을
통합시킬 주역은 누구인가?

안성재 지음 | 524쪽 | 값 19,500원

노자는 "나라를 다스리는 것은 간단하고도 온전한 원칙이어야지, 자꾸 복잡하게 그 원칙들을 세분해서 강화하면 안된다"라고 일갈한다. 법과 제도를 세분해서 강화하지 않고 원칙만으로 다스리는 것이 바로 대동 사회다. 원칙을 수많은 항목으로 세분해서 통제한 것은 소강사회의 모태가 되므로 경계하지 않으면 안된다. 이 책은 [도덕경]의 오해와 진실 그 모든 것을 이야기한다. 동서고금을 아우르는 지혜가 살아넘친다. [도덕경] 한 권이면 국가를 경영하는 정치지도자에서 기업을 경영하는 관리자까지 리더십의 본질을 꿰뚫을 수 있을 것이다.

인생의 고수가 되기 위한 진짜 공부의 힘
김병완의 공부혁명

김병완 지음
236쪽 | 값 13,800원

공부는 20대에게 세상을 살아갈 수 있는 힘과 자신감 그리고 내공을 길러준다. 그래서 20대 때 공부에 미쳐 본 경험이 있는 사람과 그렇지 못한 사람은 알게 모르게 평생 큰 차이가 난다. 진짜 청춘은 공부하는 청춘이다. 공부를 하지 않고 어떻게 100세 시대를 살아가고자 하는가? 공부는 인생의 예의이자 특권이다. 20대 공부는 자신의 내면을 발견할 수 있게 해주고, 그로 인해 진짜 인생을 살아갈 수 있게 해준다. 이 책에서 말하는 20대 청춘이란 생물학적인 나이만을 의미하지 않는다. 60대라도 진짜 공부를 하고 있다면 여전히 20대 청춘이고 이들에게는 미래에 대한 확신과 풍요의 정신이 넘칠 것이다.

감동으로 가득한 스포츠 영웅의
휴먼 스토리
오픈

안드레 애거시 지음 | 김현정 옮김
614쪽 | 값 19,500원

시대의 이단아가 던지는 격정적 삶의 고백!
남자 선수로는 유일하게 골든 슬램을 달성한 안드레 애거시. 테니스 인생의 정상에 오르기까지와 파란만장한 삶의 여정이 서정적 언어로 독자의 마음을 자극한다. 최고의 스타 선수는 무엇으로, 어떻게, 그 자리에 오를 수 있었을까? 또 행복하지만 은 않았던 그의 테니스 인생 성장기를 통해 우리는 무엇을 배 울 수 있을까. 안드레 애거시의 가치관과 생각을 읽을 수 있다.

하버드 경영 대학원 마이클 포터의
성공전략 지침서
당신의 경쟁전략은
무엇인가?

조안 마그레타 지음
김언수, 김주권, 박상진 옮김
368쪽 | 값 22,000원

마이클 포터(Michael E. Porter)는 전략경영 분야의 세계최고 권위자다. 개별 기업, 산업구조, 국가를 아우르는 연구를 전개해 지금까지 17권의 저서와 125편 이상의 논문을 발표했다. 저서 중 『경쟁전략(Competitive Strategy)』(1980), 『경쟁우위(Competitive Advantage)』(1985), 『국가경쟁우위(The Competitive Advantage of Nations)』(1990) 3부작은 '경영전략의 바이블이자 마스터피스'로 공인받고 있다. 경쟁우위, 산업구조 분석, 5가지 경쟁요인, 본원적 전략, 차별화, 전략적 포지셔닝, 가치사슬, 국가경쟁력 등의 화두는 전략 분야를 넘어 경영학 전반에 새로운 지평을 열었고, 사실상 세계 모든 경영 대학원에서 핵심적인 교과목으로 다루고 있다. 이 책은 방대하고 주요한 마이클 포터의 이론과 생각을 한 권으로 정리했다. <하버드 비즈니스리뷰> 편집장 출신인 저자는 폭넓은 경험을 바탕으로 포터 교수의 강력한 통찰력을 경영일선에 효과적으로 적용할 수 있도록 설명한다. 즉, "경쟁은 최고가 아닌 유일무이한 존재가 되고자 하는 것이고, 경쟁자들 간의 싸움이 아니라, 자사의 장기적 투하자본이익률(ROIC)을 높이는 것이다." 등 일반인들이 잘못 이해하고 있는 포터의 이론들을 명백히 한다. 전략경영과 경쟁전략의 핵심을 단기간에 마스터하여 전략의 전문가로 발돋움 하고자 하는 대학생은 물론 전략에 관심이 있는 MBA과정의 학생들을 위한 필독서다. 나아가 미래의 사업을 주도하여 지속적 성공을 꿈꾸는 기업의 관리자에게는 승리에 대한 영감을 제공해 줄 것이다.

● 전략의 대가, 마이클 포터 이론의 결정판
● 아마존전략 분야 베스트 셀러
● 일반인과 대학생을 위한 전략경영 필독서

진정한 부와 성공을 끌어당기는 단 하나의 마법

생각의 시크릿

밥 프록터, 그레그 레이드 지음 | 박상진 옮김
268쪽 | 값 13,800원

성공한 사람들은 그렇지 못한 사람들과 다른 생각을 갖고 있는 것인가? 지난 100년의 역사에서 수많은 사람을 성공으로 이끈 성공 철학의 정수를 밝힌다. <생각의 시크릿>은 지금까지 부자의 개념을 오늘에 맞게 더 구체화시켰다. 지금도 변하지 않는 법칙을 따라만하면 누구든지 성공의 비밀에 다가갈 수 있다. 이 책은 각 분야에서 성공한 기업가들이 지난 100년간의 성공 철학을 어떻게 이해하고 따라했는지 살펴보면서, 그들의 성공 스토리를 생생하게 전달하고 있다.

● 2016년 자기계발분야 화제의 도서
● 매경이코노미, 이코노믹리뷰 소개

새로운 시대는 逆(역)으로 시작하라!

콘트래리언

이신영 지음
408쪽 | 값 17,000원

위기극복의 핵심은 역발상에서 나온다!

세계적 거장들의 삶과 경영을 구체적이고 내밀하게 들여다본 저자는 그들의 성공핵심은 많은 사람들이 옳다고 추구하는 흐름에 '거꾸로' 갔다는 데 있음을 발견했다. 모두가 실패를 두려워할 때 도전할 줄 알았고, 모두가 아니라고 말하는 아이디어를 성공적인 아이디어로 발전시켰으며 최근 15년간 3대 악재라 불린 위기 속에서 기회를 찾고 성공을 거두었다.

● 한국출판문화산업 진흥원 '이달의 책' 선정도서
● KBS 1 라디오 <오한진 이정민의 황금사과> 방송

"이 검사를 꼭 받아야 합니까?"

과잉 진단

길버트 웰치 지음 | 홍영준 옮김
391쪽 | 값 17,000원

병원에 가기 전 꼭 알아야 할 의학 지식!

과잉진단이라는 말은 아무도 원하지 않는다. 이는 걱정과 과잉진료의 전조일 뿐 개인에게 아무 혜택도 없다. 하버드대 출신 의사인 저자는, 의사들의 진단욕심에 비롯된 과잉진단의 문제점과 과잉진단의 합리적인 이유를 함께 제시함으로써 질병예방의 올바른 패러다임을 전해준다.

● 한국출판문화산업 진흥원 『이달의 책』 선정도서
● 조선일보, 중앙일보, 동아일보 등 주요 언론사 추천

"질병의 근본 원인을 밝히고
남다른 예방법을 제시한다"

의사들의 120세
건강비결은 따로 있다

마이클 그레거 지음
홍영준, 강태진 옮김
❶ 질병원인 치유편 값 22,000원 | 564쪽
❷ 질병예방 음식편 값 15,000원 | 340쪽

우리가 미처 몰랐던 질병의 원인과 해법
질병의 근본 원인을 밝히고 남다른 예방법을 제시한다

건강을 잃으면 모든 것을 잃는다. 의료 과학의 발달로 조만간 120세 시대도 멀지 않았다. 하지만 우리의 미래는 '얼마나 오래 살 것인가?'보다는 '얼마나 건강하게 오래 살 것인가?'를 고민해야하는 시점이다. 이 책은 질병과 관련된 주요 사망원인에 대한 과학적 인과관계를 밝히고, 생명에 치명적인 병을 예방하고 건강을 회복시킬 수 있는 방법을 명쾌하게 제시한다. 수천편의 연구결과에서 얻은 적절한 영양학적 식이요법을 통하여 건강을 획기적으로 증진시킬 수 있는 과학적 증거를 밝히고 있다. 15가지 주요 조기 사망 원인들(심장병, 암, 당뇨병, 고혈압, 뇌질환 등등)은 매년 미국에서만 1백 6십만 명의 생명을 앗아간다. 이는 우리나라에서도 주요 사망원인이다. 이러한 비극의 상황에 동참할 필요는 없다. 강력한 과학적 증거가 뒷받침 된 그레거 박사의 조언으로 치명적 질병의 원인을 정확히 파악하라. 그리고 장기간 효과적인 음식으로 위험인자를 적절히 예방하라. 그러면 비록 유전적인 단명요인이 있다 해도 이를 극복하고 장기간 건강한 삶을 영위할 수 있다. 이제 인간의 생명은 운명이 아니라, 우리의 선택에 달려있다. 기존의 건강서와는 차원이 다른 이 책을 통해서 '더 건강하게, 더 오래 사는' 무병장수의 시대를 활짝 열고, 행복한 미래의 길로 나아갈 수 있을 것이다.

● 아마존 의료건강분야 1위
● 출간 전 8개국 판권계약

사단법인 건강인문학포럼

1. 취지

세상이 빠르게 변화하고 있습니다. 눈부신 기술의 진보 특히, 인공지능, 빅데이터, 메타버스 그리고 유전의학과 정밀의료의 발전은 인류를 지금까지 없었던 새로운 세상으로 안내하고 있습니다. 앞으로 산업과 작업, 하는 일과 건강관리의 변혁은 피할 수 없는 상황으로 다가오고 있습니다.

이러한 변화에 따라 〈사단법인〉 건강인문학포럼은 '건강은 건강할 때 지키자'라는 취지에서 신체적 건강, 정신적 건강, 사회적 건강이 조화를 이루는 "건강한 삶"을 찾는데 의의를 두고 있습니다. 100세 시대를 넘어서서 인간의 한계수명이 120세로 늘어난 지금, 급격한 고령인구의 증가는 저출산과 연관되어 국가 의료재정에 큰 부담이 되리라 예측됩니다. 따라서 개인 각자가 자신의 건강을 지키는 것 자체가 사회와 국가에 커다란 기여를 하는 시대가 다가오고 있습니다.

누구나 겪게 마련인 '제 2의 삶'을 주체적으로 살며, 건강한 삶의 지혜를 함께 모색하기 위해 사단법인 건강인문학포럼은 2018년 1월 정식으로 출범했습니다. 우리의 목표는 분명합니다. 스스로 자신의 건강을 지키면서 능동적인 사회활동의 기간을 충분히 연장하여 행복한 삶을 실현하는 것입니다. 전문가로부터 최신의학의 과학적 내용을 배우고, 5년 동안 불멸의 동서양 고전 100권을 함께 읽으며 '건강한 마음'을 위한 인문학적 소양을 넓혀 삶의 의미를 찾아볼 것입니다. 의학과 인문학 그리고 경영학의 조화를 통해 건강한 인간으로 사회에 선한 영향력을 발휘하고, 각자가 주체적인 삶을 살기 위한 지혜를 모색해가고자 합니다.

건강과 인문학을 위한 실천의 장에 여러분을 초대합니다.

2. 비전, 목적, 방법

| 비 전

장수시대에 "건강한 삶"을 위해 신체적, 정신적, 사회적 건강을 돌보고, 함께 잘 사는 행복한 사회를 만드는 데 필요한 덕목을 솔선수범하면서 존재의 의미를 찾는다.

| 목 적

우리는 5년간 100권의 불멸의 고전을 읽고 자신의 삶을 반추하며, 중년 이후의 미래를 새롭게 설계해 보는 "자기인생론"을 각자 책으로 발간하여 유산으로 남긴다.

| 방 법

매월 2회 모임에서 인문학 책 읽기와 토론 그리고 특강에 참여한다. 아울러서 의학 전문가의 강의를 통해서 질병예방과 과학적인 건강 관리 지식을 얻고 실천해 간다.

3. 2024년 프로그램 일정표

- 프로그램 및 일정 -

월	선정도서	의학(건강) 특강	일정
1월	왜 나는 너를 사랑하는가 / 알랭 드 보통	김종갑 교수, 박문호 박사	1/10, 1/24
2월	나의 서양 미술 순례 / 서경식	이재원 교수, 황농문 교수	2/14. 2/28
3월	느리게 나이드는 습관 / 정희원	김도원 원장, 박상진 회장	3/13, 3/27
4월	유리알 유희 / H. 헤세	심장병	4/17, 4/24
5월	세상에서 가장 짧은 독일사 / 제임스 호즈	폐병	5/8/ 5/22
6월	내적 시간의식의 현상학 / E. 후설	위암	6/12, 6/26
7월	분노의 포도 / 존 스타인벡	감염	7/17, 7/24
8월	같기도 하고, 아니 같기도 하고 / R. 호프만	당뇨병	8/14, 8/28
9월	논리 철학 논고 / 비트겐슈타인	고혈압	9/11, 9/25
10월	걸리버 여행기 / J. 스위프트	간질환	10/16, 10/23
11월	예루살렘의 아이히만 / H. 아렌트	백혈병	11/13, 11/27
12월	무정 / 이광수	신부전	12/11, 12/20

프로그램 자문위원	▶ 인 문 학 : 김성수 교수, 김종영 교수, 박성창 교수, 이재원 교수, 조헌설 교수 ▶ 건강 (의학) : 김선희 교수, 김명천 교수, 이은희 원장, 박정배 원장, 정이안 원장 ▶ 경 영 학 : 김동원 교수, 정재호 교수, 김신섭 대표, 전이현 대표, 남석우 회장

4. 독서회원 모집 안내

▎**운 영** : 매월 둘째 주, 넷째 주 수요일 월 2회 비영리로 운영됩니다.
　　　　1. 매월 함께 읽은 책에 대해 발제와 토론을 하고, 전문가 특강으로 완성함.
　　　　2. 건강 (의학) 프로그램은 매 월 1회 전문가(의사) 특강 매년 2회.
　　　　　 인문학 기행 진행과 등산 등 운동 프로그램도 진행함.
▎**회 비** : 오프라인 회원(12개월 60만원), 온라인 회원(12개월 30만원)
▎**일 시** : 매월 2, 4주 수요일(18:00~22:00)
▎**장 소** : 서울시 강남구 테헤란로514 삼흥2빌딩 8층

▎**문 의** : 기업체 단체 회원(온라인) 독서 프로그램은 별도로 운영합니다(문의 요망)
02-3452-7761 / www.120hnh.co.kr

"책읽기는 충실한 인간을 만들고, 글쓰기는 정확한 인간을 만든다."

프랜시스 베이컨(영국의 경험론 철학자, 1561~1626)

기업체 교육안내 <탁월한 전략의 개발과 실행>

월스트리트 저널(WSJ)이 포춘 500대 기업의 인사 책임자를 조사한 바에 따르면, 관리자에게 가장 중요한 자질은 <전략적 사고>로 밝혀졌다. 750개의 부도기업을 조사한 결과 50%의 기업이 전략적 사고의 부재에서 실패의 원인을 찾을 수 있었다. 시간, 인력, 자본, 기술을 효과적으로 사용하고 이윤과 생산성을 최대로 올리는 방법이자 기업의 미래를 체계적으로 예측하는 수단은 바로 '전략적 사고'에서 시작된다.

전략적 사고

부서를 초월한 업무능력
성과도출 능력
전반적 리더십
핵심재무/회계의 이해

<관리자의 필요 자질>

새로운 시대는 새로운 전략!

- 세계적인 저성장과 치열한 경쟁은 많은 기업들을 어려운 상황으로 내몰고 있다. 산업의 구조적 변화와 급변하는 고객의 취향은 경쟁우위의 지속성을 어렵게 한다. 조직의 리더들에게 사업적 혜안(Acumen)과 지속적 혁신의지가 그 어느 때보다도 필요한 시점이다.

- 핵심기술의 모방과 기업 가치사슬 과정의 효율성으로 달성해온 품질대비 가격경쟁력이 후발국에게 잠식당할 위기에 처해있다. 산업구조 조정만으로는 불충분하다. 새로운 방향의 모색이 필요한 때이다.

- 기업의 미래는 전략이 좌우한다. 장기적인 목적을 명확히 설정하고 외부환경과 기술변화를 면밀히 분석하여 필요한 역량과 능력을 개발해야 한다. 탁월한 전략의 입안과 실천으로 차별화를 통한 지속가능한 경쟁우위를 확보해야 한다. 전략적 리더십은 기업의 잠재력을 효과적으로 이끌어 낸다.

<탁월한 전략> 교육의 기대효과

① 통합적 전략교육을 통해서 직원들의 주인의식과 몰입의 수준을 높여 생산성의 상승을 가져올 수 있다.
② 기업의 비전과 개인의 목적을 일치시켜 열정적으로 도전하는 기업문화로 성취동기를 극대화할 수 있다.
③ 차별화로 추가적인 고객가치를 창출하여 장기적인 경쟁우위를 바탕으로 지속적 성공을 가져올 수 있다.

- 이미 발행된 관련서적을 바탕으로 <탁월한 전략>의 필수적인 3가지 핵심 분야(전략적 사고, 전략의 구축과 실행, 전략적 리더십>를 통합적으로 마스터하는 프로그램이다.

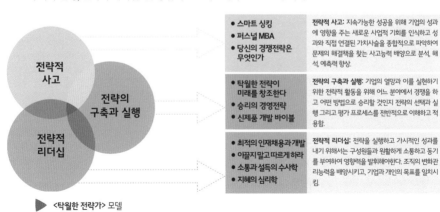

▶ <탁월한 전략가> 모델